SCENARIO

MAGABOOK
시나리오 #9
2019년 여름

| Hot 스타 |

001　배우가 사랑한 시나리오_이선균 • 5

002　작가의 고향 〈광주〉_이정근 • 9

| 한국 영화 시나리오 걸작선 | 〈8〉

003　고래사냥_최인호 • 23

| 특집 |

004

시나리오 크레딧 모의 조정 세미나_김병인 • 87

| 시나리오로 보는 영화 | 〈8〉

005　완벽한 타인_배세영 • 107

contents

| 특강 |

006 완벽한 타인, 극한직업 작가_배세영 • 233

007 나의 개봉 작품 집필기 & 시놉시스

미성년_이보람 • 294

어린 의뢰인_민경은 • 302

롱 리브 더 킹_류경선 • 321

뷰티풀 보이스_최종인 • 329

| 연재 | 충무로 비사(祕史) 〈7〉_한유림 • 339

008 U.I.P사건
학사주점 사건과 영화계 풍속도

| 연재 |

009 드라마 시나리오 직법 〈9〉
제9장 각색의 방법 _신봉승 • 361

FESTIVAL DE CANNES
PALME D'OR
제72회 칸영화제 황금종려상 수상

행복은 나눌수록 커지잖아요

송강호 이선균 조여정 최우식 박소담 장혜진

제공/배급 CJ엔터테인먼트   제작 (주)바른손이앤에이   15세 이상 관람가

2019 봉준호 감독 작품 | 5월 30일 대개봉

배우가 사랑한 시나리오

| 이선균 |

영화 〈기생충〉은 전원 백수인 '기택'네 장남 '기우'가 고액 과외 면접을 위해 '박사장'네 집에 발을 들이면서 시작된 두 가족의 만남이 걷잡을 수 없는 사건으로 번져가는 이야기를 그린 영화. 글로벌 IT기업 CEO '박사장'은 회사를 스스로 일군 유능한 인물. 안정적인 직업과 아름다운 아내와 귀여운 딸, 아들과 함께 가족을 이루고 있는 '박사장'은 모두가 꿈꾸는 이상적인 가장의 모습을 선보인다. 외적으로도 깔끔하게 올린 머리와 댄디한 수트 패션으로 젊은 CEO다운 젠틀한 매력을 뿜낸다.

배우 이선균은 모든 것을 다 갖추고도 젠틀하고 매너있는 CEO의 모습을 디테일하게 담았다. 특히 친절하지만 선을 넘어오는 것을 결코 허용하지 않는 '젊은 전문직 부자의'의 미묘하고도 특징적인 성향을 적시적소에서 실감나는 디테일로 표현해냈다. 이선균은 "영화 〈기생충〉은 배우들이 각자의 포지션과 역할을 담당하고, 퍼즐을 맞추듯 유기적으로 움식이는 재미가 있다. 봉준호 감독이라는 훌륭한 가이드를 따라 패키지 여행을 다녀온 기분이다. 유쾌하고 코믹한 두 가족의 상황이

코미디처럼 보이지만, 한편으로는 굉장히 먹먹한 느낌이 있다"라며 영화에 참여한 소감을 말했다.

| 작품 선택의 이유 |

대본을 보기 전에 감독님과 송강호 배우가 제안을 했었다. 믿기지 않았다. 제안 자체로도 너무 흥분됐다. 대학교 입학할 때 느낌 같았다. 그 이후 대본을 받아서 읽었다. 배우 한 두 명이 이끌고 가는 영화가 아니었다. 10명이라는 배우가 각자의 포지션과 역할을 담당하고 유기적으로 움직이는 작품이었다. 퍼즐 같았다. 영화지만 연극같은 요소도 많고, 공간적으로나 상황적으로도 재미있었다. 단연코 지금까지 본 시나리오 중에 제일 재미있었다. 아, 이게 봉준호구나 감탄이 나왔다.

| 이선균 |

영화배우, 탤런트

수상
2018 제9회 대한민국 대중문화예술상 국무총리 표창
2015 제51회 백상예술대상 영화부문 남자 최우수연기상 〈끝까지 간다〉
2012 헤럴드 동아TV 라이프스타일 어워드 스타일아이콘상
2010 KBS 연기대상 남자 특집 단막극상 [드라마 스페셜 시즌1-조금 야한 우리 연애]
2010 MBC 연기대상 베스트 커플상 [파스타]
2010 중국CETV 아시아 10대배우 시상식 10대스타상
2010 제11회 스페인 라스팔마스 국제영화제 남우주연상 〈파주〉
2008 한국광고주대회 광고주가 뽑은 올해의 모델상
2007 MBC 연기대상 미니시리즈부문 황금연기상 [하얀거탑]

영화
〈악질경찰〉(2019) 〈PMC: 더 벙커〉(2018) 〈미옥〉(2017) 〈임금님의 사건수첩〉(2017) 〈성난 변호사〉(2015) 〈끝까지 간다〉(2014) 〈우리 선희〉(2013) 〈누구의 딸도 아닌 해원〉(2013) 〈내 아내의 모든 것〉(2012) 〈화차〉(2012) 〈체포왕〉(2011) 〈쩨쩨한 로맨스〉(2010) 〈옥희의 영화〉(2010) 〈어떤 방문 : 디지털 삼인삼색〉(2009) 〈파주〉(2009) 〈로맨틱 아일랜드〉(2008) 〈사과〉(2008) 〈밤과 낮〉(2008) 〈우리 동네〉(2007) 〈잔혹한 출근〉(2006) 〈손님은 왕이다〉(2006) 〈알포인트〉(2004) 〈신부수업-특별출연〉(2004) 〈인어공주〉(2004) 외

드라마
〈나의 아저씨〉(2018) 〈이번 주 아내가 바람을 핍니다〉(2016) 〈미스코리아〉(2013~2014) 〈골든타임〉(2012) 〈드라마 스페셜 시즌1-조금 야한 우리 연애〉(2010) 〈파스타〉(2010) 〈트리플〉(2009) 〈달콤한 나의 도시〉(2008) 〈커피프린스 1호점〉(2007) 〈하얀 거탑〉(2007) 외

SYNOPSIS

"폐 끼치고 싶진 않았어요"

전원백수로 살 길 막막하지만 사이는 좋은 기택(송강호) 가족.
장남 기우(최우식)에게 명문대생 친구가 연결시켜 준 고액 과외 자리는 모처럼 싹튼 고정수입의 희망이다.
온 가족의 도움과 기대 속에 박사장(이선균) 집으로 향하는 기우.
글로벌 IT기업 CEO인 박사장의 저택에 도착하자 젊고 아름다운 사모님 연교(조여정)가 기우를 맞이한다.

그러나 이렇게 시작된 두 가족의 만남 뒤로, 걷잡을 수 없는 사건이 기다리고 있었으니...

멋과 향기가 흐르는 곳

| 이정근 |

고향(故鄕)

[명사] 1. 자기가 태어나서 자란 곳.

2. 조상 대대로 살아 온 곳.

3. 마음속에 깊이 간직한 그립고 정든 곳.

원고 청탁을 받고 한글 사전에서 찾아 본 고향의 뜻이다.

나는 평양에서 태어났다.

철부지 어린 시절 부모님을 따라 여기저기 이사를 다니다가 서울에서 60여 년 살았지만, 옆집엔 누가 살고 있는지, 윗집 사람이 병이 들었는지, 아랫집 사람이 돈이 없어서 탈탈 굶고 있는지, 피차 관심도 없고 알고 싶지도 않은, 매정하고 삭막한 서울을 고향이라고 생각해 본 적이 한 번도 없다.

"넓은 벌 동쪽 끝으로

옛이야기 지줄대는 실개천이 휘돌아 나가고

얼룩백이 황소가

해설피 금빛 게으름 우는 곳,

그곳이 참하 꿈엔들 잊힐리야.

질화로에 재가 식어지면
비인 밭에 밤바람 소리 말을 달리고,
엷은 졸음에 겨운 늙으신 아버지가
짚베개를 돌아 고이시는 곳,

그곳이 참하 꿈엔들 잊힐리야.

– 중략 –

하늘에는 성근 별
알 수도 없는 모래성으로 발을 옮기고,
서리 까마귀 우지짖고 지나가는 초라한 지붕,
흐릿한 불빛에 돌아앉아 도란도란거리는 곳,

그곳이 참하 꿈엔들 잊힐리야."

정지용 시인이 쓴 〈향수〉의 아름다운 구절구절처럼 "그곳이 차마 꿈엔들 잊힐리야."라고 애타게 그리워하는 곳은 아니지만, 비가 부슬부슬 내리는 저녁 무렵이나, 괜시리 울적한 새벽이면, 코끝이 시큰해지며 후다닥 달려가고 싶은 곳이 있다.
6.25 때 피난을 가서 난생 처음 단칸 셋방살이 설움을 겪었고. 세월이 흘러 군 복무를 마치고 백수가 돼서, 늙으신 어머님 속을 푹푹 썩여 드리면서도, 빈둥빈둥 팔자 좋게(?) 작가의 꿈을 키운 곳, 멋과 예술의 향기가 흐르는 전라도 광주다.

나는 초등학교 1, 2학년을 만주 땅 봉천(지금의 심양)에서 일본인 학교에 다녔다.

30대 초반 젊으신 나이에 남편을 저세상으로 떠나보내고, 여덟 살, 다섯 살 어린 남매를 떠안게 되신 어머님은 초등학교 선생님이셨다.

만주 땅 일본인 학교로 전근을 가면 월급을 두 배로 받을 수 있다는 제안을 받고, 가녀린 청상의 몸으로 수만리 밖 낯선 만주 땅, 봉천으로 떠나시겠다는 어머님의 결단은, 오로지 우리 어린 남매를 잘 키우시기 위해서였으리라.

어머님이 저 세상으로 떠나신 지 어언 10년.

어머님 산소에 갈 때마다, 철부지 어린 자식들 손을 꼬옥 움켜잡고 만주행 열차에 오르시던 어머님의 애절하고 절박한 심정이 뼈저리게 느껴져서 눈물이 난다.

1945년 3월.

서울로 전근을 오신 어머님을 따라, 나는 혜화초등학교 3학년 2반 학생이 됐다.

8월 15일, 우리나라가 해방이 됐다고 혜화동 로타리로 뛰쳐나와 목이 터져라 만세를 부르는 사람들을 물끄러미 보시다가 컥컥 흐느끼시던 어머님의 모습이, 어린 내 마음엔 도무지 그 까닭을 알 수가 없어서 어리둥절했던 기억이 난다.

나는 초등학교 입학 전부터 유난히도 책 읽기를 좋아하는 아이였다.

초등학교 1, 2학년 왜정 시대에는 만화책보다도 동화책을 더 좋아했고 초등학교 4학년 때부터는 동화책 따위엔 곁눈질도 하지 않고 성인 소설을 탐독했다.

학교가 끝나면 혜화동 로타리에 있는 서점(지금도 그 자리에 있다.)으로 달려가서, 이광수, 채만식, 김동인, 염상섭. 김래성, 방인근의 소설을 닥치는 대로 읽었는데 그때 읽었던 소설책 이름 중에 지금도 생각이 나는 것은 김래성 작 〈진주탑〉 〈괴도 루팡〉 방인근 작 〈마도의 향불〉 〈그 여자의 정조〉 〈벌레 먹은 장미〉 뿐인 것은, 그때 내가 성적으로 조숙해서가 아니라, 소설 내용이 마냥 이상하고 신기해서였을 것이라고 생각된다.

여하간, 초등학교 4학년짜리 어린 녀석이 매일 같이 출근(?)해서 두툼한 소설책을 열심히 읽는 모습이 주인아저씨 보시기에도, 신기하고 기특하게 느껴셨는지, 앉을 의자도 마련해 주시고 이따금씩 과자도 한 움큼 집어 주시던 주인아저씨의 포근한 인심이 새삼 고맙다.

그렇게 꼬마 적부터 소설책을 열심히 읽은 덕인지, 지금도 책을 읽는 속도는 남들 보다 몇 배 빨라서, 집 사람에게 존경(?) 받는 유일한 항목이다.

혜화초등학교를 졸업하고, 그 당시 전국의 수재들만 들어간다는 경기중학에 운 좋게 합격했다

어린 마음에도 어깨가 으쓱, 경기중학 특유의 청색 여름 교복을 입고 혜화동에서 안국동까지 으스대며 걸어서 등하교를 하던 (시내버스가 없었다.) 그 시절이 새삼 그립다.

2학년으로 올라간 지 얼마 안 된 6월 28일 아침.

탱크를 앞세우고 진격해오는 인민군을 환영하는 인파가 혜화동 로타리를 가득 메웠었는데 언제 어떻게 누가 만들었는지 모르겠지만, "위대한 김일성 장군 만세" "인민군 환영"이라는 플랜카드를 미친 듯 흔들면서, "김일성 장군 만세" "인민군 만세"를 목이 터져라 외치던, 시뻘겋게 충혈된 얼굴들을 지금도 잊을 수가 없다.

굶고, 굶고, 또 굶고….

국군과 미군이 혜화동을 지나 미아리 쪽으로 진격해 간 9월 29일까지, 밀가루를 멀겋게 푼 물에 호박잎을 삶아 먹으며, 주린 배를 채우던 인민군 치하 3개월.

굶주림에 한이 맺히고 트라우마까지 생겨서, 우리 집 창고에는 10여 년 전까지도 당장 먹고 있는 쌀통 옆에 40kg 쌀 포대 4개, 160kg을 만일의 사태에 대비해서 비축해 두고 있었다.

식구가 적은 터라, 쌀 소비는 많지 않고, 시간이 흐를수록 비축된 쌀 포대에선 쌀벌레가 생기고, 냄새가 나고…. 군내 나는 쌀 포대를 당장 치우지 않으면 이혼도 불사하겠다는 집사람의 협박과 잔소리를 견디다 못해, 지금은 20kg 쌀 포대 하나로 만족(?)하고 있다.

그해 겨울, 중공군 개입으로 서울 시민에게 하달된 1. 4 후퇴 명령.

이불 보따리를 매고 꽁꽁 얼어붙은 한강을 건너서, 경부선 철길을 따라 해가 뜨면 걷고, 해가 지면 아무데서나 쓰러져 자고…. (국도는 군 병력 이동 때문에 민간인 통행금지) 눈보라치는 평택 평야에서는 군의 명령으로 수만 명 피난민이 사흘 동안이나 얼어붙은 논밭 위에서 추위에 떨어야 했다.

서울에서 피난을 떠난 지 50여 일 후, 외할아버지가 살고 계신 광주에 도착한 날 아침. 평화롭게 책가방을 들고 등교하는 학생들의 모습이 딴 세상 사람들처럼 느껴져서 멍… 얼이 빠져 구경(?)했던 기억이 난다.

그렇게 시작된 광주와의 인연.

외할아버지네 골방에 짐을 푸신 어머니는 다음날 곧바로 나를, 호남의 명문 광주서중에 편입 시키셨는데, 시나리오 작가가 될 운명이었는지 짝꿍이 된 춘진이란 친구가 영화광.

편입한 그날, 수업이 끝나자마자 나를 광주극장으로 끌고 가서 보여준 영화가 검객 영화 〈스카라무슈〉다. 서울, 돈암동에 있는 동도극장에서 흑백영화 몇 편밖에 본적이 없는, 촌놈 눈에 비친 총천연색 컬러 영화 〈스카라무슈〉의 화려한 장면 장면은 엄청난 쇼크였고, 황홀 그 자체였다.

■스카라무슈

그 후, 광주극장에서 새 영화가 개봉될 때마다 그 친구와 나는 극장 뒷담을 넘어, 화장실 창문으로 끙끙 기어 들어가서 영화를 봤고, 영화 평을 한답시고 고래고래 입씨름을 했다.

서울이 다시 수복되자, 남하 학생(서울에서 피난 온 학생)들은 죄다 서울 본교로 복귀했지만. 나는 어머님이 전남 여중 교사로 재직하셨기 때문에 광주고등학교로 진학할 수밖에 없었다,

고등학생이 됐다고 영화에 대한 열정(?)이 식어질 리가 없는 법.

청도관이라는 태권도 도장에서 알게 된 건달 선배가 동방극장 기도(경비원)로 있었기 때문에 영화가 바뀔 때 마다 개봉 첫날 쪼르르 달려가서 공짜 구경을 만끽했다.

헌데, 고등학생이 극장에 갔다가 1회 적발되면 유기정학 3일, 2회 적발되면 유기정학 7일이라는 야만적(?)인 학칙이 난제였다.

해서, 공장 직공처럼 보이기 위해서 허름한 옷을 입고, 옆구리엔 도시락을 끼고, 손과 얼굴엔 재봉틀 기름도 바르고… 멋진(?) 분장으로 극장 출입이 자유자재였는데, 꼬리가 길면 밟힌다던가.

어느 날, 극장에 들어서자마자 무섭기로 유명한 훈육주임 선생님에게 딱 적발이 됐다.

선생님은, 시퍼렇게 질려 있는 나를 한동안 노려보시다가 "야! 이 자슥아! 느그 엄니 속 쪼까 엥간이 썩혀라. 잉!" 하시더니, 철썩철썩 따귀를 후려갈기고 휙 극장 밖으로 나가버리셨다. (그때 어머님이 전남 여중 훈육주임이셨다.)

그렇게, 영화나 보고, 소설책이나 읽고….

장래 뭐가 되겠다는 뚜렷한 목표도 없고, 삶의 치열함도 없이 고교를 졸업하고, 대학을 나오고, 군복무를 마치고 나니, 오갈 데 없는 백수.

호구지책으로 여중 교장이신 어머님 치마폭으로 기어 들어갈 수밖에 없었다.

헌데도 취직 따원 생각치도 않고 빈둥빈둥 책이나 읽고 영화나 보고, 백수 친구 놈들과 건들건들 놀고 다니는 아들놈이 어머님 보시기엔 웬수 같았을 것이고. 그때 만일 전남대학교 의과대학 졸업반에서 1, 2등을 다투는 딸이 없었다면, 어머님은 아마 이 세상을 헛사셨다고 절망을 하셨을 게 틀림없다.

그러던 어느 날.

고래등 같은 집에서 사는 친구 집에 놀러 갔더니, 녀석은 KBS에서 모집하는 20회 연속 방송극에 응모 한답시고 라디오 드라마를 열심히 쓰고 있었다.

호남 갑부 지 씨 집안의 손자에다, 서울 상대를 나왔고, 좋은 직장에 취직해서 다니다가, 어느 날 갑자기 배우가 되겠다고 사표를 던지고 나온 쾌남아형 괴물(?)이였는데, 녀석이 쓰고 있는 원고를 단숨에 읽어 본 나는, 드라마 내용이 별것이 아닌 것 같다는 시건방진 생각이

들었고. 당선이 되면 KBS에서 받을 상금이, 엄청 많은 뭉치 돈이라는 것을 알게 된 순간 내 머릿속에 번쩍 섬광처럼 떠오르는 허황된 망상.

"오냐, 할 일도 없는데. 라디오 연속극이나 한번 써보자, 상금도 내가 타먹고!"라는 돈키호테 같은 발상이, 나를 이날 평생 글쟁이로 살게 만든 단초였다.

헌데, 막상 라디오 드라마를 쓰려니까, 도대체 뭘 어떻게 무엇부터 써야할지 막막하기만 했다.

지금은 TV드라마 작법이나 시나리오 작법이 서점에 가면 지천으로 깔려 있지만, 그 무렵엔 광주에 있는 대형서점 두세 곳을 이 잡듯 뒤졌

■불갑사

지만 라디오 드라마 작법 책을 구할 수가 없었다.

해서, 녀석이 좋아하는 충장로 파출소 옆, 토끼탕 집으로 불러내서 얼큰하게 취하게 만든 뒤에 공손히 물었다.

"라디오 드라마를 쓰려면 무엇부터 어떻게 시작해야 되냐?"

녀석이 드라마 작가(?)답게 근엄한 표정으로 대답했다.

"맨 첨에 주제를 정하고, 소재를 찾으면 말여, 줄거리를 맹글고 나서, 줄거리에 나오는 장소를 찾아 댕기면서, 고걸 헌팅이라고 허는디. 작가가 헌팅을 하고 글을 써야 현실감 있는 작품이 된당게. 근디 니가 고걸 왜 묻냐?"

"응, 그저 궁금해서."

녀석과 헤어져서 집으로 온 나는, 광주와 인근 농촌 지역 사람들의 사랑과 애환이 담긴 줄거리를 단숨에 만들고 나서 (지금 생각하면 돈키호테가 따로 없지만) 그때까지 무심히 보고, 걷고, 지나쳤던 광주와 인근지역 여기저기를 샅샅이 누비며 헌팅을 시작 했다.

드라마의 남녀 주인공들이 처음 만나는 장소로 설정한 계림동 경양방죽(광주고등학교 근처에 있었다.)을 시작으로 한집 건너 다방과 서점과 양품점 불빛이 화려했던 젊은이의 거리 충장로, 주머니가 가벼운 백수 친구들과 커피 값 아끼려고 약속 장소로 이용했던 충장로 우체국 앞 계단, 법원과 은행과 큼직한 건물들이(지금 눈으로 보면 왜소하지만) 줄 지어 있던 금남로.

■ (위에서 부터) 금난로, 충장로 우체국, 충장사

봄이면 벚꽃이 만발하고, 가을이면 낙엽이 절경인 사직공원.

조선대학교 초입에만 가도 달콤한 냄새가 진동했던 딸기밭.

남도의 정신이고, 기암절벽으로 아름다운 자태를 뽐내는 무등산.

그 산자락의 원효사, 충장사 그리고 증심사의 오솔길.

강변을 거닐며 개똥철학을 한답시고 사색(?)에 잠겼던 극락강.

송강 정철의 성산별곡으로 유명한 식영정과 면앙정, 환벽당.

학동 철교를 건너, 철길을 걸으면서 친구들과 얘기를 나누다 보면,

저만치 숲속에서 나타나는 빨간 벽돌 건물, 수피아 여고.

조선시대의 대표적 민간 정원인 소쇄원과 광주 향교.

지금은 오리탕이 유명하지만, 그 무렵엔 충장로 뒤쪽에 즐비했던 토끼탕 집.

막걸리 세 주전자만 시키면 수십 가지 안주가 무한 리필 되던 동방

■ 환벽당

극장 뒷골목의 크고 작은 주점들…을 샅샅이 누비며 얘깃거리를 만들고 자료 조사를 했다.

그 모든 것을 쓸어 담아, 돈키호테처럼 무모하게 도전했던 작품명이 〈웃고 사는 사람들〉이다. 황소 뒷걸음질 치다가 들쥐를 잡았다고 하던가, 가작으로 입선 됐다는 KBS 등기 편지를 받고, 나 자신도 믿기지가 않아 내 뺨을 힘껏 꼬집어보기까지 했었다.

라디오 드라마 작법도 모르면서 쓴 작품이니, 분명 캐릭터도 어정쩡하고, 구성도 엉망이고, 대사 역시 주절주절 했을 작품이 가작으로 뽑힌 것은 아마도, 나름대로 열심히 헌팅을 하면서 알게 된 광주의 멋과 예술의 향기, 그리고 전라도의 넉넉한 인심을 주인공들의 대사와 대사 사이에 슬쩍슬쩍 끼어 넣은 것이 높은 점수를 받았을 것이라고 믿고 있다.

■ (위) 소쇄원, (아래)광주향교

일 년 후 봄.

　서울로 이사를 와서 여기저기 당선이 되고, 방송작가, 시나리오 작가라는 말도 듣게 됐지만 청소년 시절 7년, 처자식과 큰 변고 없이 50여 년 눌러 살고 있는 서울이, 도무지 정이 들지 않고 고향 같지도 않은 것은, 후덕하고 넉넉했던 광주 인심이 새록새록 생각이 나고, 잊지 못해서가 아닐까?

　비가 부슬부슬 내리는 날이면, 저 세상으로 떠나버린 친구 놈들 얼굴이 불쑥불쑥 떠올라서, 훌쩍 기차를 타고 내려가, 속없이 마음씨가 착하고 정겹던 그 녀석들과 토끼탕에 소주 한잔 걸치면서 껄껄 웃고 싶은 곳, 마음속에 깊이 간직한 그립고 정든 마음의 고향 광주다.

| 이정근 |

학력 및 경력
- 중앙대학교 경상대학 상학과 졸업
- KBS 연속방송극 입선
- 광주방송국 단막극 당선 2회
- KBS, 루터런 아워 성탄 특집극 당선
- KBS 대공방송극 당선
- KBS 특집극 당선
- MBC 코미디 드라마 입선
- 국방부 호국문예 시나리오 2회 입선
- 국립중앙도서관 발행 "월간 도서관" 편집장
- 세기상사주식회사 제작기획실장
　"안개부인" 외 30여 작품 기획 제작
- 대종상영화제 심사위원
- 춘사영화제 심사위원
- 국방부 호국문예 시나리오 심사위원
- 관광공사, 병무청, 소방본부, 공모 시나리오 심사위원
- 시나리오 뱅크 심사위원
- 한국예술종합학교 영상원 출강
- 영상작가전문교육원 교수 (전)
- 사단법인 한국시나리오작가협회 이사 (현)

주요 방송작품
MBC 연속극 "쌔러리맨 출세작전" 150여회
MBC 심야극장 "이슬비" "설야" 외 40여편
극영화 "마의태자" "아리송해" 외 30여편
국방홍보원, 호국영화 "불르하트" 외 8편
국방홍보원, 장병교육 및 홍보영화 "어둠속의 90일" 외 80여편

한국 영화 시나리오 걸작선 〈8〉

고래사냥

1984.03.31 개봉

원   작 | 고래사냥

각본(각색) | 최인호

감   독 | 배창호

제   작 | 삼영 주식회사

출   연 | 김수철, 이미숙, 안성기, 이대근,
           황 건, 남포동, 이해룡, 지계순,
           김은선, 최재호 등

수   상 | 제20회 백상예술대상
           제4회 영화평론가상

#1. 공중박스

전화 거는 병태

#2. 거리

병태의 내레이션

#3. 강의실

시험 보고 있는 학생들.
그 속의 병태.
볼펜 보고 있는 병태.
교수 보는 병태.
병태 보는 교수.
볼펜 뺏는 교수.

교수 나가! 나가!
병태 저… 볼펜 좀…….
교수 가!

#4. 미술실

스케치하는 미란.
석고상 위의 병태의 발.
병태의 얼굴.

누드 스케치하는 미란.

석고 위에서 떨어지는 병태.

#5. 소극장

육체미 선수의 근육들.

관객들 박수, 환호성, 휘파람 "와~"

선수 다가온다.

관객들 박수, 환호성, 휘파람.

사회자 하루에 운동량이 얼마나 되십니까?

선수1 1시간입니다.

사회자 제일 즐겨하시는 운동은?

선수2 레슬링입니다.

사회자 다음은 엔트리 넘버 19번 철학과의 김병태군!

커튼 뒤에서 나오는 병태.

쌜쭉한 미란.

포즈 잡는 병태.

놀라는 미란, 환호성하는 관객.

넘어지는 병태.

#6. 밤거리

술 취한 여인을 부축하는 병태.

#7. 경찰서 보호실

여자1 그 김 순경 말이야. 내 그 새끼만 만나면…

여자2 글쎄 말이에요.

여자3 얘, 이년아 개 같은 년아.

남자1 아, 더럽네. 에이 더럽다. 더러워. 뭘 갖고 그래?

남자2 윷이로구나. 어어….

순경 (OFF) 일동 차렷!

글씨 쓰는 형사계장.

병태와 여인 보는 형사계장.

여인 어젯밤 10시경이었어요.

제가 일을 끝내고 집으로 들어가는데,

글쎄 이 남자가 제가 다가와서는 잠깐만 시간 내달라는 거였어요.

여인 해롭게 굴 사람 같지도 않고, 차나 한잔 하자는 바람에 따라갔더니,

글쎄 다짜고짜 여관방에 끌고 가지 않겠어요?

남자2 (OFF) 그래서 몇 탕 뛴 건가?

저년 엉덩이 보니까 밝히게 생겼어.

여인 입 닥쳐. 이 자식들아.

남자3 (OFF) 야, 이년들아.

형사계장 시끄러워! 누가 떠들었어?

남자4 (OFF) 죽었습니다.

형사계장 조용해! 조용!

그래서 계속해봐!

여인 절 여관으로 데리고 가서는…

#8. 여관방

여인을 눕히는 병태.
옷 벗는 병태.
여인을 덮치는 병태.

여인 아…

#9. 경찰서 보호실

여인 보세요. 이렇게 시퍼렇게 멍든 자국이 아직도 있잖아요!
형사계장 이 여자 손 문 게 사실인가?
병태 네. 그렇지만 그래서 문 게 아니에요. 저 사실은…

#10. 여관방

여인을 눕히는 병태. 아휴…
도망가는 병태.
욕실로 들어온 병태.
옷 벗고 다가오는 여인.
놀라서 문 닫는 병태.
문 막는 병태.
침대로 온 여인.
시계를 훔치려는 여인.

여인의 손을 무는 병태.

#11. 경찰서 보호실

여인 아니, 누굴 도둑년으로 몰아? 저기, 새빨간 거짓말예요.

시계 같은 건 하나 없었어요.

저기요, 아까요 순경 아저씨가요,

제 몸을 다 뒤져보았다구요.

형사계장 여자가 시계를 훔쳤다는 증거는 없어.

허지만, 넌 여자 몸에 상처를 입혔어.

넌 말이야. 즉결재판을 받아야겠어! 들어가 있어!

그리고 아가씬 말이야. 혼자서 밤늦게 돌아다니지 말아!

여인 네, 선생님!

민우 (OFF) 저 여자 팬티 속을 뒤져 보십시오!

그 속에 있음직하지 않습니까?

남자들 하하하…

형사계장 김 순경 수색해봐!

여인 선생님 용서해 주세요. 용서해 주세요.

네?

형사계장 형사계에 넘겨!

여인 잘못했어요. 잘못했어요. 선생님!

형사계장 이봐, 너 나와 봐!

민우 저요?

형사계장 (OFF) 너 뭐하는 녀석이야?

민우 저. 헤헤헤… 거집니다!

웃는 병태.

남자들 하하하…

형사계장 직업이 거지야?

민우 네, 직업이 거집니다.

남자들 하하하…

형사계장 너, 여기 왜 붙들려 왔어?

민우 동물원에서 자가다 붙들려 왔습니다.

형사계장 허허, 너, 넌 나가 시계 찾어!

동물원이 네 안방이야?

민우 전 아무데서나 잠을 잘 수 있습니다.

비가 오는 날이면 동대문에서도 자고, 서울은 내 이부자립니다.

아니, 전국 팔도가 제 집이올시다!

시계 받는 병태.

형사계장 (OFF) 너 수상한 녀석 아냐?

민우 거지는 죄를 짓지 않습니다. 우린 욕심이 없습니다.

그저 하루 세끼하고 잠자리만 해결되면 됩니다.

거지는 아무것도 가지려하지 않습니다.

형사계장 너, 진자 거지면 각설이타령 한번 해봐!

민우 어얼, 씨구씨구 들어간다. 저얼 씨구씨구 들어간다.

작년에 왔던 각설이가 죽지도 않고 또 왔네.

#12. 경찰서 앞 쌍징

민우 보는 병태.
나오는 민우.

민우 어, 친구 혹시 노는 담배 있나?

담배 꺼내는 병태.

민우 (OFF) 이거 개시도 안한 담밴데!

민우를 우스꽝스럽게 쫓아가는 병태.
민우의 걸음에 따라 멈추는 병태.
어물쩡거리는 병태.
병태를 발견하는 민우.

민우 하하하… 따라와!

따라가는 병태.

#13. 빌딩 화장실

빌딩 (인서트)

민우 (OFF) 난 하루에 변소에 앉아 신문을 볼 때가
하루 중에 가장 행복한 순간이지… (웃고는)
이봐, 미국에서는 말이야, 앞으로 아이를 낳으면
남자가 젖을 먹일 수 있도록 남자 가슴에 유방을 만드는

성형수술을 성공리에 끝마쳤다는 거야. 히히히…

우리가 가슴에 아이를 안고 젖을 먹이는 것을 상상해 보라구.

잘 자라 아가야…. (노래)

민우 잘 자라, 잘 자라, 우리 아가야.

병태 또 다른 기사는 없어요?

민우 다 그게 그거야. 죽고 죽이는 사기치고 자살하고 전쟁하고…

너 혹시 널 찾는 기사가 나왔나 그래서 묻고 있는 거 아냐?

병태야 부모님이 눈이 쏙 빠져서 기다리고 있으니 속히 돌아오라.

야, 근데 넌 왜 집을 나온 거냐?

병태 갑자기 제 일상생활이 싫어졌어요.

그래서 난 모험을 떠나기로 했어요.

민우 (OFF) 남극이나 북극이라도 가겠다는 거냐? 아이 개운해.

병태 난 고개를 잡으러 떠났어요.

민우 (OFF) 휴지 있니?

병태 없어요.

민우 개똥철학 피우지 말고 휴지 없이 밑 닦을 연구나 해.

병태 어… 아저씨. 여보세요. 형, 형.

민우 (OFF) 이봐, 혹시 못 쓰는 돈 가진 거 있나?

병태 없는데요.

민우 꼬불친 돈도 없어?

병태 (OFF) 없어요.

민우 이거, 어디 가서 아침을 떼지?

야, 닦어.

칫솔을 안 받는 병태.

옷을 들쳐 보이는 민우.

민우의 옷을 보는 병태.

민우 요즘엔 깨끗한 거지한테 동냥을 더 많이 주는 법이란다.
병태 아저씨, 진자 거지예요?
(OFF) 거지치고 꽤 잘 생겼네.
민우 나? 진짜구 말구. 하늘 아래 둘도 없는 진짜 거지지.

각설이 타령하며 나오는 민우.

#14. 이태원 거리

지나가는 사람들.
손 흔드는 민우.
지나가는 여자들.

민우 Honey…

웃는 여자.
손짓하는 민우.
외국인 남녀 나온다.
What about that building.
It looks like it has a nice shops.
장님 행세 준비하는 민우.
부딪치는 민우.

여자 Sorry.

Oh! Excuse me, Are you a right?

민우 I, I, who have nothing.

I, who have no one. my home town, green grass of home.

I want to go home. Take me home country road.

여자 We don't understand.

눈을 찔끔하는 민우.

다가오는 병태.

병태 I think he want a money to go home.

he seems to have lost his ways.

민우 Oh, yeah, yeah, yeah.

I am a stranger in a sand.

Merci. madame.

병태, 민우 하하하…

#15. 시장

시장으로 들어가는 병태, 민우.

각양각색의 음식들.

먹는 민우.

#16. 공원

벤치에 앉는 병태, 민우.

민우 이젠 헤어질 때가 됐지? 어디 갈 데라도 있나? (휘파람)

병태 없어요.

민우 집으로 돌아가!

병태 싫어요. 고래를 잡기 전엔 돌아가지 않을 거예요.

민우 아까 변소에서 그 소리를 지껄였을 때,

변기통에 머리를 처넣으려고 했었어.

병태 왜요?

민우 고래라니? 그따위 개똥철학 피우지마.

넌 여자가 바닷속인 줄 알고 있니?

야, 임마. 너 좋아하는 계집애한테 딱지 맞았지?

병태 네!

민우 히히히히….

흐흐흐…. 남자가 그렇게 솔직해야지. 왜 딱지 맞았니?

병태 그 앤 아름다워요. 나보다 훨씬 똑똑하고 공부도 잘해요.

그 애에 비하면 난 바보멍텅구리예요.

민우 이거 정말 병태군.

계집엔 아무리 잘나 봐도 너랑 똑같이 앉아서 오줌 누는 동물이야.

힘내.

넌, 계집엔 방구도 안 뀌는 줄 아니?

열 번 찍어서 안 넘어가는 나무가 없어.

병태 그것도 도끼 나름이죠.

민우 도낏날 내가 세워줄게. 따라와.

#17. 캠퍼스

캠퍼스 전경.

민우 여자를 꼬실려면 부드러운 미소를 지어야 돼.

여자는 따뜻하게 대해주는 남자한테 약한 법이거든.

병태 그것도 해봤어요.

지나가는 여학생들 "어머머…"

교수 여보게, 민우군.

의아해 보는 병태.

교수 죄송합니다.

남학생 아시는 분이세요?

교수 내 옛날 제자였던가 해서… 틀림없는 것 같은데…

병태 왜 모습을 감추신 거예요?

민우 네가 좋아하는 아가씨가 있는 곳이 저기야?

#18. 강당

미란을 보는 병태, 민우.

민우 때려!

병태 네?

민우 여자들은 자기를 강하게 다뤄주는 남자한테 무릎을 꿇게 되어 있어.

들어가서 뺨을 두 번만 때리라구.

그리고 나서 눈물을 글썽이며 말없이 돌아서는 거야.

영화에서 하는 것처럼 마.

춤추는 학생들.
춤추는 미란.

병태 아으… 용기가 안나요.
민우 음, 날 때려. 날 저 여자라고 생각하고 때려봐. 괜찮아!
세게. 더 세게.
어휴, 어휴!

미란 쪽으로 가는 병태.
아픈 표정의 민우.
미란에게 다가서는 병태.
뿌리치는 미란을 잡는 병태.
때리라는 신호하는 민우.
때리는 병태.
씩 웃는 민우.
춤을 멈추는 학생들.

남자 이거 뭐꼬?
여자들 무슨 일이야? 왜 그래?

책상 위로 도망가는 병태.
기타를 드는 병태.
기타로 치는 병태.

여자들 어머머…

넘어지는 병태.
멍하니 보는 민우.

병태 두고 봐, 난 고래를 잡아올 테야. 난 고래를 잡아올 테야!

소화기 뿌리며 들어오는 민우.

민우 (OFF) 사랑 실천이 모여서 춤이나 추는 거냐?

미끄러져 나오는 병태.
소하기 뿌리는 민우.
도망치는 병태.

#19. 학교 앞 거리

씩씩대며 푯말 걷어찬다.

병태 에이잇!
구두닦이남자 뭐야, 죽고 싶어?
운전수 뭐야, 이리와 새끼야!
민우 죄송합니다.
병태 에잇, (상점 앞 디딤돌 친다.)

#20. 강변 (소리)

(소리) 헬리콥터 소리.

민우 인제 어쩔 셈이야?

병태 난, 고래를 잡아올 거예요. 두고 보세요.

난, 고개를 잡아올 거예요.

민우 진짜, 고래 한 마리 잡아줄까?

#21. 사창가

여자1 아저씨 안녕. 빠이 빠이.

여자2 앉았다 가세요!

여자3 아저씨 나한고 연애하자.

여자4 아저씨, 좀 쉬었다 가세요.

싸우는 여자들.

여자5,6 말로들 해. 말로.

여자7 아저씨 놀다 가세요. 아저씨 놀다가.

민우 어이 일로 와.

싸우는 여자들.

민우 아니야.

여자8 아저씨. 아저씨 놀다 가세요. 아저씨…

여자9 아저씨 놀다 가세요.

#22. 춘자의 집

설희 자기 잘 가.

남자1 응!

설희 어머나.

설희 (OFF) 거지 서방 왔네.

민우 하하하. 그래 너희들 서방 왔다.

설희 왜 이렇게 오래간만에 왔어요?

민우 야, 넌 살림 차려 나갔다는 년이 또 기어 들어왔냐?

설희 뛰어야 벼룩이지.

민우 야, 거지서방 왔다.

그래, 너희 서방 왔다.

미스정 아저씨, 각설이 타령이나 하나 불러주세요.

민우 그래, 노래 불러주면 꽁짜로 재워줄래?

수경 어휴, 각설이 아저씨. 시어머니 죽고 얼마만이야?

민우 네년 주둥아리, 아직도 살아있구나.

수경 어머 귀여워라. 누구예요? 이 꼬마 총각.

민우 아주 귀한 분이다. 오늘밤 이분 모실 년 나와라.

선착순이다, 응?

미스정 내가 찍었다.

병태 미란 씨.

민우 헤헤헤…

수경 아휴, 내가 먼저 찍었어.

병태 미란 씨!

미스정 웃기지마. 이년아 내가 먼저 찍었다.

수경 왜이래, 거지 아저씨, 누가 먼저예요?

민우 난 몰라. 힘센 년이 임자지 뭐.

미스정, 수경 에이. 악.

손님 아아, 아휴 이거 휴…

겁에 질린 춘자.
놀라보는 병태, 민우, 여자들.

손님 이거 별것도 아닌데, 에이 주인장.
아, 이런 것 데리고 장사해? 별놈 다 있네.
내가 누군 줄 알고 응? 나와 봐, 주인 없어?

보는 병태, 민우.

손님 하하, 이년 아무도 안 나오면 파출소에 데려가 버릴 테니 잉?

보는 병태, 민우.

손님 따라와 이년아. 따라오라니까.
아참, 당신네들 잘 만났어.
포주3 보소, 당신 뭐 이집 전세 낸 일 있소?
손님 아, 주인 좀 나오라고 그러슈.
주인, 여기 강아지 새끼 키울 일 있소?
포주1 어, 거 왜 이렇게 시끄러워?

다가선 포주1.

손님 (OFF) 사장 돈 물어내슈.
아니 당신네들 내 돈 먹으려고 짜고서 이러는 거 아니에요?

포주1 불구경 났어? 들어가.

들어가는 여자들.

포주1 하하하. 아이고 이거 박 사장 거 왜 이렇게 흥분하슈?

손님 아, 내 흥분 안 하게 생겼소? 아까 준 돈 물어놔. 돈 물어내.

포주1 아, 여잘 계란처럼 살살 다루어야지 아무것도 모르는 애 아니유?

　　　　　　　　하하…

손님 아, 나 숫처녀고 뭐고 싫소. 돈이나 물어내슈.

겁 먹은 춘자.

손님 아, 돈 삼십만 원 엿 사먹어요?

포주1 아, 언제 박 사장하고 나하고 돈 갖고 살았어?

　　　　　　　아, 돈 있어. 이거 왜 이래.

손님 돈, 내 놓으시오 잉? 돈, 돈.

포주1 영자야, 얼른 돈 드려라. 영자야 어떻게 된 거야?

포주3 내가 좋은 애 소개해주겠소.

손님 아따 참말로 좋은 사람 있소? 더 좋은 사람 있소?

포주3 아따 속구만 살았어?

맞는 춘자.

포주2 에이 들어가슈. 뭣들 구경해요?

마루에 앉는 병태, 민우.

민우 새로 온 얘야?

설희 주인이 아주 비싸게 주고 데려온 아이예요.

매일 밤, 손님 안 받겠다고 저렇게 앙탈이지 뭐예요. 아이참.

보는 병태, 민우.

민우 야, 이 집에 예쁜 고래 하나 없나?

나오는 포주1.

포주1 (OFF) 말 들어 응?

포주2 임마, 야 너 어디가?

병태 미, 미란이요.

포주1 이건 또 뭐야?

병태 미란이네 방 가요.

포주1 미란이? 자식아 얘 계산됐어? 이거?

설희 아니요.

민우 형님 오랜만이유. 언잖은 일 있슈?

포주1 너 쓸데없는 소리 말고 너는 빠져있어.

민우 우성그룹의 박 회장 아들이요.

시계 (인서트)

포주2 (OFF) 혼방인데요.

포주1 어, 어 그러셔? 진작에 그러지. 아버지 안녕하시고?

박 회장의 아들 있다고 몰랐지. 어, 근데 언제 이렇게 컸니?

포주1 어어, 어서 모셔.

너는 앞으로 나타나지 좀 말고 응?

#23. 춘자의 방

병태 불을 끌까요?

겁에 질린 춘자.
불 끄는 병태.
뒤로 물러서는 춘자.
다가오는 병태.
벽까지 몰린 춘자.

병태 왜 내가 무서워요?
난 아무 힘도 없는 바보 멍텅구리, 겁쟁이, 병태예요. 병태.

웃기는 병태.
웃는 춘자.

병태 아가씨 이름이 뭐예요?
난 아가씨가 좋은데 아가씬 내가 싫은 모양이죠?

보는 춘자.

병태 싫으면 나갈게요. 안녕히 계세요.
춘자 아버, 버, 버….

춘자 아, 아 으 아… 아아아…

돌아보는 병태, "벙어리?"
눈물 흘리는 춘자.
춘자의 뺨을 만지는 병태.

병태 울지 말아요. 아까 맞는데 아프지 않아요? 응?
말은 알아듣네. 난 이런 데 처음이에요.
그런데 아가씬 왜 이런 데 와 있어요? 에이, 울보 아가씨구나.

춘자 눈물 닦아주는 병태.
춘자의 입 맞추는 병태.

#24. 춘자의 방 (새벽)

새벽 (인서트)
교회, 챠임벨.
눈 뜨는 병태.
안경 끼는 병태.

춘자 아… 안돼예. 살려주이소.

보는 병태.

춘자 살려주이소, 어머니예. 날 데려가주이소. 날 데려가주세요.

보는 병태.

춘자 어머니예!

보는 병태.
일어나는 춘자.

병태 아가씬 말을 했어요. 또렷하게 말을 했어요.
아가씬 벙어리가 아녜요. 어머닌 어디 계세요? 고향에?
고향에 가고 싶어요?
고향이 어디예요?

바지 입는 병태.
문구멍으로 보는 눈.
글씨 쓰는 춘자.

병태 (OFF) 우도? 이름은
(OFF) 춘자? 이름이 촌스럽다.

문 여는 포주들.
당황하는 병태, 춘자.
달력 뺏는.

포주3 응?
포주1 같이 본 거시새끼는 어디 있어?
포주3 새벽에 토낀 모양입니다.

포주1　들어가서 깝데기 벗겨.

포주3　얘, 나와.

방으로 들어온 포주1.

공포에 떠는 춘자.

#25. 춘자의 집

포주3　열중 셋! 차렷! 앉아! 세! 앉아! 세! 앉아! 세! 앉아! 앉아! 앉아!

앉으라는데… 앉아.

칼 꺼내는 포주2.

포주3　일어서! 앉아! 쪼글뚜기 20회 실시!

하나, 둘, 셋, 넷, 다섯, 여섯, 일곱, 여덟.

사과 깎는 포주2.

포주3　스물하나, 스물둘, 스물셋, 스물넷, 스물다섯, 스물여섯, 스물일곱.

서른여섯, 서른일곱, 서른여덟, 서른아홉, 마흔, 마흔하나,

마흔둘, 마흔셋.

매 맞는 춘자 실루엣.

포주1　(OFF) 왜 도망치려 했어? 네 년에게 투자한 돈이 얼마인데 응?

#26. 거리

거적 발견하는 병태.
거적 입는 병태.
횡단보도 건너는 병태.

#27. 동물원

담을 넘는 병태.
호랑이 우리 옆의 병태.
호랑이 (인서트)
호랑이 소리에 살피는 병태.
경비원 다가온다.
도망가는 병태.

#28. 동물원 연못가

나타나는 병태.
빨래하는 민우.
민우를 발견한 병태.
방망이질 하는 민우.
민우에게 향하는 병태.
빨랫감으로 막는 민우.
늪속에 빠시는 병태.

민우 웬일이야, 고래사냥꾼 응?

민우 헤헤헤, 거지꼴 다 됐구나. 헤헤헤…

병태 어푸어푸!

이 악당, 사기꾼!

악당, 사기꾼, 도둑놈…

민우 다, 널 위해서 그랬던 거야.

그런 꼴을 당해봐야, 아, 넌덜머리가 나서 집에 돌아갈 거 아니야?

엄마젖이 생각날 때도 됐지.

민우 아.

병태 넌 날 이용해 먹었어. 이 배신자!

민우 야, 날 간지럽히지 마. 난 간지럽히는 게 질색이야. 항복, 항복, 아…

#29. 창경원 정자

윗옷 입는 병태.

민우 너 그 계집애하고 재미 좋았냐?

병태 난 그 여자에게 동정을 잃었어요.

난 어릴 때부터 동정을 바치는 여자한테 결혼하리라고 생각하고 있었어요.

민우 (OFF) 아, 달도 밝다.

하하하… 요즘 쌍에 보기 드문 순종파 총각이구나.

일류대학의 김병태 군과 몸을 파는 창녀와의 애틋한 순애보.

주간지 톱뉴스감이다. 야, 영화로 만들어도 되겠다.

민우 눈물의 웨딩드레스. 비련의 벙어리 창녀 어버 어버…

병태 그 앤 벙어리가 아니에요.

어떤 큰 충격 때문에 말을 잃어버린 것뿐이에요.

민우 봐 주접 떨지 말고 자빠져 잠이나 자. 아이고… 고…

민우 아이. (눕는다.)

병태 나 그앨 구해주고 싶어요.

민우 아아아아아 (하품)

눈을 감는 병태.

#30. 동물원 새벽

동물 (인서트)

병태 그 여잔 날더러 고향에 데려달라고 했어요.

난 그 여자를 구해주고 싶어요.

민우 걸어 나간다.

병태 난 그 여자의 말을 찾아주고 싶어요.

민우 네가 뭔데, 그 계집애를 구해주겠다는 거야?

네가 뭔데, 그 계집애의 말을 찾아주겠다는 거야?

너, 겨우 하룻밤 만리장성 쌓았다고

그 계집애가 네 거라도 된 기분이냐? 딱, 퉤… (침 뱉는다.)

다, 건방진 수작질이야. 그런 마음 버려.

난, 벌써 모든 걸 버렸어요.

난 학생도 아니고 아무것도 이니에요.

난 형하고 똑같은 거지에요.

민우 (OFF) 안경 쓴 거지 봤니'?

병태 절 도와주세요. 난 그 앨 꼭 고향에 데려다 주고 싶어요.

민우 그 벙어리 계집애가 네가 찾아 헤맨 고래라도 되는 거냐?

사라지는 민우.

민우 앞으로 널 내 부하로 삼겠다. 날 왕초라고 불러.
병태 왕초.

#31. 춘자의 집

춘자 방문 여는 포주 손.

포주1 얠 내가 다뤄놔야 말을 고분고분 듣겠지.

들어선 포주1.
춘자의 집에 온 병태, 민우.

민우 들어가.
병태 왕초, 먼저 가야죠.
민우 왕초는 급할 때 나서는 거야. 빨리 가.

망을 보는 민우.
춘자 덮치는 포주1.
방을 뒤지는 병태.
여자의 얼굴을 보는 병태.
병태의 당혹감.

미스정 도, 도, 도…

병태 쉬, 쉬.

민우 (소리) 불이야.

마루에 앉는 병태.

민우 불이야!

춘자 어어… 어…

포주를 무는 춘자.

포주1 아아…

춘자 아…

민우 (소리) 불이야.

춘자 아…

놀래어 일어나는 포주1.

민우 불이야.

놀래서 나오는 사람들.

손님 불이야, 불.

남자1 불이야, 어디 있니 불?

여자 불불불불불…

남자2 어디 어디…

민우 벙어리 처녀 어디 갔니?

설희 벙어리 처녀, 골방에.

민우 골방에?

골방으로 뛰는 병태, 민우.

부딪치는 미스 정 "어머?"

나가려는 포주1.

부딪치는 포주1, 병태, 민우.

춘자를 빼내는 병태.

요강을 포주에게 던지는 병태.

민우 야, 병태야, 야, 으흐흐…

나오는 병태, 민우, 춘자.

포주2, 4와 마주친다.

포주2 에이 아휴, 아휴…

민우 빨리 나가.

포주2 에이, 아휴, 아휴, 휴…

에이. (대문 찬다.)

포주4 으으…

#32. 골목거리

포주2 야, 임마, 거기 서.

포주1 서… 빨리 빨리.

남자1 에이.

포주2 야, 임마. 거기 서지 못해? 죽어.

앰뷸런스 들어온다.

앰뷸런스로 향하는 병태, 민우, 춘자.

주위로 몰려드는 사내들.

앰뷸런스 주위 병태, 민우, 춘자.

몰려드는 사내들.

포위하는 사내들.

몽둥이 들고 나오는 사내들.

쌍절공 휘두르는 사내.

주지하는 병태, 춘자.

옷 젖히는 민우.

민우 보는 쌍절공 사내들.

쌍절공 사내들의 얼굴.

민우 타.

차 타는 병태, 춘자.

고춧가루 뿌리는 민우.

쓰러지는 사내들.

운전석 쪽으로 가는 민우.

담요 붙드는 포주3.

운전하는 민우.

병태 왕초, 운전할 줄 아는 거야?

민우　몰라. 10년 만에 처음 해 보는 거야.

문 닫는 병태.

떨어지는 포주3.

빼추 박는 앰뷸런스.

후진하는 앰뷸런스

비켜나는 사람들.

놀라는 들것에 들린 환자.

사과 수레 치는 앰뷸런스.

쏟아지는 사과들.

달리는 앰뷸런스.

#33. 앰뷸런스 안

민우　자, 이제 어디로 가야지?

병태　(소리) 춘자의 고향으로 가야죠.

민우　고향이 어딘데?

병태　잊어버렸어요. 무슨 섬이었는데.

민우　섬? 뚝섬? 여의도, 대마도, 양산도.

병태　아, 생각났다. 우도예요. 우도예요.

민우　뭐? 우도? 아, 잘못 걸렸구나.

야, 우도는 동해안 맨 끝에 있는 섬 아냐? 이거.

#34. 도로

순경의 신호로 빠져나가는 앰뷸런스.

웃는 차안의 민우.

웃는 병태, 춘자.

달려오는 앰뷸런스.

풍경 (인서트)

창밖 보는 춘자.

병태 눈이야, 눈, 눈이 왔어.

달려오는 앰뷸런스.

민우 (노래하는) 펄펄 눈이 왔어요. 하늘에서 눈이 왔어요.

앰뷸런스 달려온다.

#35. 소읍거리 입구

고장 나는 앰뷸런스.

차 미는 병태, 춘자.

민우 야, 더 좀 세게 밀어봐.

병태 이제 지쳐서 못하겠어요.

민우 야, 이거 갸뷰렐라가 이상 있는 거 아냐?

병태 아, 갸뷰렐라가 뭔지나 아세요?

이거 앵꼬에요. 앵꼬.

민우 야, 앵꼬가 고장 났구나.

병태 아이 참, 기름이 떨어졌다구요.

민우 어, 기름?

에이 야, 너 기름 값이 있지?

병태 없어요.

민우 벙어리, 너 돈 있지?

에이 춥고, 배고프고, 갈 길은 멀고… 어… 야…

#36. 마을 입구

경운기 온다.

경운기사내 다 왔습니다. 내리세요.

민우 감사합니다. 어휴, 오늘 한 끼도 먹지 못했어.

우리가 단 한 끼도 굶지 않는 게 거지가 지켜야할 철칙인데.

아, 따끈따끈한 만두가 먹고 싶다.

야, 벙얼아. 배고프지? 아, 이 계집애 얼굴이 만두로 보이는구나.

아, 귀찮아. 귀찮은 일에 말려들었어.

아무짝에도 쓸모없는 벙어리년 땜에 내가 왜 이 고생이지.

거렁뱅이 신세에 느느니 식구뿐이구나.

각설이 타령하는 민우.

얼씨구 씨구 들어간다.

절씨구 씨구 들어간다.

#37. 농가

어느 집으로 각설이 타령하면서 들어온다.

민우 작년에 왔던 각설이 죽지도 않고 또 왔네.

으흠 이놈이 이래도 정승판서 자제요.

팔도 감사 마다고 돈 한 푼에 팔려서 각설이로만 나섰네.

문 열고 들어오는 민우.

민우 지리구 지리구 잘한다.

품바하고 잘한다.

1자 한자 들고나 보니 일편단심 먹은 마음.

죽으면 죽었지 못 잊겠네.

밥 먹는 민우.

민우 2자 한자 들고나 보니 수중백노 쥬어백구.

펄펄이 날라든다.

3자 한자 들고나 보니 3월이라 삼짓날에

제비나 한 쌍 날아든다.

4자 한자 들고나 보니 초파일에 등불도 발구나.

5자 한자 들고나 보니 5월이라 단오날에

처녀총각이 한데 모여 추천놀이가 좋을시고.

아이들 거지거지, 거지거지.

옷 얻는다.

민우 네 선생이 누군지 남보다도 잘한다.

시전서전 읽었는지 유식하게도 잘한다.

#38. 헛간

민우 먹어 응? 야.

고개 흔드는 병태.
병태 보는 민우, 춘자.
입맛 다시는 병태.
병태를 약 올리는 민우.
정신없이 먹는 병태.

#39. 거리

경찰차 있는데 포주 등장.
보는 포주1.

경찰1 갑시다. 김 순경.
경찰2 여기는 5호 순찰차.
서울 7과 5022, 103번 도로에 버려져 있음.
견인차 필요하다. 이상.
포주3 그놈 애들이 타고 간 차입니다.
포주1 한 푼도 없는 빈털터리야. 얼마 못 갔을 거다.
이 근처 마을을 뒤져보자.

#40. 헛간

병태 예뻐요. 춘자 씨.

민우 그림 좋다. 갖고 싶겠지?

병태 갖고 싶은 게 아니라, 사랑하는 거예요.

민우 사랑? 헤헤. 잠깐 자릴 비켜줄 테니까 그동안 사랑하라구.

#41. 헛간 밖

포주 등장을 보는 민우.

포주1 여자 하나와 남자 둘 가는 거 봤소?

여자 저리로 들어가던데요.

춘자에게 입맞춤 하는 병태.
(소리) 문소리.

민우 야, 숨어 포주들이 쫓아왔어.

숨는 병태, 춘자.
문 닫는 민우.
뛰어오는 포주들.
들어오는 포주들.
짚단 쪽으로 가는 포주들.
헛간 내부 (인서트)
뒤지는 포수들.
삽 휘두르는 포수.
보는 민우.
삽 휘두르는 포수.

민우 (OFF) 병태야, 빨리.

나오는 포주들.
문 잠그는 민우.

민우 야, 병태야, 이리로 와. 빨리 와.

나가려는 포주일당.

포주 비켜. 발로 차.

점화 플러그 빼는 민우.

나오는 포주들 이놈의 새끼들, 어, 저쪽이다.
민우 야, 병태야, 나와.

일어나는 병태, 춘자.

민우 야, 병태야, 빨리 나와.

나오는 병태, 춘자.

민우 앞으로 즐거운 여행이 되겠어. 동반자가 생겨서.
저 벙어리가 이집 보물이었던 모양이지?

오토바이 타려는 포주들.

포주1 야, 빨리 와. 여기 타. 아니 야 그쪽 어떻게 됐냐?

포주2 안 됩니다.

포주1 이런 개자식 이그.

#42. 시외버스 안

여자1 어디 면회 가시는 길이세요?

차장 차비주세요.

군인 네, 이번 휴가엔⋯

차장 차비주세요.

아저씨, 차비주세요.

민우 응? 지금 없는데 내릴 때까지 마련해줄게.

차장 장난치지 말고 빨리 주세요.

양말 속에서 꺼내는 민우.

돈을 주는 민우.

차장 돈을 발바닥에 갖고 다니는 사람이 어디 있어요?

병태 왕초 팬티 속에 만 원짜리 하나가 있음직한데.

민우 야, 임마 1년 동안 모은 돈이야, 임마.

#43. 검문소 (버스 안)

검문소로 오는 버스.

헌병 잠시 검문이 있겠습니다. 휴가증 좀 봅시다.

보는 순경.

헌병 (OFF) 됐습니다.

춘자에게 파묻는 병태.
다가오는 순경.
순경 보는 병태, 춘자.
씩 웃는 병태, 춘자.

순경 (OFF) 신분증 좀 봅시다.
거, 신분증 좀 보자니까요.
병태 어버버…
민우 이 사람은 벙어리 올습니다요. 흠흠흠… (기침)
순경 당신도 일행이요?
민우 네.
순경 벙어리라도 신분증은 있을 것 아니요? 일단들 내리슈.

버스 떠나고 내리는 일행.

#44. 검문소 안

민우의 물건. (인서트)

순경 (OFF) 수상하잖아. 왜 이런 물건을 갖고 다니는 거야?
민우 앞 못 보는 놈이 누가 돌보아주는 사람도 없는데
혼자서 살아가려니까 다 필요한 것입죠.

순경 당신네들 어디로 가는 길이야?

민우 우도로 가는 길이올시다요, 네.

순경 우도는 왜? 벙어리와 장님께서 소풍이라도 가시는 길인가?

민우 우도는 이 벙어리부부 고향이올시다.

앞 못 보는 처지에 몹쓸병까지 얻은 내 신세를 딱하게 여기신

이 맘씨 착한 벙어리부부께서 자기네 고향에서 겨울을

따뜻하게 보내자고 해서 동행하는 길이올시다, 네.

민우를 잡는 순경.

민우 안경 벗기는 순경.

안경 끼는 민우.

순경 자, 이제 가셔도 좋습니다.

잠깐, 누가 속을 줄 알았어?

말을 알아듣는 벙어리가 어디 있나?

고개 돌리는 민우.

병태 때리는 민우.

눈 찔끔하는 민우.

병태 어버버….

민우 자, 보셨죠?

진짜 벙어리가 아니라면 아아, 소리를 질렀을 게 아닙니까?

순경 이 친구 왜 이래?

병태 보는 춘자, 순경.

말리는 춘자. "윙, 잉…"

춘자 보는 순경.

병태에게 괜찮느냐고 묻는 춘자.

순경 내가 실례했오. 다음 버스로 타고 가도록하슈.

1시간 후에 도착할 겁니다.

민우 됐습니다요. 저흰 이 근처에서 요기나 하고 떠나겠습니다.

순경 (OFF) 보아하니 빈털터리 같은데, 다음 버스를 타시오.

민우 호의는 감사합니다만, 그만 가보겠습니다.

#45. 벌판

병태 그렇게 아프게 때리면 어떡해요?

다리가 뿌러지는 줄 알았어요.

민우 야, 그 안에 조금만 더 있다간 다 들통 날 뻔했어.

저 벙어리 계집애 때문에 풀려난 거야.

고맙다 벙어리야. 우도까지 반도 못 왔어.

포주놈들이 쫓아올 텐데 이런 한 푼 없는 빈털터리 신세로

그곳까지 힘들겠다.

걸어서 가면 얼어 죽기 딱 알맞다. 아휴, 난 지쳤다.

민우 이봐, 병태. 우리 계집애하고 여기서 헤어지고 돌아가자 응?

병태 그건 무책임한 짓이에요.

우리 스스로의 약속을 저버리는 일이에요.

민우 난, 어떤 약속이나 결심 따위에 얽매이고 싶지 않아.

병태 그런 편리한 이기주의가 어디 있어?

자기 혼자 마음만 편하려고 하는 거예요.

민우 좌우지간 우도곤 소대가리곤 난 한발짝도 못가겠다.

갈려면 네가 데리고 가.

병태 보는 춘자.

춘자 보는 병태.

가자는 느낌의 춘자.

일어나는 병태.

달려오는 차.

지나가는 차.

다시 오는 차.

민우 보는 병태와 춘자.

운전수 아니 이 사람 죽으려고 환장했나?

민우 살려주세요 잉.

우리 마누라가 시방 아이를 낳는데,

아이가 거꾸로 처박혔는지 하혈이 심하다니께, 부탁하더라고 잉?

타라고 신호하는 운전수.

아픈 척하는 춘자와 병태.

민우 아!

춘자의 배에서 떨어지는 짚.

욕하고 시농 거는 운전수.

걸어가는 병태, 민우, 춘자.

#46. 눈밭

무우 발견하고 뛰는 춘자.
춘자 보는 민우, 병태.
무우 파는 춘자
무우를 보이는 춘자.
보는 민우, 병태.
무우 먹으면서 걷는 셋.
걷는 병태, 민우, 춘자.
걷는 셋.
걷는 셋.
석양의 걷는 셋.

병태 다 왔어.

걸어가는 셋.

#47. 주막 안

창밖에서 보이는 주막.

운전수1 아이구 말이야. 그 일이 말이야….

창문 밖의 세 얼굴.

민우 안녕하슈.

주모 아휴, 어서 들어오슈. 어유.

민우 장사 잘 되유?

주모 아니 이 산중에 버스가 끊겼는지 오랜데, 어떻게 여기까지 온 거유?

민우 걸어서 왔죠. 아줌마 혹시 여기 재를 넘는 차가 있습니까?

주모 잉, 화물차가 쉬어가는 곳인데, 아이참, 최 씨 차가 재를 넘지.

민우 떠나실 때 저희들을 태워줄 수 있습니까? 저 아픈 사람이 있어서요.

운전수 얼어 죽고 싶으면 태워주지. 내 차는 냉동차요.

응, 저 색시 혼자라면 내 곁에 태워주지 응?

민망스런 병태, 춘자.

운전수 자, 하나 먹어볼라우?

민우 내가 뭐 거진 줄 아슈?

주모 뭘 드실라유?

민우 따끈따끈한 국밥 세 그릇 말아주쇼. 그리고 돈은 말이에요.

재 넘어 갔다 와서 드릴게요.

주모 아니 이 양반 말 한번 잘하네. 내가 당신을 언제 봤다고 외상이요?

응? 참.

운전수 그 색시 내 차에 태워주면 내 국밥 10그릇 사리다.

일어나는 병태, 춘자.

민우 나그네를 잘 대접하라는 것은 성경 말씀에도 있습니다.

주모 시끄러워. 나가, 니가.

운전수1 생각나면 오라ㅏ. 돼지속의 진주야. 김칠밋이 있겠는데.

주모 재수 없어.

#48. 수수깡 밭

연기 나는 수수깡 밭 (인서트)
누워있는 병태. (기침)

민우 (소리) 이봐, 벙어리.
정말 고향에 가고 싶나?

끄덕이는 춘자.

민우 (소리) 이젠 글렀어. 우도는커녕 산맥까지 못 갈 거야.
여기까지 널 데려온 건 내가 아니라,
고래를 잡겠다는 병태의 의지였어.
약이라도 좀 먹여야 될 텐데. 에이 왕초 자격이 없구나.
병태 엄마.

춘자의 근심스런 얼굴.

병태 엄마, 엄마. 춘자 씨, 춘자 씨.

춘자의 결심의 얼굴.

운전수 (소리) 생각나면 오라구. 감칠맛이 있겠는데.

#49. 주막 밖

민우 재를 넘어가는 겁니까?

운전수1 그건 왜 묻소?

민우 좀 태워줬으면 해서…

운전수1 저 화물차 안이 비었으니까 타고 갈려면 타고 가슈.

민우 예!

운전수1 30분 후에 떠날거유.

민우 예, 예.

주막으로 오는 춘자.

주막 안 보는 춘자.

주막 안의 운전수1.

보는 운전수.

춘자의 얼굴.

춘자 보는 운전수.

춘자에게 오는 운전수.

운전수 하하, 왜 마음이 변했어?

난 마음에 드는데 내 냉동차에 타고 갈래?

보는 민우.

#50. 수수깡 밭

깨어나는 병태. "으음."

병태 춘자는 어디 갔어요?

민우 글쎄…

병태 어디 갔냐구요.

민우 곧 오겠지 뭐.

병태 나한테 뭐 감추는 거죠.

민우 음 아냐. 곧 올 거야.

일어나는 병태.

민우 어딜 가?

병태 춘자를 찾아봐야겠어요.

민우 에이, 기다려. 곧 돌아올 거야.

#51. 제재소

사내 다가오면 옷 벗는 춘자.

눕는 춘자와 운전수.

춘자의 눈물.

#52. 주막 앞

찾아 헤매는 병태. "춘자 씨. 춘자 씨."

찾아 헤매는 병태. "춘자 씨. 춘자 씨."

#53. 제재소

찾아 온 병태.

그의 눈에 비친 춘자와 운전수1.
분노하는 병태.
사내를 치는 병태.

병태 죽인다.

춘자의 놀란 얼굴.

운전수1 아니, 이 안경잽이, 어디서 굴러온 말뼈다귀야?
병태 에이.

사내 다리 무는 병태.
병태 치는 운전수.
떨어져나가는 병태.

운전수 이 안경잽이 새끼.

코피 터진 병태.
춘자의 난감한 얼굴.
병태를 구타하는 운전수.

민우 진정하슈 형님.

삽 드는 병태.
삽 들고 오는 병태.
말리는 춘자.

운전수 아니 이제 보니 이 세 년놈들이 짜고 한 짓이구나, 응?

병태 꺼져.

운전수 좋아. 꺼져줄 테니까 아까 받은 돈 내봐.

놀라는 병태.

난감한 민우.

운전수 야, 이 계집애야. 돈 빨리 내놔.

춘자 보는 병태.

돈 뿌리는 병태.

운전수   어? 이런 나 재수 옴붙게.

병태 왜 그런 짓을 했어? 왜 그런 짓을 했어?

미안해요. 내가 잘못했어요.

민우 자, 떠나자. 재 넘는 차를 얻어놨으니까.

병태 더러운 자식. 넌 다 알면서 모른 척 했어. 갈려면 너 혼자 가.

민우 우물쭈물하다간 시간이 없어.

#54. 염소차

민우 병태 이제 보니까 여간내기가 아냐.

아파서 벌벌대던 녀석이 어디서 그런 힘이 나왔어?

사랑의 힘이 그렇게 무서운가?

병태 입 닥쳐. 넌 사랑을 말할 자격이 없는 더러운 놈이야.

다, 네가 꾸민 짓인 줄 알고 있어.

민우 넌 이 벙어리한테 사랑을 배워야 돼.

얜, 네 아픈 몸을 구하려고 자기 몸을 버리려고 했어.

바로 그게 사랑인 거야.

너처럼 벙어릴 남한테 뺏길까봐,

사람을 죽일 듯이 들려드는 것은 사랑이 아니야. 질투일 뿐이지.

병태 이제 네 궤변 따위는 더 듣고 싶지 않아.

이 차가 멎는 즉시 우린 헤어지는 거야.

민우 그거 듣던 중 반가운 소리구나. 재를 넘어도 우리도 멀어.

어떻게 거기까지 갈 거야? 새처럼 날아갈 거야?

병태 염려하지 마. 내 혼자 힘으로 이 얘 고향으로 데려가겠어.

#55. 삼거리

달려오는 염소차.

민우 감사합니다.

병태 이제 어디로 갈 거야?

민우 이봐 벙어리, 이제 우리 헤어지는 거야.

이 녀석은 말이야, 좀 어리벙벙하지만 쓸 만한 녀석이야.

그러니까 끝까지 붙들고 늘어지라구.

가지 말라는 춘자의 표정.

민우 이봐, 벙어리. 고향에 가거든 동물원으로 편지해.

병태를 원망하는 춘자.

헤어져 가는 민우.

#56. 장터

병태 그 자식 잊어버려. 다신 나타나지 않을 거야. 배고프지?
먹을 거 좀 구해가지고 올 테니까 여기서 기다려.
곧 돌아올게.

병태 가는 것 보는 춘자.
돋보기 고르는 여자.
가는 춘자.
다시 온 병태.

병태 아저씨. 여기 앉았던 빨간 쉐타 입은 아가씨 어디 갔어요?

춘자 보는 병태.

주인 이년아, 내놔, 이년아.

달려가는 병태.

병태 무슨 일이예요, 아저씨?
주인 이년이 물건 훔치고 안경을 안내놓잖아!
병태 정말이야?

난감한 춘자.

병태 내놔.

주인 도대체 이런 녀석 때문에 장사가 안 돼.

안경 꺼내는 춘자.

병태 왜 훔쳤어?

춘자의 눈물.

병태 엄마 갖다줄려고?

춘자의 눈물.

주인 따라와. 이년은 갖다 넘겨야지.

병태 용서해 주세요. 아무것도 몰라서 그래요. 용서해 주세요.

민우 심부름 보냈더니 장터에서 노닥거리고 있어?

왜 이렇게 늦었냐? 오빠가 눈이 빠지게 기다렸잖아.

병태 얘가 돈 잃어버렸어요.

민우 에이고 이 맹초.

에이고, 이거 내 동생들입니다.

칠칠치 못해서⋯ 그래 엄마 안경 골랐냐? 이거 얼맙니까?

주인 3,000원입니다.

민우 미안합니다. 너희들 오빠한테 집에 가서 매 좀 맞아야겠다.

병태 임마, 네가 이뻐서 온 게 아냐. 안심이 인 돼시 왔이.

약, 감기약이다.

병태 왕초, 돈이 어디서 생겼어?

민우 가산 정리했다.

(소리) 야, 뭐 먹고 싶니?

병태 막걸리.

민우 막걸리? 가자.

#57. 장터 막걸리 집

병태 왕초. 한잔해요.

민우 난 빼갈 체질이야.

병태 아줌마, 여기 빼갈 하나 주세요.

아줌마, 빼갈 있어요?

민우 야, 나 그냥 이거 마실게.

포주 일당 나온다.

민우 난 술 냄새도 못 맡는 놈이야.

포주 일당 달려온다.

도망치는 병태, 민우, 춘자.

#58. 상여

뛰어나오는 병태, 민우, 춘자.

따라오는 포주 일당.

상여 (인서트)

상여 속으로 뛰어드는 병태, 민우, 춘자.

위장하는 병태, 민우, 춘자.

그들의 얼굴.

쫓아온 포주 일당.

찾는 포주1.

숨는 춘자.

움직이는 포주1.

상주인 척하는 춘자.

가는 포주1.

뒤돌아보는 민우.

민우에게 가는 포주1.

관 밑으로 가는 병태, 민우.

쫓는 포주1.

의아해 하는 상주들.

그들의 시야. 상황 본다.

상주 아니, 이런 망할 놈들 있나.

춘자에게 오는 병태, 민우.

포주1 잡어, 잡어.

상주 이거 뭐하는 놈들이야?

도망치는 병태, 민우, 춘자.

#59. 철길

뛰어가는 병태, 민우, 춘자.

따라와 발견하는 포주 일당.

석탄차 타는 병태, 민우, 춘자.

뛰어오는 포주 일당.

놀리는 민우.

따라와 서는 포주 일당.

손 흔드는 병태, 민우, 춘자.

멍한 포주들.

달리는 석탄차.

#60. 석탄차

달리는 석탄차.

병태 왕초, 한 가지 못하는 게 있어. 술이야 술.

"와" 굴이다.

빠져나오는 석탄차.

병태 와, 얼굴이 시꺼멓다.

달리는 석탄차 (인서트)

#61. 바닷가

바위 위로 뛰어오르는 셋.

그들의 환희의 검은 얼굴.

바닷가 풍경 (인서트)

야호, 부르며 바닷가로 간다.

옷 벗으며 뛰는 민우.

뛰는 병태, 춘자.

달리는 민우.

뛰는 병태, 춘자.

오줌 누는 민우.

민우 보는 병태, 춘자.

세수하는 민우.

보는 병태, 춘자.

뛰는 민우.

#62. 바닷가 어판장

민우 우도까지 해안선을 따라 50리 길이야.

병태 빨리 와.

민우 이대로 걷다가는 해질 무렵에나 도착하겠다.

아휴, 난 이제 더 못 걷는다.

어판장 (인서트)

병태 왕초, 자전거 탈줄 알아?

민우 삼시 빌려 타는 거지?

어판장에서 나오는 자전거.

질주해 오는 자전거.

달려가는 자전거.

자전거 타는 병태, 춘자.

자전거 타는 민우.

눈길에서 나오는 자전거.

타고 가는 셋.

힘들게 타는 병태, 춘자.

힘든 민우.

바다 옆으로 달려오는 자전거.

지친 병태, 춘자.

지친 민우.

달려오다 넘어지는 자전거.

우도를 가리키는 춘자.

#63. 우도 입구

뛰어가는 춘자.

우도를 보는 셋.

우도 (인서트)

춘자 감싸는 병태.

뛰어가는 셋.

나타나는 포주 일당 다리.

포주 일당의 얼굴.

포주 보는 병태, 민우, 춘자.

다가오는 포주 일당.

민우 이 등대가 내 묘지가 될 줄을 몰랐는데…

다가서는 민우.

폼 잡는 민우.

나타나는 포주1 다리.

싸우려는 병태를 말리는 춘자.

민우 치는 포주1.

떨어져나가는 민우.

놀라는 병태, 춘자.

병태 보는 포주1.

춘자를 끄는 포주2, 3.

얻어맞는 병태.

춘자 끌고 가는 포주2, 3.

보는 병태.

끌려가는 춘자.

일어서는 병태.

끌려가는 춘자.

다시 달려드는 병태.

병태 보는 춘자.

다시 쓰러지는 병태.

병태 보는 춘자.

포주1 다리 잡는 병태.

병태 보는 춘자.

다리 잡고 끌려가는 병태.

춘자 안돼요.

보는 병태.
놀라는 포주1 얼굴.

춘자 따라오지 마이소.

놀라는 병태의 얼굴.

춘자 선생님. 가입시더. 선생님이 가자는 데로 가입시더.
따라오지 마이소. 병태 씨예.

춘자 보는 포주1.

병태 춘자 씨.
춘자 가입시더. 빨리 가입시더.

가는 춘자 보는 병태.
춘자 뿌리치는 포주1.
쓰러지는 춘자.

포주1 이거 봐, 안경잽이. 서울에 오거든 돈 가지고 와서 니 시계 찾아가.
가자.

기쁜 얼굴의 병태.
사라지는 포주 일당.
마주 보는 병태, 춘자.

민우 (소리) 사람 살려!

올라오는 민우.

민우 어휴, 하마터면 죽을 뻔 했어. 야, 어떻게 된 거야?
춘자 갔어요.

민우의 놀란 얼굴.

춘자 갔어예.
왕초. 어머이예, 어머이예.

#64. 춘자의 집

뛰어오는 셋.
집으로 뛰어오는 춘자.
엄마 발견하는 춘자.
일하는 엄마.

춘자 어머이.

엄마에게 다가오는 춘자.
안경 끼어주는 춘자.
웃는 춘자.

엄마 아이고, 춘자 아이가? 니 왠일이고? 와 이리 왔노?

춘자의 슬픈 얼굴.

엄마 그래 내가 뭐라하더뇨? 촌놈이 서울에서 취직하기가 어디 쉽드뇨?

일자리 못 얻었제? 니꼴이 이게 뭐꼬?

무슨 일이 있었노? 응?

춘자 없었어예.

엄마 아무일도 없었으면 됐다. 네 덕분에 서울 안경 써보지 않니?

그래 서울 어떻디냐? 서울 참 좋제?

춘자 좋았어예.

엄마 그래, 어미하고 소나 키우고 살자.

우는 춘자와 엄마.

보는 병태, 민우.

병태 춘잔, 고향을 떠날 때 벙어리가 아니었어요.

이 세상이 그 애 말을 빼앗았던 것뿐이에요.

민우 그 빼앗겼던 말을 네 사랑이 되찾아준 거지.

이봐 병태, 넌 이제 병태가 아니야.

야, 병태야 너 고랠 잡았니?

병태 고랜, 내 마음속에 있었어요.

내가 저 얘하고 결혼하겠다는 건 위선이었어요.

누구를 위한다는 생각 자체도 거짓이었고요.

아까 신나게 얻어맞을 때 그걸 깨달았어.

난 저애한테 바라는 것은 아무것도 없어요.

민우 춘잔, 고향에 와서야 꿈에서 깨어난 거야. 꿈은 곧 잊혀지지.

하지만 병태, 넌 춘자의 마음속에 예쁜 고래로 남아있을거야.

자, 우리들의 고향으로 돌아가자.

병태 그래요 왕초.

멀어져 가는 병태, 민우.

춘자 병태 씨.
병태 따라오지 마.
춘자 병태 씨.
병태 따라오지 말라니까.
봄이 되면 다시 올게.
춘자 기다릴께예.

가는 병태, 민우.

춘자 (소리) 왕초예.
왕초는 뭐하는 사람이라예? 내내 그게 궁금합니더.
민우 정말 알고 싶니? 응?
병태 네.
춘자 네!

각설이 타령하면서 가는 민우, 병태.
보는 춘사의 얼굴.

시나리오의 주인을 찾는 완벽한 방법

– WGA 크레딧 모의 조정 세미나 지상중계 –

| 글_김병인 한국시나리오작가조합 대표 · 사진_김혜미 |

3월 20일부터 22일까지 아트센터 플랫폼엘에서 열린 'WGA 크레딧 모의 조정 세미나'는 관련 단체들과 영화진흥위원회가 공동으로 2020년 발족을 목표로 추진하고 있는 '시나리오 크레딧 조정위원회'의 밑그림을 그리기 위한 행사였다.

이 조정기구는 시나리오의 크레딧을 놓고 작가와 감독, 작가와 제작자 또는 작가들 사이에서 생길 수 있는 갈등을 조정하는 곳이다. 이번 행사에서는 우리보다 훨씬 먼저 시나리오 크레딧 조정위원회를 만들어 성공적으로 운영하고 있는 미국작가조합(Writers Guild of America, 이하 WGA)의 상황이 상세하게 소개됐고, 아울러 실제 WGA가 조정했던 크레딧 분쟁 사례를 한국의 모의 조정관들이 조정해보는 '크레딧 모의 조정 세미나'도 열렸다. 사흘에 걸쳐 진행된 이 행사를 지면을 통해 소개한다.

시나리오의 주인은 누구인가. 애초에 아이디어를 제공한 사람인가, 그 아이디어를 극화한 사람인가, 아니면 그 극화된 대본을 잘 다듬은 사람인가. 그리고 시나리오 작업에 침여한 여러 명의 작가 또는 감독 중 크레딧에 게재되는 순서는 어떤 원직으로 성할 것인가. 한국영화계에서 이러한 문제는 그동안 중요하게 취급되지 않았다. 하지만 확실

한 점은 누군가 그 시나리오를 완성하기 위해 오랜 시간과 대단한 공을 들였다는 사실이다. 또한 누군가는 시나리오가 정체성을 갖는 데 있어 결정적으로 기여했을 것이다. 그렇게 시간과 힘을 투여하고 특별한 아이디어를 제시해 영화의 설계도를 완성한 사람에게 시나리오 크레딧이 제공되어야 함은 자명하다.

그러나 이를 판단하기란 쉽지 않은 일이다. 시나리오 한 편을 완성하기 위해 여러 작가가 순차적으로 달라붙어 작업하는 경우가 비일비재하고, 여기에 감독과 제작자가 개입하게 되니 이를 따지는 일은 복잡하기 짝이 없다. 그렇다고 시나리오에 관여한 모든 사람에게 작가라는 크레딧을 줄 수도 없는 노릇이다. 특히 감독이 시나리오를 직접 쓰는 것을 당연시하는 한국의 영화문화를 고려하면 작가와 감독 사이에서 크레딧을 둘러싼 잡음이 생기기 쉽다. 할리우드와 달리 한국에서는 각본을 윤색하는 '각색'을 독자적인 영역으로 인정해주는 문화 또한 오랫동안 자리 잡고 있어 분쟁의 여지가 더욱 많다. 또한 현재의 시스템에서는 제작사가 크레딧을 정리하는 권한을 가진 탓에 상대적으로 약자의 지위에 놓인 작가들의 권리가 침해될 가능성도 높다.

한국시나리오작가조합(이하 작가조합)이 2018년 7월부터 한국영화감독조합(이하 감독조합), 한국시나리오작가협회(이하 작가협회) 측과 만나 시나리오 크레딧 조정 시스템을 도입하자고 논의해왔던 것도 이 때문이다. 이 제도에 대한 필요성을 절감해온 세 단체는 활발하게 논의를 진행해 지난해 12월에는 공동명의로 영화진흥위원회(이하 영진위)에 '시나리오 크레딧 조정위원회' 개설을 공식적으로 요청했고, 영진위 또한 제안에 적극적으로 응했다. 2019년 1월부터 세 단체와 영진위 공정환경조성센터는 시나리오 크레딧 조정위원회 발족을 위한 로드맵을 세웠다. 크레딧 조정위원회 발족을 위한 TF팀을 구성하고, WGA의 크레딧 조정업무 담당자들을 한국으로 초청해 그들의 앞선 경험을 듣는 세미나를 열고, 한국적 운영 방식에 대한 합의를 바탕으로 세부적인 위원회 운영 방안과 예산안을 짜고, 2020년에는 정식 발족시킨다는 것.

지난 3월 열린 WGA 크레딧 모의 조정 세미나는 이러한 계획의 첫걸음인 셈이다. WGA 관계자를 초청해 세미나를 열기로 한 것은 필자가 2016년 영진위의 의뢰로 WGA가 미국영화방송제작자연합 (AMPTP)과 맺은 '최소기본합의서'(Minimum Basic Agreement)를 번역했던 일이 계기가 됐다. 번역 과정을 통해 할리우드의 작가가 어떤 권리를 확보하고 있는지에 대한 전체적인 인식이 생겼고, WGA가 시나리오 크레딧을 합리적 방식으로 결정할 권한을 가지고 있다는 사실도 알게 되었다. 2018년 초에는 기획개발사업 전면 개편을 준비하던 영진위의 의뢰로 WGA를 찾아가 사무총장의 비서실장과 인터뷰를 진행하기도 했다. 당시 시나리오 크레딧 조정방식에 대한 질문에

비서실장은 크레딧 사무국 국장과 인사를 시켜주며 대답을 하도록 했다. 결국 이번 세미나의 밑그림이 이때 그려진 셈이다.

WGA 크레딧 모의 조정 세미나는 사흘에 걸쳐 열렸다. 첫날에는 WGA 크레딧 조정방식에 대한 전반적인 설명과 Q&A가 진행되었고, 이어 이틀에 걸쳐 크레딧 모의 조정 세미나가 개최됐다. 이번에 한국을 찾은 WGA 인사는 모두 세 명이었다. WGA 크레딧 조정사무국 국장 레슬리 맥키(Lesley Mackey)와 선임행정관 셀리 버미스터(Sally Burmester), 수차례 조정위원을 지낸 경험이 있는 〈터미네이터 3: 라이즈 오브 더 머신〉의 작가 존 브란카토(John Brancato)가 그들이었다. WGA의 크레딧 정책과 구체적 실행에 관해 설명한 세 사람은 모의 세미나까지 관장했다.

DAY 1 :
■ WGA의 시나리오 크레딧 조정 과정

WGA 관계자들은 할리우드의 시나리오 크레딧 결정 과정에서 이견이 있을 때 조정이 진행되는 방식을 설명했다.

① WGA가 규정하는 크레딧은 크게 두 종류밖에 없다. 원안을 가리키는 'story by'와 각본을 지칭하는 'screenplay by'가 그것이다. 원안과 각본을 한 작가가 모두 해냈다면 저작, 즉 'written by'라는 크레딧이 주어진다. 한국에서 흔히 쓰는 '각색'이나 '윤색'은 아예 존재하지 않는다. 한 크레딧에도 최대 2인까지만 이름을 올리도록 한정하고 있다. 복수의 작가들이 하나의 팀으로 작업했고 그 팀이 크레딧을 받게 되면 팀원 이름을 모두 기입할 수 있다. 이렇게 시나리오 크레딧의 종류와 크레딧에 올리는 이름의 수를 최소한으로 한정한 이유는 영화에 있어서 작가의 위상을 강화하기 위해서다. 크레딧에 올라가는 이름이 적으면 적을수록 이름을 올린 작가가 더욱 집중을 받기 때문이다.

각색이나 윤색에 기여한 작가로서는 자신들의 기여도가 정확하게 반영되지 않았다고 불만을 가질 수도 있지만, 사실 시나리오 크레딧이란 애초에 정확할 수가 없다. 100% 반영하고자 한다면 신마다 해당 신을 실제로 써낸 작가의 이름을 기재해야겠지만 그것은 불가능한 일이다. 애초에 크레딧을 100% 정확히 표기하는 것이 불가능하다는 것을 전제로 작가의 위상을 높이는 방식을 선택한 것이다. 이러한 선택이 가능했던 것은 어떤 작가가 각색에 기여를 하고 크레딧에서 이름이 빠지더라도 다음 작품에서 결정적 기여를 하면 홀로 이름을 남길 수 있다는 전제가 있기 때문이다.

② 제작자는 촬영이 종료되면 즉시 자신이 생각하는 적절한 시나리오 크레딧을 기재한 '잠정적 시나리오 크레딧'과 최종 촬영대본을 해당 프로젝트의 대본 집필에 참여했던 모든 작가에게 발송한다.

각 작가는 최종 촬영대본과 자신이 썼던 대본을 비교하면서 '잠정적 시나리오 크레딧'이 적절한지 여부를 판단한다. 모든 작가가 적절하다고 동의하면 '잠정적 시나리오 크레딧'은 그대로 공식 크레딧으로 확정된다. 하지만 어느 한 작가라도 이의를 제기하면 WGA가 전권을 가지고 조정 절차를 시작한다. 만약 '잠정적 시나리오 크레딧'에 감독이나 제작자가 이름을 올리려 할 경우, 특정 작가의 이의 제기가 없어도 자동으로 WGA의 조정 절차 대상이다. 작가나 감독으로서는 제작자의 뜻에 반해 이의를 제기하기가 쉽지 않은 현실을 반영한 것이다.

③ 조정절차가 시작되면 WGA 크레딧 사무국은 우선 해당 프로젝트의 대본을 구성했던 모든 어문저작물을 시간 순서대로 재구성하는 작업을 한다. 소설 등의 원천저작물부터 시작해서 각종 시놉시스와 트리트먼트, 대본을 모두 수집해 해당 어문저작물의 집필자를 명시하고 시간순으로 배열하는 것이다. 이 작업을 할 때는 작가들의 확인을 거치게 되는데 A작가의 4고가 B작가의 2고보다 앞섰다거나, 어떤 어문

저작물이 빠졌다거나 하는 식의 이견이 제기되면 '사전 청문회'를 통해서 사실관계를 확인하고 조정에 들어갈 어문저작물을 확정하게 된다. 본 작업을 수월하게 하기 위해 각 작가는 집필을 한 뒤 제작사에 저작물을 제출할 때 반드시 작가명과 제출날짜를 기입하고 이메일을 통해 발송하여 증거를 남기도록 권고하고 있다.

④ 최종 촬영대본을 구성한 어문저작물의 구성이 확정되면, 작가의 이름은 작업에 참여한 순서에 따라 A, B, C, D 등으로 코드화된다. 작가의 본명은 절대 노출하지 않는다. A, B, C, D의 순서도 의미가 있는데, 후속 대본과 앞선 대본 간의 유사성이 명확한 부분은 후속 작가가 앞선 작가의 저작물을 보고 집필했다고 전제(Presumption of Access)하고 조정하기 때문이다. 즉, 두 대본 간 유사한 부분은 모두 앞선 작가의 기여로 계산이 된다.

⑤ WGA 크레딧 사무국에서 최종대본을 구성한 어문저작물들을 모두 확정하고 코드화하면 세 명의 조정관을 정하게 된다. WGA 정회원 자격을 5년간 유지했거나 시나리오 크레딧을 3개 이상 보유한 모든 작

가들이 조정관 후보가 되는데 WGA가 확보하고 있는 영화 크레딧 조정관 후보는 7천 명가량이다. 사무국은 후보 리스트에 따라 전화를 돌린다. 프로젝트 명은 공개하지 않고 조정을 위해 읽어야 할 어문저작물의 종류와 분량, 결정을 내려야 할 시한 등을 조정관 후보들에게 알려준다. 조정을 맡겠다고 자원하는 사람이 세 명이 나오면 그들로 조정위원회가 구성된다. 사무국은 작가이면서 조정의 경력이 풍부한 사람을 컨설턴트로 정해 조정위원회와 연결시켜준다. 세 명의 조정관들은 크레딧 규칙에 대해 궁금한 것이 있으면 배정된 컨설턴트에게 문의한다. 최소기본합의서에 따르면 WGA가 시나리오 크레딧을 결정하는 시한은 21영업일로 정해져 있다. 최종 촬영대본을 구성하는 모든 어문저작물이 WGA에 접수된 순간부터 '사전청문회'와 조정 후 상고까지 모두 21영업일 내에 모든 과정을 끝내야 한다.

⑥ 세 명의 조정관들은 각자 편한 장소에서 정해진 기한 내에 주어진 모든 어문저작물을 숙독하고 결정을 내린다. 결정의 기준은 철저하게 최종 촬영대본에 대한 각 작가의 기여도다. 대본을 잘 고쳤느냐, 잘못 고쳤느냐와 같은 '질'에 대한 판단은 적용되어서는 안 된다. 누가 최종 촬영대본에 가장 결정적인 족적을 남겼느냐만 판별한다. 결정기한이 도래하면 담당 컨설턴트가 세 조정관에게 개별적으로 전화를 걸어 결정을 듣는다. 결정이 만장일치일 경우엔 그대로 크레딧이 확정된다. 만장일치가 아닐 경우엔 날짜를 정해 전화로 회의를 열어 만장일치 결정을 시도한다. 이때 세 조정관은 서로 알 수 없도록 조정관 1, 2, 3으로 호칭된다. 컨설턴트의 유도 하에 각 조정관은 자신이 내린 결정과 결정의 사유를 설명한다. 이견이 있는 부분에 대해 충분한 논의를 거친 후 누군가 입장을 바꿔 만장일치에 도달하면 그것으로 결정이 확정된다. 만장일치에 결국 실패하면 나수결로 결정된다. 결정이 내려지면 각 조정관은 자신의 결정과 결정의 사유를 적은 결정문을

WGA에 제출한다.

⑦ 조정 결과가 도출되면 크레딧 사무국 직원이 조정 대상이었던 작가들에게 개별적으로 결과를 통보한다. 작가들은 통보받은 시점으로부터 24시간 이내에 상고를 요청할 수 있다. 단, 상고는 조정절차 상에 문제점이 발견되었거나, 조정관들의 결정문을 읽어본 결과 잘못된 사실에 근거해 결정을 내렸거나, 최종 촬영대본에 대한 기여도가 아니라 '질'을 고려해 결정을 내렸다고 생각되거나, 조정관이 특정 작가와 결탁했다는 정황이 포착되었을 때만 할 수 있다. 즉, 결정 자체에 이의를 제기할 수는 없다. 24시간 이내에 상고 요청이 없을 경우, 해당 결정은 확정된다. 요청이 있을 경우, '정책검토이사회'가 열린다. 본 이사회는 조정 결정 자체를 들여다보는 것이 아니라 결정이 내려진 절차상의 문제가 없는지만 검토한다. 검토한 결과 상고가 타당하다고 판단되면 다시 문제를 수정한 조정 절차를 거친다. 상고가 타당하지 않다고 판단하면 그대로 확정된다.

⑧ 시나리오 크레딧이 확정되면 제작사는 영화의 홍보 마케팅과 영화 본편에 삽입되는 크레딧에 이를 적용해야 한다. 어떤 영화의 시나리오 크레딧이 조정을 거쳐 결정되었는지 아닌지는 비밀에 부쳐진다. 또한 크레딧에 이름을 올린 작가를 제외한 나머지 작가들은 자신이 본 영화의 시나리오 작업에 참여했다는 사실을 언급하거나 조정 결과에 불복하여 WGA를 상대로 소송을 할 수도 없다. 그것을 조건으로 WGA의 조합원이 되는 것이다.

DAY 2:
■ 〈체이싱 매버릭스(Chasing Mavericks)〉 모의 조정 세미나
작가조합의 이용연 작가, 감독조합의 모지은 감독, 한국영화제작가협회(이하 제협)의 정상민 아우라픽쳐스 대표가 모의 조정관이 되

어 실제 WGA 조정 대상이었던 〈체이싱 매버릭스〉를 놓고 크레딧 조정을 시도했다. 여기서 중요한 사실은 시나리오 크레딧에 이름을 올리기 위해서는 해당 작가의 시나리오에 대한 기여도가 3분의 1을 '초과'해야만 가능하다는 점이다. 결국 한 시나리오의 크레딧에 이름을 올릴 수 있는 사람은 최대 2명인 셈이다. 이 또한 작가의 권리를 높이기 위한 방안 중 하나다.

〈체이싱 매버릭스〉는 '비(非) 오리지널' 사례다. A 작가가 트리트먼트까지만 썼고, 이후 B 작가가 고용되어 A 작가의 트리트먼트를 기반으로 대본을 집필했다. 여기서 '오리지널'이란 첫 대본을 써낸 작가가 어떠한 원천저작물에도 기대지 않고 창작을 해낸 경우를 말한다. 단, 실화를 바탕으로 한 경우 기사를 검색하고 자전적 서적을 읽어보고 실제 인물을 인터뷰하는 것은 '오리지널'로 분류된다. 하지만 실제 인물을 극화해놓은 소설의 뼈대를 차용한 경우는 해당 소설이 원천저작물로 분류되어 '비 오리지널'이 된다.

세 명의 모의 조정관들은 A의 트리트먼트, B의 대본, C의 대본, D의 대본(최종 촬영고)을 읽었고, 이번 모의 조정 세미나에서 컨설턴트 역을 맡은 존 브란카토가 각 모의 조정관들에게 개별적으로 내린 판정을 물었다. 조정관의 신원은 비밀에 부쳐지므로 1, 2, 3번으로 번호가 붙여졌으며, 각 조정관이 독자적으로 내린 결정은 아래와 같았다.

- 조정관 1: 원안 A, 각본 C, D
- 조정관 2: 원안 A, 각본 C
- 조정관 3: 원안 A, C, 각본 C, D

세 조정관의 결정이 모두 상이했으므로 전화회의를 통해 만장일치의 결정을 끌어낼 수 있는지 논의했다. 존 브란카토 컨설턴트는 전화

회의에 참여한 조정관들에게 우선 통상적으로 읽어주는 문구를 읽어줬다. "각 조정관은 자신이 내린 결정의 사유에 대해 상대 조정관에게 들려주어야 하며, 듣는 조정관은 마음을 열고 상대의 의견에 귀를 기울여 달라. 그러나 어떤 조정관도 어떤 결정을 내리도록 종용되거나 압박받아서는 안 된다. 논의의 끝에 각 조정관은 자신의 마음에 가장 편안한 결정을 내리시면 된다." 이후 컨설턴트는 조정관들 사이에 의견이 엇갈리는 부분에 대해 논의를 이끌었다.

우선 원안에 관한 이견은 끝내 합의되지 않았다. 조정관 1과 2는 조정관 3에게 원안 크레딧에서 C를 빼는 것이 가능한지 물었지만, 조정관 3은 C가 A의 트리트먼트에 없던 요소를 집어넣었기 때문에 원안 크레딧을 주는 게 마땅하다는 입장을 밝혔다. 이에 조정관 1과 2는 A의 트리트먼트 상에 이미 그 씨앗이 심어져 있었으므로 특별히 C의 기여로 인정할 필요 없다는 의견이었다.

각본에 관한 이견은 조정이 용이한 편이었다. 조정관 1이 각본을 C에게만 주는 것에 합의하면 조정관 1과 2의 판결이 일치해 다수결이 성립됨으로써 최종 크레딧이 결정된다는 얘기다. 다수결은 2인의 조정관의 판결이 완전히 동일해야 성립한다. 만약 조정관 1과 2가 원안에 대한 결정이 일치하고, 조정관 1과 3이 각본에 대한 결정이 일치한다고 하여 다수결에 의해 '원안: A', '각본: C, D' 이렇게 결정되지 않는다는 것이다. 컨설턴트의 요청에 따라 조정관 1과 2가 서로 논의한 결과 D의 기여가 있긴 하지만, 최종 대본 기준 3분의 1을 초과하는 정도로 보기는 어렵다는 것에 합의했다. 결국 조정관 1과 2는 '원안: A', '각본: C'로의 합의에 성공했다.

다수결을 통해 결정이 이뤄졌지만 존 브란카토 컨설턴트는 조정관 3에게 이에 동의할 수 있는지 물었다. 조정관 3은 조정관 1과 2가 합의한 바와 같이 C에게 단독 각본 크레딧을 부여한다면 굳이 C에게 원안 크레딧까지는 부여하지 않아도 되겠다고 인정했다. 다만, D의 기여도가 3분의 1을 초과하는 수준은 아니어도 분명 무시할 수 없는 기여를 했는데 그에 대해 아무런 크레딧도 받지 못하는 것 역시 공정하지 않다며, 만약 한국이었다면 D는 각색 크레딧을 받기에 충분하다는 견해를 밝혔다. 이에 대해 WGA 측은 이와 비슷한 문제제기가 미국에서도 있어 크레딧 규칙에 반영할 것을 고려하고 있다고 밝혔다.

결국 한국의 세 모의 조정관은 〈체이싱 매버릭스〉에 관해 '원안: A', '각본: C'로 만장일치 결정을 내렸다. WGA 측은 실제로 미국에서도 한국과 동일한 결정이 내려졌다는 사실을 알려줬다. 결국 한국에서도 유사한 방식으로 크레딧 조정이 가능하다는 유의미한 결과를 얻은 셈이다.

DAY 3:

■ 〈미라클 시즌(Miracle Season)〉 모의 조정 세미나

이날 모의 조정관으로는 작가협회의 한수련 작가, 감독조합의 이호재 감독, 한국영화프로듀서조합(이하 PGK)의 강명찬 프로듀서가 참석했다. 〈미라클 시즌〉은 '오리지널' 사례였다. 실화를 바탕으로 하는 시나리오임에도 '오리지널'로 분류된 이유는 세상에 존재하는 정보들을 하나로 엮어서 스토리의 형태로 만들어내는 것은 독창적인 창작행위라는 이유에서다. 모의 조정관들은 첫 작가인 A의 대본, B의 대본, 최종 촬영고(감독 혹은 제작자가 끝냈으나 크레딧을 요구하지 않음)를 읽고 다음과 같이 결정을 내렸다.

- 조정관 1: 저작A
- 조정관 2: 저작A
- 조정관 3: 저작A

B작가가 기여한 부분이 그다지 크지 않다는 데에 세 조정관 모두가 쉽게 합의할 수 있었다. 하지만 '문제'는 미국의 실제 조정결과인 '원안: A', '각본: A, B'와 극명한 차이를 보였다는 사실이었다. 이처럼 한국과 미국이 상이한 결과를 도출한 이유는 WGA가 이번 세미나를 위해서 이 건에 관련된 모든 저작물을 읽어보게 한 것이 아니라, A 대본 하나, B 대본 하나와 최종본만 선택했기 때문이다. 번역에 소요되는 시간과 비용을 고려해 이런 선택을 했지만, 실제로는 A가 최초 3고를 쓴 후, B가 4고를 쓰고, 다시 A가 5고를, 다시 B가 6고를 쓴 뒤에 최종 촬영고가 나오는 매우 복잡한 과정을 겪었다. 이번에 모의 조정관들이 읽었던 원고는 A의 5고와 B의 6고, 그리고 최종 촬영고로, A의 5고에는 이미 B가 크게 기여한 4고가 반영되어 있었다. 그것을 모른 채 5고, 6고, 촬영고를 읽으니 B가 기여한 것이 없다고 여긴 것이었다.

사흘에 걸친 WGA 크레딧 모의 조정 세미나는 적지 않은 성과를 남겼다. 앞선 할리우드의 시스템에 대한 이해를 얻었고, 모의 조정이긴 하나 나름의 실전 경험도 얻었다. 이제 본격적인 논의를 통해 한국의 현실에 맞는 시나리오 크레딧 조정위원회를 만들 차례다. 시나리오에게 제대로 주인을 찾아줄 시간이 온 것이다.

| 김병인 |
현, SGK(한국시나리오작가조합) 대표
각본 : 마이웨이
투자 : 화려한 휴가, 미녀는 괴로워, 타짜, 범죄의 재구성,
　　　 말죽거리 잔혹사, 오 브라더스, 몽정기 등등

스튜디오에 맞서며 크레딧을 지켰다

| 글_이지강 한국시나리오작가조합 이사 · 사진_김혜미 |

사흘에 걸친 시나리오 크레딧 모의 조정 세미나 일정이 모두 끝난 다음 날
인 지난 3월 23일, 〈터미네이터 3: 라이즈 오브 더 머신〉의 작가이자 풍
부한 미국작가조합(WGA) 시나리오 크레딧 조정 경험을 가진 존 브란카
토, 그리고 레슬리 맥키 WGA 크레딧 조정사무국 국장과 이번 행사에 관
해 이야기를 나눴다.

Q 세미나를 마친 소감은 어떤가?

레슬리 맥키　WGA에서 시나리오 크레딧 조정을 최초로 고안한 이유는 감
독과 제작자들이 작가의 크레딧 권리를 빼앗아가는 일을 방지하기 위해서
였다. 이번 행사 첫날 크레딧 조정에 관해 설명할 때 그 자리에 한국 감독
과 제작자들도 있었기 때문에 그들이 우리가 하는 이야기를 듣고 기분 나
빠하지 않을까, 또는 저항이 있지 않을까 하는 우려가 있었다. 이번 행사
에서 모의 조정관을 작가 1명, 감독 1명, 프로듀서 1명으로 구성한 것도
그런 우려를 고려한 결정이었을 것이라 짐작한다. 실제로 세미나를 진행
해보니 한국 감독이나 제작자들이 전반적인 미국 시스템을 잘 수용하고
저항감 없이 받아들이는 듯해 크레딧 조정 시스템을 시행할 준비가 충분
한 것 같아 매우 신선했다. 이 시스템을 함께 만들어 보자는 공감대가 한
국영화계 전반에 형성되어 있는 것 같았다.

Q 솔직히 한국의 시나리오 작가들은 매우 열악한 상황 속에 있다. 할리우드의 경우는 어떤가?

레슬리 맥키

레슬리 맥키 과거에는 한국과 비슷했다고 볼 수 있다. 어느 순간 스튜디오의 힘이 너무 커져 시나리오 작가를 갈아치우는 분위기가 형성되었다. 작가가 홀로 싸워서는 권리를 얻어낼 수 없었기 때문에 WGA가 만들어졌다. 지금도 여전히 작가들이 뭉쳐 스튜디오에 대항해 권리를 얻어내는 과정이라고 보면 되는데, 그 결과로 획득한 것이 단체협상, 협약서, MBA(Minimum Basic Agreement 최소 기본 합의서) 등이다. 그 가운데 'pay or play'란 조항은 작가가 중간에 해고되더라도 스튜디오가 최초 계약할 때 주기로 한 금액을 모두 지급해야 한다는 조항이다. 이렇게 WGA는 작가들의 권익을 위해 계속 싸우고 있다. 우리끼리 하는 말 중에 '크레딧 조정의 저주'란 말이 있다. 크레딧 조정에 들어간 작품일수록 여러 명의 작가가 붙어서 작업을 했다는 이야기고, 여러 명이 얽혀 작업한 작품일수록 흥행할 가능성이 낮다는 조사결과가 있다. 통계학적으로 봤을 때, 여러 명의 작가가 붙어 고치고 짜깁기해 만들어 어렵게 조정을 한 작품들이 좋은 결과로 이어지진 않았다. 작가를 소모품처럼 갈아 끼우는 풍토가 영화를 위해서도 좋은 게 아니란 얘기다.

존 브란카토

존 브란카토 30년 동안 할리우드에서 활동한 작가 입장에서 보자면, 처음 영화 일을 시작했을 때보다 지금이 더 작가의 권익이 줄어든 것 같다. 그동안 WGA가 강하게 투쟁을 해 작가의 권리는 점점 많아졌다. 제작발표회나 홍보 활동에 참여할 수 있고, 1차 편집본을 보고 코멘트 할 수 있는 등 영화 제작에 작가가 참여할 수 있는 장치가 많이 만들어졌지만, 그래도 20~30년 전 분위기를 생각해보면, 요즘이 더 나빠진 것 같다. 그 이유는 스튜디오들이 한 작품에 여러 명의 작가를 고용해 동시다발적으로 집필하게 만들거나, 작가들을 그룹으로 만들어 집필하게 하는 등 서로 경쟁하게 만들어 작가의 위상 자체를 떨어뜨리고 있다. WGA는 현재 제작자들이 동시에 두 명 이상의 작가를 고용하지 못하게 하는 룰을 검토하고 있다. 앞서 레슬리가 말했듯이 여러 명의 작가를 고용한 작품은 확률적으로 결과가 좋지 않다.

Q 한국영화계는 매우 좁은 인맥의 시스템으로 유지되고 있기 때문에 조정 과정에서 정보가 공개되고 분쟁이 발생할 가능성이 크다. 할리우드에선 이런 문제가 발생하지 않는가?

레슬리 맥키 20~30년 전까지만 해도 조정관 후보군이 매우 적었다. 하지만 지금은 후보군이 수천 명이나 되니 할리우드에선 인맥으로 인한 문제들이 이슈가 되진 않는다. 한국에선 그런 일이 이슈가 될 수 있다는 걸 인정한다. 그래서 조정관 후보군을 어떻게 키울 것인가를 창의적으로 고민할 필요가 있다. 조정관 후보에 감독과 제작자까지 포함하면 그런 위험을 최대한 예방할 수 있지 않을까.

크레딧에 대한 기준부터 세우자

| 글_문석 · 사진_김혜미 |

김병인 대표

김병인 한국시나리오작가조합(SGK, 이하 작가조합) 대표는 독특한 이력을 갖고 있다. 컨설팅업체 매킨지에서 사회생활의 첫발을 뗐던 그는 1999년 말, 당시 〈은행나무 침대〉 〈8월의 크리스마스〉 등을 투자해 한국영화에 새로운 바람을 일으키던 일신창투에 들어가 영화 일을 시작했다. 어릴 적부터 글을 쓰고 영화 만들기를 꿈꿔왔기 때문이다. 이후 대성창투, CJ엔터테인먼트 등으로 자리를 옮기며 영화 투자 업무를 했던 그가 시나리오 작가로서 쓴 작품은 〈마이웨이〉(2011)다. 일신창투 재직 시절 아버지가 제공한 아이디어를 바탕으로 쓰기 시작해 수년이 흐른 뒤에 영화화가 됐지만, 제작사와 시나리오 크레딧 관련한 분쟁을 겪으며 그는 작가로서의 '자의식'을 갖게 됐다.

Q 지난해 작가조합 대표가 된 이후 크레딧 문제를 역점 사업으로 다뤄왔다.

〈마이웨이〉 때 크레딧과 관련된 문제를 직접 겪어보니 심각성을 알게 됐다. 당시 제작사는 각본 크레딧에서 강제규 감독의 이름을 내 이름보다 더 앞세웠는데 나는 이건 아니라고 생각했다. 이런 문제를 바로잡을 수 있는 방법이 없나 찾아봤더니 작가조합이 있었다. 당시는 초창기라 작가조합이 사단법인이 아니었고 힘도 그리 크진 않았다. 하여간 그렇게 작가조합에서 활동하게 됐고 대표까지 됐다. 사실 한국의 시나리오 작가 대부분은 크레딧 문제로 고통을 겪어봤을 거다. 시나리오를 직접 쓰는 감독이 많은 게 우리 산업의 분위기이다 보니 감독과 작가 사이의 갈등이 많다. 제작자가 기획 아이디어를 제시한 정도의 기여를 내세워 크레딧을 요구하기도 한다. 그런데 크레딧을 둘러싼 갈등에선 악질적인 개인이 개입되어 있는 경우도 있지만, 산업 안에 기준이 없는 탓에 해결되지 않는 경우가 훨씬 많다고 본다. 결국 그런 기준을 만들고 그 기준에 따라 조정하는 주체가 필요하다는 얘기다.

Q 이번 열린 WGA 크레딧 모의 조정 세미나도 그런 차원인가?

그렇다. 이번 행사를 통해 할리우드의 실태를 들어보고 직접 크레딧 분쟁을 조정해보면서 문제의식을 심화시키자는 것이다. 이제부터는 본격 준비단계의 TF팀을 구성해 한국 현실에 맞는 방안들을 고민하고, 내년에는 본격적으로 영진위 공정환경조정센터와 연관을 맺는 크레딧 조정위원회를 만들게 될 것으로 기대한다. TF팀에는 영진위, 작가조합, 작가협회, 감독조합이 참여한다. 제협과 PGK도 참가해야 한다. 현재의 표준계약서 상에서는 제작자가 크레딧의 결정권을 갖고 있기 때문이다. 이번 모의 조정관을 구성할 때 제협과 PGK에서 추천한 분을 참여하게 한 것도 그 때문이다.

Q 미국에서는 크레딧에 관한 조정을 미국작가조합(WGA)이 전적으로 맡는데?

오랜 투쟁의 산물인 셈이다. WGA는 제작자연합과 스튜디오를 모두 포함하는 조직인 미국영화방송제작가연합(AMPTP)과 3년마다 한 번씩 단체협상을 하는데 여기에서 조정에 대한 내용도 논의된다. 하지만 우리는 사정이 다르니까 영진위의 역할이 커질 것이다. 아무튼 고맙게 생각하는 것은 감독조합이다. 감독조합 대표이기도 한 민규동 감독은 10여 년 전부터 크레딧 문제를 할리우드 기준에 맞춰서 처리해야 한다고 생각하며 일해 왔다. 부대표인 모지은 감독도 양 조합의 다리 역할을 해줬다.

Q 이번 행사에서 얻은 구체적인 성과가 있다면?

많은 것을 얻었지만, 특히 한국만의 독특한 크레딧인 '각색'에 관한 나름의 답을 갖게 됐다. 한국에서는 각색이 두 가지 의미를 갖는다. 소설 같은 원작을 대본으로 옮기는 일뿐 아니라 최종 대본에 마이너한 기여를 한 경우도 각색이라고 부른다는 얘기다. 그러니까 한국에는 각본이라는 크레딧과 각색이라는 크레딧이 동시에 존재하는 셈이다. 할리우드의 경우, 한국적인 의미에서 각색이라는 크레딧이 아예 없는데 이번에 온 WGA 관계자 말이 할리우드에서도 비슷한 고민이 존재한다는 것이다. 할리우드에서 시나리오 크레딧에 이름을 올리려면 3분의 1을 초과하는 기여를 인정받아야 하는 탓에 10%에서 3분의 1 사이만큼 기여한 사람들의 문제제기가 있어왔다고 한다. WGA도 향후에 그런 사람들을 추려서 특정한 크레딧을 부여하려는 계획을 갖고 있다고 했다. 우리 TF팀도 각색 문제를 적극적으로 논의해보려 한다.

"본 글은 영화진흥위원회에서 발간하는 월간 〈한국영화〉 106호에 실린 기사를 재수록한 것이며, 원문은 '영화진흥위원회 홈페이지(www.kofic.kr) 내 [정보연구통계 – 발간자료 – 월간 한국영화] 코너에서 확인하실 수 있습니다."

영화처럼 소설처럼 즐거운 세상을 꿈꾸는
가연 컬처클래식 시리즈

시나리오로 보는 영화 〈8〉

완벽한 타인

2018.10.31 개봉

각　　본 | 배세영

감　　독 | 이재규

출　　연 | 유해진, 조진웅, 이서진, 염정아,
　　　　　김지수, 송하윤, 윤경호, 지우

수　　상 | 21회 우디네극동영화제, 2019
　　　　　초청 : 이재규 (한국영화)

완벽한 타인

Intimate Strangers

우리는 누구나 세 개의 삶을 산다.
공적인 하나, 개인적인 하나,
그리고 비밀의 하나.

1. 영랑호

물속에서 헤엄치며 사이좋게 놀고 있는 사내아이 넷.

〈자막〉 1984년 5월 속초
달빛이 내려앉는 영랑호에서 물수제비를 뜨는 아이들.

순대 바다야. 짜잖아.

태수 붕어 사는 바다 봤냐? 호수야. 이름도 영랑호잖아.

순대 저 밑에 하구 쪽엔 전어, 우럭 천지거든?

준모 저 새끼들은 만나기만 하면 싸워. 우와~ 이것 봐. (하트 모양 돌멩이 보이며)

하트다. 영주 줄까? 지나 주나?

석호 고은희 안 주고?

준모 걔랑 끝난 지가 언젠데.

그때, '미안~~~' 하며 저 멀리서 달려오는 커다란 몸집의 아이.

준모 넌 왜 맨날 지각이냐?

영배 헉헉. 나오다 아부지한테 걸렸어. 문제집 다 풀고 나가라고.

준모 하~ 우리 아빠 교장 아니고 선장이라 참 다행이다.

석호 우리 엄만 시장에 있어서 다행이고.

킥킥킥 웃는 석호와 준모.

영배 쟤넨 또 왜 저래?

석호 영랑호가 바단지 호순지 싸우는 중.

순대 (다가오며 소리) 석호야, 니가 공부 젤 잘하니까 말해봐. 여기 바다지?

태수 븅신아! 바다에서 어떻게 물수제비 뜨냐고~오?

순대 (돌아서 멱살 잡으며) 이 씨발 새끼가. 뭐라고?

태수 (순대 머리 채 움켜잡으며) 어쭈? 디질래?

석호 야야. 왜 그래?

준모 싸워! 싸우라고!

영배 (양손으로 순대, 태수 뒷덜미 움켜쥐며) 어허~ 이것들이. 안 놔?

그때, 하늘을 가리키는 준모. '야! 시작한다!' 하고는 빠르게 뛰어간다.
동시에 하늘을 쳐다보더니 이내 '이야!!' 하며 후다닥 준모 뒤를 따르는 아이들.
범 바위 위에 올라 선장처럼 멋지게 망원경을 쭉 뽑는 준모.
'나도 나도!!' 아우성치는 아이들. 언제 싸웠냐는 듯 사이좋은.
둥근 하얀 달 위로 서서히 그림자가 드리우며 월식이 시작되고.
오프닝 크레딧 떠오른다.

2. 준모 오피스텔 (현재)

신혼 분위기가 물씬 풍기는 깔끔하고 세련된 인테리어의 침실.
콧노래를 부르며 옷을 고르는 준모(45) 옆으로 결혼사진이 눈에 띤다.
거실 소파에 앉아있는 세경(35), 외출복 차림으로 선물을 포장하며 통화 중이다.
커다란 래브라도 리트리버 한 마리가 그런 세경 옆에 앉아있다.

세경 코로나, 켄네코프, 광견병은 다 맞혔죠? 그럼 됐어요.
접종했다고 평생 가는 거 아니니까 항체 검사 한 번씩 꼭 해주고.

포장을 마친 선물상자를 들고 이리저리 살펴보는 세경.
문득 표정 굳더니.

세경 발진? 언제부터? 엄마 또 사람용 샴푸 썼지?
글쎄. 아로마건 뭐건 강아지는 전용 샴푸 써야 된다니까.

세경, 욕실로 들어가 손을 씻는다.

세경 알았어. 다음 주말에 들릴게요. 당연히 같이 가지.
엄마, 진짜. 사위한테 도둑놈이 뭐야? 도둑놈이.

그때, 다가오더니 스윽 뒤에서 세경의 가슴을 움켜쥐는 준모.

세경 미쳤어! (전화기 대고) 아니, 엄마 말고 테리. 하지 마 테리.

그 말에 왈왈~ 짖기 시작하는 준모.
세경, 웃으며 자꾸만 준모를 밀어내지만 준모는 아랑곳 않고 세경의 가슴
을 파고든다.

3. 석호 빌라, 소영 방

벽의 한쪽을 꽉 채운 그림과 사진.
인형, 생활 소품, 이젤, 벗어놓은 옷가지들로 어질러진 방.
거울 앞에서 화상을 하고 있는 소영(20).
방문턱에 서서 그런 소영을 노려보고 있는 예진(43).

예진 어디 가는데?

소영 현아랑 영화 본다고 했잖아.

예진 그 말을 믿으라고?

소영 믿지 마, 그럼.

예진 재호 만나러 가는 거잖아.

소영 (버럭) 아니라고!!

예진 넌 꼭 거짓말하다 들키면 화내더라.

소영, 상대하기 싫은 듯 화장을 한다.

예진 거짓말은 남이 아니라 니 자신을 속이는 짓이야. 결국 망가지는 건 너라고!

소영 (돌아보며) 그런 오글거리는 소린 병원에서나 해.
멀쩡한 사람 환자취급 하지 말고!

예진 멀쩡해? 그럼 이건 뭐야?

예진, 콘돔을 꺼내 든다.
소영, 당황해서 보다가 별 일 아니라는 듯 다시 돌아서 화장하며.

소영 내 꺼 아냐.

예진 니 가방에 있던데.

소영 친구가 잠깐 맡긴 거야.

예진 이게 진짜 누굴 바보로 알아?!!

소영, 다가오더니 콘돔을 빼앗아 한쪽 구석으로 집어던진다.

소영 내 물건에 손대지 말랬지?

일기장, 핸드폰도 모자라서. 이젠 가방까지 뒤져? 나가!

소영, 예진을 밖으로 밀더니 문을 쾅 닫고 잠근다.
허! 황당한 예진.

4. 태수 집, 서재

서류가 한가득 쌓여있는 책상.
격앙된 목소리로 통화 중인 태수(45).

태수 이보세요, 사무장님. 상대측 아버지랑 제가 밥을 왜 먹습니까?

글쎄. 그 분이 누군지 뭐가 중요하냐구요? 진짜 제 성격 몰라서 이래요?

(서류 뒤적이며) 두 번째 단락 세 번째 줄 살펴보세요. 31페이지요.

뒤집힐 확률 없습니다! 원칙대로 일 합시다. 못 들은 걸로 하죠.

탁, 전화 끊더니. 미간을 꾸욱 누르는 태수.
그때, 문이 열리며 수수한 화장에 원피스 차림의 수현(42)이 들어온다.

수현 시간 다 됐어요.

그 말에 시계를 보더니 일어서는 태수.

태수 아직 3분 여유 있어.

수현이 반듯하게 다려진 바지와 스웨터를 책상 앞 소파에 내려놓는다.

옷 갈아입으러 움직이다 수현의 얼굴을 보는 태수.

태수 화장 너무 진한 거 아냐?

수현 아휴. 다들 이 정도는.

태수 (셔츠 갈아입으며) 진해.

수현 ….

귀찮다는 듯 종결 짓는 태수의 말에 수현이 더 보태려다 방을 나선다.

5. 준모 오피스텔, 침실

문이 열리고 정신없이 들어오는 준모와 세경, 옷 벗기고. 키스하고.

세경 나 피임약 끊었어.

준모 !!

세경 오빠 얘기 갖고 싶어.

준모 (가만히 보다가) 내가 혹시 그 얘기 했었나?

세경 무슨 얘기?

준모 사랑해!!!

준모, 세경을 와락 덮치고 까르르 웃는 세경. 침대로 쓰러진다.

6. 석호 빌라, 주방

앞치마를 두르고 청양고추를 썰고 있는 석호(45),
그때, 예진이 주방으로 들어온다.

예진 쟤 땜에 돌아버릴 거 같애.

석호 에이~ 정신과 의사가 돌아버리면 안 되지.

예진 (샐러드 만들며) 장난할 기분 아니야. 쟤 지금 재호 만나러 나간대.

석호, 그 말에 손을 멈추고 예진을 돌아본다.

석호 예진아. 소영이 이제 스무 살이야.

스무 살이 주말에 남자친구 만나는 건 너무 자연스러운 거고.

예진 난 걔 싫단 말이야. 당신도 걔 별로라며?

석호 소영이가 좋다잖아.

예진 그러니까 미친년이지. 도대체 어디가 좋냐구.

석호 하~ 와이픈 돌고 딸은 미치고. 난 어떻게 살아야 되니.

예진 걔한테 전화해서 소영이 만나지 말라고 할까?

석호 어휴. 그걸로 되겠어? 쫓아가서 따귀도 한 대 때리고.

사람 붙여서 협박도 하고.

걔네 부모 일하는 데도 찾아가서 확 다 뒤집어 놔야지.

예진, 그 말에 움찔하더니 석호의 눈치 보며.

예진 우리 아빠가 그런 건 미안해.

석호 바보야. 미안하단 말을 듣자는 게 아니고, 그래봤자 아무 소용없다는 거

야. 장인어른이 아무리 그러셨어도, 봐! 우리 이렇게 같이 살고 있잖아.

예신 (한숨) 후~~

석호 부모 반대로 힘들어하는 사람들 많이 싱딤해 봤잖아.

얼마나 잘 헤아려주고, 위로해주고, 힘이 돼줬어? 당신, 그런 사람이야.

예진 쟨 내 딸이잖아. 그렇게 환자 대하듯 객관적으로 다가갈 수가 없다고.

석호 다가갈 필요 없어. 더 도망가게만 하지 말자. 응?

7. 태수 집, 거실

수현이 보자기로 감싼 티라미수 케이크를 들고 거실로 나온다.
티비 앞에서 플레이 스테이션 축구 게임 하는 첫째(10), 레고를 맞추는
둘째(8).
그리고 할머니 품에 안겨 동화책을 보고 있는 딸(6).

수현 자, 이제 티비 끄고, 레고 정리하자.
아이들 (못 들은 척)
수현 어? 아빠 나오신다!

그 말에 화들짝 놀라더니 티비 끄는 첫째, 우당탕 레고 쓸어 담는 둘째.
그 모습 보며 귀엽다는 듯 웃는 수현.

수현 (어질러진 것들 정리하며 태수 모에게) 저녁 차려놨으니까 드시구요.
자기 전에 애들 목욕하고 양치질 좀 봐주세요.
태수 모 (정리하는 수현 보며) 있다 내가 치울게. 그냥 두고 가.
수현 떼써도 절대 과자 같은 거 주시면 안 돼요. 아토피 바로 올라와요.
늦어도 10시 전엔 잠자리에 들게 해주시구요.

그때, 서류 가방을 들고 거실로 나오는 태수.

태수 아니, 그러실 필요 없어요. (아이들보며) 니들 일은 이제 니들이 알아서 해.
아이들 네. (더 빠르게 정리하는)

태수 저희들끼리만 나가서 죄송해요.

태수 모 아냐. 오랜만에 모임인데 재밌게 놀다 와.

태수 머리 하셨네요?

태수 모 (머리 만지며 웃는) 응.

수현, 정리 마치고 일어나 태수를 본다.

태수 (수현을 빤히 보며) 뭐해? 가자고.

수현 '그럼 그렇지' 하는 표정으로 케이크를 들고 태수를 따라 나서는데.
태수가 휙 돌아보며, 손을 내민다.

태수 줘, 내가 들게.

수현 고마워요. (케이크를 건네고 따라가다가) 아, 잠깐. 핸드폰 두고 왔다.

태수 늦겠다. (나가며) 얼른 내려와.

8. 태수 집, 안방

불 꺼진 안방으로 급히 들어오는 수현.
들고 있던 가방을 뒤지더니 핸드폰을 꺼내든다.
방문 밖을 다시 살피고는 서랍장 앞으로 가는 수현.
잠시 망설이는가 싶더니 입고 있던 팬티를 원피스 아래로 벗어 내린다.

9. 태수 집 앞, 차 안

대문 앞, 조수석에 앉아 휴대폰을 들여다보고 있는 태수.

수현이 대문을 열고 나오자, 얼른 휴대폰을 주머니에 넣는다.

10. 석호 빌라, 주방

국의 간을 보고 있는 석호.

석호 으. 죽인다. 맛 좀 볼래?

예진, 멍한 얼굴로 앉아 접시의 물기를 닦고 있다.

석호 기분 좀 풀어. 오늘 우리 집들이 하는 날이잖아.
예진 소영이 콘돔 갖고 다녀.

석호!! 놀란 얼굴로 가만히 예진을 본다.

석호 그걸 어떻게 알았어?
예진 가방에서 찾아냈어. (따라놓은 와인을 마시는)
석호 애 가방 뒤진 거야?
예진 지금 그게 중요한 게 아니잖아. 당신 딸 가방에서 콘돔이 나왔다니까? 그게 무슨 뜻인지 몰라?
석호 예진아!

석호, 국자를 내려놓고 예진에게 다가간다.

예진 걔 그거 시위하는 거야. 지 건드리지 말라고.
석호 그럼 건드리지 말아야지.

예진 그러다 잘못되기라도 하면? 몸만 컸지, 아직 애야.

석호 나 스무 살 때 우리 엄만, 중앙 시장에서 고무다라이 두 개 놓고.

예진 (OL) 아, 그만.

석호 나물 팔았어. 남들 장사하는 가게 앞 길바닥에서.

예진 (접시만 닦는)

석호 먹고 살기 빠듯해서 자식이고 뭐고 관심조차 없었다고.

나 제대하고 나왔을 땐, 엄마가 뭐라 그랬는줄 알아?

"웬 군복이야? 너 군대 가니?"

근데 봐. 무슨 문제가 있어? 나 이렇게 멀쩡하게 어른 됐잖아.

예진 (가만히 석호를 보다가) 거봐. 관심 못 받고 자라니까 졸업하기도 전에

여자나 임신 시키고. 아. 안 돼!! 못나가게 해야겠어.

예진, 벌떡 일어나 달려 나간다.

후우~~ 한숨을 쉬는 석호.

밤하늘에 휘영청 밝은 달. 타이틀 뜬다.

11. 태수 차 안

서류 뭉치를 넘기며 자료를 보고 있는 태수, 운전하던 수현이 몸을 기울여
창밖 하늘을 본다.

수현 세상에! 달 좀 봐. 너무 예쁘다.

(시를 읊는다) 내가 만약 달이 된다면, 지금 그 사람의 창가에도 아마 몇 줄기는
내려지겠지~ (태수 보며) 김소월 시에요.

태수 (서류만)

수현 (뻘쭘) 아! 맞다. 월식 있댔는데. (휴대폰 보더니) 어머 맞네요, 오늘!!!

태수 (서류 넘기며) 엄마한테 말 그딴 식으로 하지 마!

수현 네?

태수 이래라 저래라. 엄마가 우리 집 식모야?

수현 여보, 그건.

태수 (홱 쳐다본다)

수현 (다시 운전) 너를 앓다 못해 바짝 말라서 성냥불만한 너의 눈짓 하나에도.

태수 (이글이글 한 눈빛)

수현 나는 화형 당했다.

태수 ?

수현 장작.

태수 ???

수현 서. 덕. 준.

태수가 고개를 돌리고 만다.

태수 문학 모임인가 뭔가. 그거 나갈 시간에 애들 책이나 더 읽어줘.

12. 준모 차 안

세경의 왼손과 준모의 오른 손이 자동차 기어 위에 포개져 있다.

세경 (선물 만지며) 엄청 고민해서 고른 건데. 좋아할까?

준모 당연하지. (세경, 손을 잡아 올려 뽀뽀) 누가 고른 건데.

세경 예진 언니가 워낙 까다롭잖아. 꼭 우리 엄마 같애.

　　　아, 맞다. 다음 주에 엄마한테 가기로 했어.

준모 이야~ 오랜만에 장모님 얼굴 보는 거야?

세경 좋아? 난 솔직히 강아지만 아님 안 가고 싶은데.

오빠 레스토랑 오픈한 게 언젠데 한 번 와보지도 않고.

준모 나이는 많지, 벌어 놓은 돈은 없지.

결국 결혼도, 레스토랑도 다 자기 돈으로 한 거잖아. 얼마나 비기 싫겠어.

세경 오빠.

준모 그래도 난 우리 장모님이 좋아. 이렇게 이쁜 딸을 낳아 주셨잖아.

세경 아. 오빠 진짜.

세경, 준모 볼에 뽀뽀한다. 준모, 반사적으로 세경의 허벅지에 손을 올리
더니.

준모 아. 또 하고 싶다. 갓길에 잠깐 세울까?

세경 아잉.

13. 석호 빌라, 소영 방 앞

소영의 방문 앞에서 머뭇거리고 있는 석호.

노크를 하려다 다시 망설이고 생각에 잠기기를 여러 번.

그때, '띵동~' 초인종 소리가 들린다.

석호 (거실로 나서며) 내가 나갈게!

14. 동, 현관~거실

석호, 현관문을 열자 들어오는 태수와 수현.

석호 어서와~ 수현아.

태수 수현아라니.? 형수님~ 하라니까. 내가 너보다 생일이 빠른데.

석호 내가 결혼을 빨리 했잖아.

태수 애는 내가 더 많아.

석호 여자는 내가 더 많아. 오늘도 네 번이나 했어.

수현 네?

석호 가슴수술.

까르르르 웃는 수현. 태수가 인상 쓰며 쳐다보자 얼른 웃음을 거둔다.
그때, '오셨어요?' 하며 거실로 나오는 예진.
몸매가 드러나는 청바지에, 머리도 풀었다.

수현 언니, 티라미수. 괜찮을라나 모르겠네.

예진 (보자기 풀어 보며) 완전 맛있어 보이는데 (주방으로 가는)

석호 와~~ 진짜 내 마누라지만 너무 예쁘지 않냐?

태수 (보더니) 예진이. 바지 너무 꽉 끼는 거 아냐?

수현, 얼른 태수를 툭 친다. 띵동~

석호 준모 오나 보다.

석호, 현관문을 열자 준모와 세경이 들어온다.
'어서 오세요~' '오랜만이야' 현관에서 그들을 맞는 예진, 태수, 수현.

준모 (둘러보며) 이야~ 강원도 촌놈 성공했네~ 응?

세경 (선물 내밀며) 축하드려요.

석호 뭐예요?

준모 뭐긴, 새끼야. 이렇게 좋은 집을 사 놓고 1년 만에 집들일 하냐?

예진 아휴. 집들이는 무슨. 그냥 저녁식사 한번 하자는 건데.

수현 뜯어봐요. 뭔지 궁금하다.

포장 뜯어보는 예진. 도자기로 만든 부엉이 한 쌍이 나온다.

수현 (호들갑) 어머 세상에. 너무 예쁘다.

수현, 집어서 요리조리 살펴보는데 바닥에
'Made in china' 스티커 보인다.

세경 서양에선 부엉이가 지혜의 여신 아테나를 상징한대요.
일본에선 부와 명예를 불러 온다고 믿구요.
무엇보다. 부부금슬이 좋아진대요.

석호 이야~! 고맙습니다.

예진 뭐야. 세경 씨. 수의사가 그런 말도 안 되는 미신을 믿는 거야? 홋

싸한 분위기. 준모, 눈치를 보다가 킁킁대더니.

준모 잠깐. 이게 무슨 냄새야? 설마.

태수 아바이순대?

예진 바비큐 하재도. 굳이 고향 음식 차린다고.

석호 (빙그레 웃으며) 명대회 무침도 사왔다?

순모/태수 아~ 세발. / 밀노 안 돼!

석호 술빵, 닭강정, 물회, 홍게찜 그리고. 물곰탕!!!

준모/태수 미쳤네, 미쳤어. / (고개 절레절레)

석호 술은 뭐 할래? 와인? 아님 옥수수 막걸리?

준모/태수 비켜 쌩! / 말이라고 해!!

앞 다투어 주방으로 달려가는 태수와 준모.
석호와 세경이 웃으며 그 뒤를 따른다.

수현 친구들만 만나면 딴 사람이 된다니까요.

예진 누가 아니래.

수현 (예진 팔짱끼며) 집 구경 좀 시켜주세요!

15. 동, 침실

문을 열고 들어서는 예진과 수현.

수현 나무 질감이 특이해요, 언니.

예진 자작나무야.

수현 와. 비쌌겠다.

예진 대신 건강엔 좋지.

수현 (침대 헤드 부분 만지며) 악어가죽이에요?

예진 응. 나일악언데, 크랙이 좀 커. 별로지?

수현 아니요. 너무 고급스러워 보이는데요.

16. 동, 욕실

욕실로 들어서는 두 사람.

수현 어머. 욕조 좀 봐. (눈에 하트 뜨는)

예진 호펜이라구 영국 디자이너 작품. 엄청 힘들게 구했어.

수현 이쁘다

예진 맘에 들면 나중에 너 이사 갈 때 하나 사줄게.

수현 정말요? (예진 팔 끌어안고) 아. 역시 언니밖에 없어.

17. 동, 복도

수현 대리석 이거, 비앙코 카라라 아녜요?

예진 국내에 있는 건 가짜가 많아서 믿을 수가 있어야지.

이태리 출장 갔을 때 샀어. 운송비가 더 들었다, 야.

수현 (웃는다) 훗

예진 왜?

수현 아니. 이런 집에 '메이드 인 차이나' 부엉이가 어울리나 해서.

예진 너두 봤구나? 뭐. 원래 도자긴 중국이 유명하잖아.

수현이 쿡 웃자, 예진도 따라 웃더니 복도를 걷는다.

수현 아무튼. 언니 너무 부러워요. 능력 있지, 예쁘지.

게다가 돈 잘 버는 성형외과 남편에, 공부 잘하는 딸까지.

아! 강남에 병원자리도 분양받았다면서요?

예진 선분양 받으면 싸게 준대서. 월세 천만 원씩 내는 거 아깝잖아.

수현 아. 징말 잘됐다.

(눈가를 훔치며) 힝. 내가 다 눈물이 니네.

예진 에이. 왜 그래.

수현 내가 옆에서 다 봤잖아. 언니 고생하는 거.

소영이 생기는 바람에 하숙집 쪽방에 신혼집 차리고 인턴에 레지에 얼마나 힘들었어요. 근데 20년 만에 이런 집을 사셨으니.

(예진 손잡으며) 진짜 축하해요, 언니.

예진 (눈가가 촉촉) 고마워.

아! 오늘 테이블 세팅은 니가 선물해 준 헤렌드로 했어. 보여줄게.

18. 동, 주방

왁자지껄 떠들며 옥수수 막걸리를 마시는 남자들.
그 모습을 웃으며 보고 있는 세경.

세경 영배 오빠 아직 안 왔는데 벌써 시작이에요?

준모 하여간 이 새끼 맨~날 지각이야.

석호 또 문제집 풀고 오나부지.

킥킥 웃는 남자들.
식탁 세팅을 보고 오는 예진과 수현.
석호, 막걸리를 내밀자 고개 젓는 예진.

예진 난 와인 마실께.

태수 아. 영배, 애인 데려온다고 했다며? 어떤 여자야?

준모 몰라, 이름만 들었어. 민서.

세경 민서. 왠지 예쁠 것 같아요. **준모** 영배 애인인데 무슨 수로 예쁘겠어.

수현 왜요? 영배 오빠 여자들이 좋아하는 스타일이잖아요.

세경 맞아요. 남자답고 섹시해요.

준모 (세경 목에 헤드락 거는 시늉) 지금 딴 남자한테 섹시하다고 한 거야?

(하다가) 잠깐! 얘 설마. 애 딸린 이혼녀 데려오는 건 아니겠지?

태수 유부녀만 아니면 돼.

석호 그래. 누구든 수정이 보단 낫겠지.

세경 수정이가 누군데요?

예진 영배오빠 전 부인.

수현 성격이 이상해서 그렇지, 얼굴은 예뻤는데.

남자들 어우~~~ 하며 일제히 고개를 절레절레 흔든다.

준모 난 진짜 여자들이 예쁘다고 하는 기준을 모르겠어.

석호 내가 가르쳐 줄까? 일단 여자들이 '걔 재수 없어!' 그럼, 이쁜 거야.

다들, 웃음이 터진다.
그때, '띵동~~' 초인종이 울린다.

동시에 왔다!!

19. 동, 현관~주방

기대에 찬 얼굴로 쳐다보고 있는 사람들.
큰 덩치의 영배가 엉덩이로 현관을 밀고 들어온다.
양 손에 휴지와 세제를 잔뜩 들고 있다. 혼자다.

영배 어이~ 잘 지냈나. 친구들!!

멍하니 영배를 보고만 있는 사람들.

영배 왜?

예진 민서 씨는?

영배 아. 그게. 열이 좀 있어서.

수현 그럼 안 오는 거예요?

영배 못 오는 거지. 몸이 안 좋으니까.

세경 힝. 아쉽다. 보고 싶었는데.

실망한 표정으로 서있는 사람들.

영배 나. 그냥 가? 한 시간 반 걸려서 왔는데.

'아니, 아니', '어서 들어와.' 그제서야 웃으며 영배를 맞아주는 사람들.
예진과 수현은 주방으로 가고. 세경은 테라스를 힐끔 보더니 나간다.

준모 (영배에게 따라붙으며) 벌써 차인거야?

영배 진짜 몸이 안 좋다니까.

석호 몇 살인데?

영배 우리랑 동갑.

남자들 (동시에) 으~~~~~~

석호 진짜 몸이 안 좋겠구나.

태수 이혼녀야, 유부녀야?

영배 뭐?

석호 (얼른) 아. 우리끼리 잠깐 얘기했거든. 너가 어떤 여자랑 만날지.

영배 그래서? (태수 보며) 난 문제 있는 여자들이나 만날 거다?

태수 마흔 다섯에 처녀인 게 더 문제 아니야?

웃으며 주방으로 들어오는 남자들.

순간 표정이 확 굳는 태수.

막걸리를 조금 마시다 태수와 눈이 마주치자 얼른 입을 닦는 수현.

수현 아, 따르다가 좀 넘쳐서.

(영배에게 건네며) 이것 좀 드세요.

그때, 테라스에서 고개를 내미는 세경.

세경 월식 시작됐어요!

20. 동, 큰 테라스

테라스에 월식을 보기 위한 천체망원경이 있다.

그 옆에서 선장처럼 망원경을 쭉 뽑아 달을 보는 준모.

준모 와. 시작했다. (태수에게 망원경 주며) 봐봐.

태수 그냥 봐도 보여. 아직 멀었네. (휴대폰 본다)

준모 하여간 멋대가리 없는 새끼. (망원경 억지로 갖다 대며) 쯤 봐봐.

태수 어, 글쎄 됐다니까.

서로 밀고 당기고 실랑이 하는 준모와 태수.

영배 재들 저러고 있으니까 영랑호에서 월식 보던 생각난디.

석호 (끄넉) 그날 배수랑 순내랑 내반 싸웠시.

수현 싸워요?

석호 쌈닭이었어요, 태수. 그날도 영랑호가 호순지 바단지 가지고 싸웠지, 아마?

태수 (휴대폰 보며) 호수야.

예진 아~ 영랑호 알아. 민물하고 바닷물하고 만난다는 거기 맞지?

세경 그래서 정답이 뭐예요?**석호** 정답은 없죠. 말 그대로 그 속엔 민물도 있고 바닷물도 있으니까.

준모 쉽게 생각해. 우럭 잡는 놈한텐 바단 거고. 붕어 잡는 놈한텐 호순 거야.

석호 오~! 그게 정답이네.

세경 (준모 볼 살짝 꼬집으며) 잉~ 센스쟁이~

예진, 그런 준모와 세경을 물끄러미 보다가 주방으로 들어간다.

수현 (영배에게) 여자 친구. 그동안 왜 소개 안 시켜줬어요?

영배 (피식 웃더니) 아직 그럴 사이가 아닌 것 같아서.

준모 지금은 그럴 사이라는 거네? 잤냐?

태수 (준모에게) 넌. 인마, 말 좀 가려서 해!

준모 왜? 여기 안 자는 사람 있어?

태수 (고개 절레절레) 후~~~~

수현 그러니까. 이젠 서로 사랑하는 사이다. 그 말이죠?

영배 그런가? (주방에 대고) 예진아. 사랑하는 사인지는 어떻게 알아?

예진 그걸 왜 나한테 물어?

영배 정신과 의사니까 알 거 아니야.

세경 제가 알아요. 하루에 3번 이상 통화하면 사랑하는 사이예요.

영배 5번 이상 하면?

세경 음. 곧 결혼할 사이?

수현 (태수 보며) 한 번도 안 하면 부부 사이구요.

웃는 사람들. 태수만 한심하다는 듯 수현을 쳐다보고.

예진 (주방에서) 이것 좀 드세요!

21. 동, 주방

술 빵을 먹고 있는 사람들.

준모 와. 이거 맛이 제대로네.

석호 진짜 강원도 옥수수가루로 만든 거야. 수입산보다 10배나 비싸.

준모 그래? 나도 옥수수 사업이나 할까?

일동 (동시에) 야!/ 준모야!/ 오빠!

준모 (배시시 웃으며) 농담이야. 농담

세경 아! 저희 결혼식 사진 나왔어요.

세경, 가방에서 봉투 하나를 꺼내더니 사진을 나누어 준다.
사진을 돌려보는 사람들.
예진, 친구들끼리만 찍은 사진 한 장을 보다가.

예진 그러고 보니 이땐 순대 오빠 부부도 있었네.

석호 (태수 보며) 아, 맞다. 순대 어떻게 됐어?

태수 뭘 어떻게 돼. 위자료 잔뜩 물어주고 이혼 당했지.

수현 그러게. 어떻게 자기 소속사 배우지망생이랑 바람을 펴요.

현성언니 그 충격에 쓰러져서 입원까지 했잖아.

세경 진짜요? (놀란 얼굴로 준모 보더니) 오빠도 알고 있었어?

준모 뭘?

세경 그 오빠 바람피는 거.

준모 아니~이.

수현 에이~ 알고 있었으면서.

예진 당연하지.

석호 우리가 어떻게 알아.

영배 알았어도 뭐? 어쩌라고?

세경 어쩌긴요? 당연히 현정언니한테 얘길 해줬어야죠.

태수 아니, 아니. 잠깐만.

그러니까 만약 우리가 알았다면 현정이한테 말해줬어야 한다고? 뭐라구?

순대가 지금 스물 한 살짜리 배우지망생이랑 바람피우고 있다구?

세경 스물 한 살이에요?

석호 스물 둘 아나?

영배/준모 스물 하나!

준모 가수지망생이고.

하다가 다들 멈칫!

수현 이것 봐. 다 알면서 모르는 척 해준 거야.

영배 이혼 경력자로서 한마디 하겠는데.

남의 부부문제에 쉽게 끼어드는 거 아니야.

잘 되든, 잘못되든 껄끄러워지고 원망만 사.

준모 그럼!

세경 전 미리 말하지만. 저희 오빠가 바람피면 저한테 꼭 얘기해주세요.

석호 어? 진짜로 듣고 싶어요?

준모 닥쳐!

수현 남자들은 절대 얘기 안 해 줘.

세경 진짜 너무해요.

예진 너무할 것도 없어. 남자랑 여자는 이 뇌의 운영체계부터가 다르니까.

한마디로 이 아이폰하고 안드로이드폰 같다고 보면 돼.

영배 남자가 뭔데?

예진 당연히 안드로이드지. 싸고, 다루기 쉽고, 바이러스 잘 먹고.

일일이 업데이트 안 해주면 완전 바보 되고.

수현 맞아요. 우리 이이도 일일이 챙겨주지 않으면 아무 것도 못한다니까요.

태수 (수현을 쏘아보며) 재밌네. 재밌어.

석호 그럼 여자가 아이폰인 거야?

예진 당연하지. 예쁘고, 지조 있고, 똑똑하고.

영배 비싸고, 까다롭고, 호환도 안 되고.

준모 지들끼리만 재밌고!

맞아 맞아! 사람들 한바탕 웃는다.

22. 동, 식탁

예쁜 접시에 음식이 차려져 있고 모두 한 자리에 둘러 앉아 식사를 하고 있다.

정 사각 식탁에 석호, 예진, 수현, 태수, 영배, 세경, 준모 시계방향 순으로 앉아있다.

한 손으로 익숙하게 수현의 잔에 와인을 따르는 예진.

자연스럽게 와인 잔을 입으로 가져가는 수현, 태수가 보자. 살짝 대다 말고 내려놓는다.

준모 그럼 이제 순댄 이 모임에서 빼는 거야?

태수 스물 한 살짜리 천박한 애랑 같이 밥 먹기 싫어.

세경 그 오빠 그렇게 안 보였는데.

영배 보이는 게 다가 아니지. 호수에서 짠 맛이 나는 것처럼.

석호, 무겁게 한숨을 내쉰다.

석호 안타깝지. 겨우 문자 하나 때문에 한 가정이 박살났잖아.

수현 문자가 아니라. 스물 한 살짜리 헤픈 애 때문이죠.

준모 그러게 그런 건 바로바로 지웠어야지. 애새끼가 조심성이 없어.

세경 (스르륵 준모를 쳐다보더니) 뭘 조심해?

준모 (당황) 아니 그러니까. (머뭇거리다) 순대가 잘못했다고.

수현 바람핀 거요? 아님. 문자 안 지운 거요?

준모 왜 나한테 그래?

예진 아무튼. 이 핸드폰이 문제야. 쓸데없이 너무 많은 게 들어있어.
통화내역, 쇼핑내역, 문자, 위치, 스케줄. 완전 인생의 블랙박스라니까.
커플들이 서로 상대방 핸드폰을 들여다보는 순간, 엄청 깨질 거야.
아마 여기도 핸드폰 보자고 하면 못 보여줄 사람 많을 걸?

순간, 정적이 흐르며 서로서로를 쳐다보는 사람들.
준모가 더운지 자켓을 벗는다.
각자의 얼굴에 어떤 생각들이 스치고.
이내 알 수 없는 표정들이 찰칵찰칵 서로를 훑는다.

수현 (쿡 웃더니) 우리 이이는 절대 안 보여줄 거예요.

다들 일제히 태수를 쳐다본다.

태수 무슨 소리야? (휴대폰 꺼내들고) 보고 싶음 봐.

준모 다른 사람은 몰라도 태수 건 안 보고 싶다. 얼마나 재미없을까?

석호 도덕책 읽는 기분일 거야.

수현 (웃으며) 근데 요즘 들어 자꾸 핸드폰을 뒤집어 놓는 거 있죠.

태수 (쳐다본다) 내가?

수현 그러잖아요.

영배 뭐. 앞이 너무 천박해보이나 보지.

준모 아님 뒤를 더 좋아하거나. 등짝을 보자!

태수 (인상구기며) 저.

사람들 웃는다.

태수 (핸드폰 앞으로 올려놓으며) 자, 됐지? 이제 당신 것도 올려놔봐.

수현 내 꺼요? 난 아이들 등하교 알람이랑 어머니 한의원 예약 문자밖에 없어요.
아, 문학반 공지도 있다.

준모 신사임당이네. (태수랑 수현 가리키며) 둘이 천생 연분이다.

예진 (웃으며) 세경씬 준모 오빠한테 핸드폰 보여줄 수 있어?

세경 그럼요. (휴대폰 꺼내 준모에게 주며) 비밀번호도 없어요.

준모 됐어, 난 자기만 볼 거야.

세경 이잉~ 나두.

꼭 껴안는 준모와 세경. 으으~ 질색하는 사람들.

예진 당신은?

석호 (보다. 핸드폰 꺼내주며) 난 여자들 가슴 사진이 좀 많은데.
비포, 애프터.

웃는 사람들.

예진 뭐야. 그럼 우리 중에 비밀 있는 사람이 하나도 없다는 거야?

석호 40년 지기 친구들끼리 비밀이 어딨어.

준모 그럼! (영배 가리키며) 난 얘가 고등학교 때 하루에 일곱 번 자위했던 것도 알아.

영배 (준모에게) 난 니가 참외가지고 자위하는 것도 봤어.

세경 (놀라서) 네?

태수 (천정 보며 한숨) 아.

준모 저, 미친 새끼!! (세경에게) 상대하지도 마. 또라이야, 저거.

예진, 사람들을 가만히 둘러본다.

예진 그럼 우리 게임 한 번 해볼까?

석호 게임?

예진 응. (핸드폰을 식탁에 올려놓더니) 다들 핸드폰 올려봐.
그런 다음. 저녁 먹는 동안 오는 모든 걸 다 공유하는 거야.
전화, 문자, 카톡, 이메일 할 것 없이 싹!

뭐? 당황스러워 하는 사람들.

예진 왜? 비밀 없다며?

석호 여보.

세경 와~ 재밌겠다. 해요. (휴대폰 올린다)

영배 (휴대폰 올리며) 해!

준모 넌, 새꺄 여기 아무도 없잖아. 심지어 전화 올 데도 없고!

석호 (예진 보며 심각하게) 이게 무슨 게임이야?

예진 재밌잖아.

석호 아니, 재미없어.

예진 (쳐다보지 않고) 왜? 당신 뭐 숨기는 거 있어?

석호 (다시 예진을 본다)

솔깃해서 보는 세경과 관심 없다는 듯 먹는데 열중하는 준모.

석호 혹시 당신이 숨길 게 있는지 걱정하는 거야.

예진 (음식 먹으며 피식 웃는)

두 사람 사이의 묘한 긴장에. 호기심 어린 눈으로 바라보는 세경과 준모.

석호 당신이 바람피우고 있다면. 난 알고 싶지 않거든.

그 말을 들은 수현이 '당신은?' 하는 느낌으로 태수를 보지만, 태수는 모른
척 음식만 먹는다.

예진 (미소) 내가 바람피우는데, 이걸 하자고 하겠어?

세경 해요. 하다가 재미없음 그만하면 되잖아요.

(준모 보며) 오빠, 핸드폰 꺼내.

준모 !!

세경이 빤히 바라보는 데도, 탐탁지 않다는 얼굴로 뜸 들이는 준모. 괜히
집중 받고.

그 모습에 '너 큰일 났다.' 하는 듯 웃는 예진과 석호.

세경 찔리는 거 있어?

준모 그럴 리가. (휴대폰 꺼내며 석호에게) 이거 미친 짓 맞지?

석호 말도 안 되는 짓이지.

그때, 소영이가 식탁 쪽으로 다가온다.

소영 아빠.

수현 어머~ 소영아~!

'어, 소영이 있었어?' '잘 지냈어?' '언제 저런 딸 낳냐?' 인사하는 사람들.

소영 안녕하세요.

수현 세상에. 대학생 되더니 예뻐진 것 좀 봐.

소영 (웃는다)

준모 그러게. 점점 엄마 닮아가네.

소영 (그 말에 엄마 한번 째리더니) 아빠, 저 좀.

23. 동, 현관

같이 걸어 나오는 소영과 석호.

소영 저. 용돈 좀 주세요.

석호 용돈 떨어졌어? 으이그. (지갑 꺼내며) 엄마한테 말하지 그랬어.

소영 엄마랑 말하기 싫어요.

석호 (돈 주며) 왜 무슨 일 있었어?

24. 동, 식탁

수현 언제 저렇게 컸대요? 부러워요.

예진 부럽긴. 너두 금방이야.

수현 언니 말고 소영이요. (웃는) 나도 저럴 때가 있었는데.

이이랑 연애하면서 뒷바라지 한다고 도시락 싸다 나르고, 이불 빨아 널고.

그러면서도 하나 힘든 줄도 모르고.

매일매일 손바닥만 한 방에 같이 누워서 엄청 행복하고 설레고 그랬는데.

훗. 그때로 돌아가고 싶다.

예진 왜? 다시 연애하고 싶어?

수현 아니요. 까칠한 고시생하고 헤어지고 싶어서요.

웃는 사람들.

태수 지금도 안 늦었어. 가.

수현 봐요. 까칠하죠.

또 다시 웃음이 터진다.

수현 사랑 속에 얼굴 담그고 누가 더 오래 버티나 시합 하는데.

태수 (수현 보는)

수현 한 사람은 그냥 져 주고 다른 시합 하러 갔고.

나만 그 사람 나간 것도 모르고 혼자 잠겨 있는.

세경 아. (가슴에 손을 올리며 공감을 나타낸다)

수현 (피식) '잠수'라는 시야. 생각이 나네.

태수 (둘러보며 창피 한 듯) 거 문화센터가 참. 여러모로 분위기 썰렁하게 한다.

영배 (태수에게) 너만 하겠니?

준모 (소리 내 웃는)

그때, '띠로롱' 준모의 전화기에서 문자 수신음이 울린다.

세경 잠깐! 문자 왔어요. (눈이 반짝인다)

준모 내 거야.

예진과 수현이 호기심에 핸드폰 화면을 향해 몸을 기울인다.

세경 읽을까요?

영배 당근이지.

준모, 휴대폰을 들여다보는데. 경직된다.
액정에 떠 있는 문자! '자기 몸이 그리워.'

수현 (웃으며) 빨리 읽어봐요.

준모, 얼굴 굳어 있고.
옆에서 같이 들여다보는 세경, 덩달아 표정이 일그러진다.

세경 자기 몸이 그리워? 이게 뭐야?

놀라는 사람들. 예진, 당황한다.

준모 몰라. 이게 뭐야

태수 (한심한 얼굴로) 시작이 좋네, 시작이 좋아.

준모 아, 진짜 모르는 번호야. 봐봐. 저장도 안 돼 있잖아.

세경 근데 왜 이런 문자를 보내?

준모 잘못 보냈겠지. 아. 세경아 진짜 아니야.

어색해진 사람들, 어쩔 줄 몰라 서로 눈치만 보는데.
그때, 갑자기 준모 전화기에 'I'll survive.' 벨 소리가 울린다.

세경 문자 보낸 사람인데?

예진 (얼른) 받아 봐.

준모 (당황) (머뭇거린다)

세경 받아.

전화를 받아서 귀에 가져다 대는 준모.

세경 (전화기를 잡아 내리며) 스피커폰으로 해.

준모 알았어, 알았어. (스피커를 누른다) 여보세요?

전화기(F) ….

준모 여보세요? 누구세요?

긴장하는 태수와 영배.
수현과 예진도 덩달아 걱정스런 얼굴이다.

준모 말씀을 하세요. 여보세요. 여보세요?

그때, 다가오는 석호.

석호 나다, 새끼야! (들고 있던 전화 내리고)

순간, 황당해지는 사람들.
까르르르 웃음이 터지는 수현.

석호 봤지, 이 자식 쪼는 거.
준모 꺼져, 새끼야!
예진 (황당한 얼굴로 석호 보며) 뭐하는 거야?
석호 장난한 거야.
세경 (어색하게 웃으며) 왠지 장난 같더라.
수현 에에~ 웃기네.
영배 준모보다 더 쫄았던데?

사람들 웃으며 세경을 놀리는데.
그때, 들어오는 소영.

소영 핸드폰 주세요, 나가야 돼요. (석호에게 폰 받더니) 저녁 맛있게 드세요.

소영, 꾸벅 인사하고는 나간다.
'안녕!' '다음에 봐~' 인사하는 사람들.

수현 (나직이) 남자친구 만나러 가요?
예진 (정색하며) 아~~니. 남자는, 무슨. 쟤 아직 순진해서 그런 거 몰라.
현아라고 친한 애랑 영화 보러 가는 거야.

석호, 그런 예진을 힐끔 본다. 예진, 얼른 와인을 들고 마신다.

세경 얼굴도 예쁘고, 예의도 바르고.

우리 애기도 소영이 같은 딸이었으면 좋겠다. (준모 보며) 그치?

예진 (놀라) 애기라니? 애기 가졌어?

세경 아니, 그건 아니고. (배시시 웃으며) 가지려구요.

수현 어머. 잘 생각했다. 당연히 애기가 있어야지.

영배 왜?

모두가 영배를 쳐다본다.

영배 왜 애기가 있어야 돼?

수현 (머뭇거리다) 그거야 사람이 결혼을 하고, 아기를 갖는 게 순서니까.

영배 그럼 결혼했다 이혼하고, 애기도 없으면 사람이 아닌 거네?

석호 무슨 말을 그렇게 해?

수현 전 그냥 일반적인 사람들을 얘기하는 건데.

오빠도 이제 곧 민서 씨랑 결혼하면 아기 갖고 그럴 거잖아요.

영배 대부분이 그런다고 나도 꼭 그래야 돼? 그건 아니지.

세경 맞아요, 그건 아니에요.

하지만 아기가 있으면 부부 사이도 더 끈끈해지고,

훨씬 더 행복해질 거 같긴 해요.

수현 맞아. 나도 하루 중 젤 행복할 때가 잠자리에서 우리 딸 안고 책 읽어 줄

때야. 게다가 큰애랑 작은애가 백 점짜리 시험지라도 가져와봐.

우울했던 거, 피곤했던 거 한방에 싹 가신다니까.

영배, 가만히 생각하더니.

영배 뭐야. 결국 남한테 의지하지 않으면 행복해질 수 없다는 거네?

준모 저 새끼 오늘 왜 저래, 짜증나게.

영배 아니. 말이 그렇잖아. 지난번에 신에 대해 얘기했을 때도 마찬가지야.

왜 자꾸 내 인생을 다른 것에 의지하려고 하냐고?

난 싫어. 혼자서도 충분히 잘 할 수 있어!

준모 혼자서도 잘하지. 하루 일곱 번씩.

영배, 고개 절레절레 젓고. 웃는 사람들.

예진 꼭 의지하고 그런 문제만은 아니야.

애들 키우면서 제 2의 인생을 사는 사람들도 많거든.

내가 하고 싶었던 거, 못 했던 거. 하게 해주고,

내가 싫었던 거, 후회했던 건 절대 못 하게 하고.

그렇게 아일 통해 자아실현 하면서 사는 거지.

수현 맞아요. 아이들이 한 해 한 해 자라는 걸 보고 있으면.

마치 내가 두 번사는 기분이라니까요.

영배 (고개 절레절레) 난 두 번 살고 싶지 않아.

태수 니 인생이라면 나두!

준모 나도!

웃는 사람들.

그때, 영배의 전화기가 울린다.

영배 (보더니) 아버지네.

영배, 전화를 받으려는데.

준모 스피커로 받아야지!

영배 아. (스피커 켠다) 여보세요.

영배부(F) 나다.

영배 이거 스피커폰이에요.

일동 (일제히) 에이~/ 뭐야/ 그럼 안 되지.

영배부(F) 스피커를 왜 켜? 꺼.

영배 못 꺼요. 그러니까 이상한 말씀 마시라고.

일동 우우~~~~ (야유한다)

영배부(F) 어딘데 이렇게 시끄럽냐?

영배 석호네 집들이 왔어요.

준모 끝났네.

석호 안녕하세요, 교장선생님. 저 정석홉니다.

태수 저 강태숩니다. 건강하시죠?

영배부(F) 아이고, 정석호, 강태수. 우리 속초고를 빛낸 서울대생들. 잘 지내고 있지?

준모 저도 있어요, 선생님. 고준모.

영배부(F) 저 속없는 놈은 아직도 만나냐? 아! 스피커폰이랬지.
아무튼. 그럼 나중에 다시 전화하마.

영배 네. 그리고 저. 제주도 안 가요.

영배부(F) 나중에 얘기해.

전화 끊는 영배.

영배 미안! 다음부턴 제대로 할게.
울 아버지 말 길어지면 어떻게 되는지 조회시간에 다들 겪어봤잖아.

태수 (고개 절레절레) 알지.

석호 근데. 제주도는 무슨 소리야?

영배 아, 일자리 알아봐주셨어. 아버지 후배가 세운 사립 고등학교래.

세경 근데 왜 안가세요? 제주도 좋잖아요.

영배 너무 멀어요.

준모 그러게 왜 멀쩡한 학교를 때려 치고 그래?

태수 아. 맞다. 그만 뒀다며. 무슨 일 있었어?

다들 영배를 바라본다.

영배, 얼른 고개를 젓는다.

영배 일은, 무슨. 애새끼들 말도 안 듣고. 요즘 선생이 선생이냐.

한 두어 달 더 했다간 애 하나 병신 만들지 싶어 그만 뒀다.

준모 그러게 넌 체육 선생 보단 이종격투기가 딱이라니까.

왜 그렇게 아빠 말을 잘 들어?

야! 다 때려치우고 나랑 캄보디아 가서 사업이나 하자.

세경 (홱 쳐다본다) !!

준모 거기 타피오카라고 소주 원료가 있는데, 이게 완전 대박이야.

그냥 꽂아 놓고 물만 주면 된대.

근데 알잖아. 캄보디아. 하루에 한 번씩 비 오는 거. 스콜~~

캬. 이건 뭐 인간이 심고 하나님이 키운다고 봐야지.

아. 캄보디아는 부처님인가? 하하하

세경 어딜 간다고? 캄보디아?

준모 아니. 난 여기 있고, 영배~~가 가는 거지.

세경 오빠, 레스토랑 차린 지 한 달도 안 됐어. 왜 자꾸 그래. 불안하게.

준모 (진지) 세경아. 근데. 이건 진짜 무조건 된다니까.

석호 너 지난번 오리 성장제도 무조건 된다고 했어.

수현 참! 그거 어떻게 됐어요?

태수 성장이 너무 촉진돼서 오리가 몸무게를 못 이기고 다 폐사했지.

풋! 웃는 여자들.

준모 그래, 뭐. 그건 좀 그랬어. 인정.

태수 그건? 나트륨이 없다는 건강소금은 짠맛이 안 나서 망하고.

백두산 장뇌삼에선 사포닌보다 중금속이 더 많이 나오고.

아니, 물에 젖지 않는 옷은 도대체 왜 만드니? 빨 수가 없잖아!!

사람들 쿡쿡쿡 웃고, 준모는 뻘쭘하다.

태수 내가 너한테 받은 명함만 스물 세장이야. 그게 무슨 뜻인 줄 알아?

니가 말아 먹은 사업만 스물 두 개라는 거야, 인마!

석호 그래. 이제 그만 하자.

아버님 선장하실 때 그 많던 재산, 사업 자금으로 다 날린 거 보면.

사업가 기질은 없는 거야.

영배 제주도가 멀다니까 캄보디아 가라는 놈이야.

기질이 아니고 대가리가 없는 거라고.

준모 (세경에게) 세경아. 얘네가 자꾸 나한테 뭐라 그래.

세경 (남자들 보며) 왜 자꾸 뭐라고만 하세요?

좀 패주세요. 정신 바짝 차리게.

준모 에휴~~

웃는 사람들.

세경 늘 느꼈지만 오늘 다시 한 번 느껴요.

겉으론 티격태격 해도 속으로는 엄청 신경 쓰고, 챙기고.

정말 이래서 친구들인 거 같아요.

예진 워낙 서로 잘 아니까.

수현 그런 말이 있어요. (시 읊듯) 친구란 두 개의 몸에 깃든 하나의 영혼이다~

석호 오!

태수 (준모 가리키며) 쟤한테 영혼이 있다고?

밥 먹다가 '그럼 없니?' 하며 태수를 보는 준모, 까르르 웃는 사람들.

25. 동, 주방

석호가 큰 그릇에 물회를 담으면, 얼른 양념을 한 수저 더 넣는 태수.

태수 회식을 많이 하니까. 입맛이 짜지는 것 같애.

석호 속초 음식이 싱겁긴 하지.

(태수가 수저를 놓다가 한 수저 더 뜨려하자) 야, 그만 넣어. 너무 짜.

석호가 얼음과 냉수를 붓고, 태수가 지켜본다.

태수 어때?

석호 뭐가?

태수 단칸방, 다라이 아줌마 아들에서, 이 집 주인이 된 느낌?

석호 오바는. 똑같지, 뭐. 근데, 지금도 고무다라이만 보면 엄마 생각 나.

태수 그러니까. 난 하얀 난닝구만 보면 니 어머이 생각 나.

여름 내내 난닝구 하나로 나셨잖아.

석호 (아프고 쑥스럽고)

태수 어머이… 하늘에서 기뻐하실 거야.

석호 (슬핏 보는. 먹먹) 허. (국자로 물 회 저으며) 운전면허증 돌려받았어?

태수 아니…. 재판 끝나야 받을 수 있어. 다시 따야 할 수도 있구.

석호 언제 끝나는데?

태수 석 달쯤. (힘든)

석호 (슬핏 보더니) 긴장 되나?

태수 긴장은 무슨. 지쳤어. 변호사가 피고인으로 재판받는 거.
얼른 끝났으면 좋겠다.

태수가 야채 쟁반의 생무 하나를 씹어 먹는다.

태수 선 분양 받았다는 병원건물은 잘 지어져?

석호 응? 응.

태수 등기부등본 손에 쥘 때까지는 절대 긴장 늦추지 말고.

석호 태수야

태수 응?

석호 그 속초 레저타운 말이야.

태수 아. 얘기 들었어, 그 사기꾼 새끼들. 아주 흔적도 없이 날랐다매?
(하다가 놀라서 확 석호를 본다) 뭐야. 너 설마?

석호 ….

태수 야, 이 자식아! 내가 거기 이상하다고 절대 투자하지 말라고 했잖아.
몇 구좌나 했는데?

석호 스무 개.

태수 뭐?!!!

석호 쉿!! 아직 예진이 몰라.

태수 니가 그 돈이 어딨어서?

석호 내가 그 돈이 어딨어. 이 집하고, 그 병원건물하고. 다 잡혔지.

태수 미친 놈!

식탁 쪽에서 전화벨 울리는 소리가 들린다.

석호 당분간 모르는 척 해줘라.

석호, 나간다.
무겁게 한숨 쉬더니 그릇이 쌓인 쟁반을 들고 따라 나가는 태수.

26. 동, 식탁

벨소리가 울리자, 전화기 들여다보는 예진.
석호와 태수가 물회 그릇을 들고 주방에서 나온다.

예진 아빠네. (스피커폰 켜며) 네 아빠.

예진부(F) 잘 지내지?

예진 그럼요. 친구들하고 저녁 먹고 있었어요.

예진부(F) 아, 그럼 빨리 말할게. 송 박사가 니 수술 해주겠단다.
연락처 남겨 놓을 테니 날짜 잡아봐.

예진 네, 고마워요.

예진부(F) 소영인 잘 있지?

예진 네. 잘 있어요. (석호 보며) 아! 옆에 정 원장도.

예진부(F) 됐어. 원장은 무슨. 코딱지만 한 병원가지고. 끊는다!

종료버튼 누르는 예진.

사람들이 멍한 얼굴로 예진을 보고 있다.

영배 무슨 수술?

예진 (웃으며) 아. 별거 아냐.

여전히 걱정스런 얼굴로 쳐다보고 있는 사람들.

예진 (어쩔 수 없이) 가슴수술.

일동 !!!!

세경 (놀라) 가슴수술이요? 말도 안 돼!

예진 왜? 난 가슴수술하면 안 돼?

세경 당연히 안 되죠. 지난 번 여성부 '우먼토크' 강의 때 뭐라고 하셨어요?

성형은 유약한 여성심리를 이용한 최악의 의술이라면서요.

예진 (당황해 석호 눈치 보더니) 그. 그건 그냥 강의니까.

수현 여성부 강인데 왜 난 안 불렀어요?

세경 아. 그게 내용도 어렵고 어느 정도 의학적 수준이 돼야 이해할 수 있는 거라.

수현 (기분 나빠서 세경을 째려보는데).

세경 안 불렀다고 하더라구요, 예진언니가.

수현 아〜

수현, 표정이 뾰부퉁해지자 낭황하는 예진.

예진 대부분 직장여성들이었어. 게다가 저녁시간이었고.

애들하고, 어머님하고. 어차피 못 나오잖아, 넌.

수현 그쵸. 전업주부는 저녁이나 해야죠.

예진 수현아.

수현 괜찮아요. 진짜 기분 안 나빠요. (세상 제일 기분 나쁜 표정이다)

예진 (한숨 쉬더니 세경에게) 그리고. 그땐 성형중독 얘기한 거지.
성형수술 자체를 나쁘다고 한 게 아니야.

세경 나쁘다고 하셨어요.

흠. 다들, 어색한 분위기로 앉아있는데.

태수 잠깐. 근데 가슴수술을 왜 석호가 안 하고 다른 사람이 해?

석호 (피식) 왜냐면 대한민국 최고의 유방성형전문의 송 박사님을 섭외했으니까.
나처럼 가슴 두 쪽을 한 쪽 가격에 해주는 코딱지만 한 병원 원장 말고.

예진 왜 그래.

석호 맞잖아. 사실, 우리 장인은 날 인정 안 해. 의사로도. 사위로도.

예진 여보.

석호 원래 사윗감으로 찍어 놓은 심장외과의사가 있었거든.
장인 종합병원 물려줄 만한 능력 있고 잘 나가는 놈.
근데 감히 근본도 없는 게 나타나서 그 귀한 딸을 채간 거지.

예진 그만해! 왜 이래. 당신답지 않게.

석호 (예진 향해) 나다운 게 뭔데?

예진 ….

침울해진 석호의 표정.
태수, 안타깝게 석호를 보다가.

태수 좋아, 그럼 이렇게 하자.

그 대한민국 최고 유방성형전문가랑 너랑 한 쪽씩 수술 하는 거야.

그런 다음 제수씨가 장인어른한테 물어보는 거지.

"아빠, 어느 쪽이 더 잘됐어요?"

놀라서 태수를 보는 수현.

수현 당신, 취했어요?

영배 왜에? 좋은데? 지금까지 니가 한 얘기 중에 베스트다! 난 찬성!

예진 남편이 어떻게 자기 와이프 가슴 수술을 해. 그건 그냥 상식의 문제잖아.

성적 매력을 완전히 잃어버릴 거라구.

석호, 그 말에 흠칫하더니 예진을 빤히 쳐다본다.

수현 그치. 그건 언니 말이 맞아요.

세경 그럼요. 석호오빠가 우울하다고 언니한테 상담을 받을 순 없잖아요.

서로 눈빛을 주고받는 남자들.

준모 그건 상담이 아니라 취조지.

예진 (피식) 이 사람은 고민 있어도, 상담 같은 거 받을 사람이 아니야.

시간 낭비에 돈 낭비라고 생각하거든.

석호 무슨 소리야?

예진 솔직히 당신 정신과 치료에 대해 은근 무시하잖아.

말 몇 마디 들어주고 쉽게 돈 번다고 생각할걸.

석호 그래서 너두, 성형을 최악의 의술이라고 한 거야?

예진 ….

석호 예진아, 우린 같은 일 하고 있는 거야.

결국 둘 다 사람 가슴 치료해 주는 거잖아.

조금 다른 건, 당신은 속을 들여다보고, 난 겉을 본다는 거?

준모 그리고… 잘됐나 만져볼 수 있다는 거.

세경 (툭 치며) 오빠!

사람들 웃는다.

그때. 삐삐삐삐. 소리가 울린다.

다들 누구의 휴대폰인지 서로서로 쳐다본다.

예진 오븐 알람. 홍게찜 다 됐나보다.

수현 같이 가요, 언니.

영배 난 담배나 한 대 펴야겠다.

태수 (따라 일어선다) 같이 가.

27. 동, 작은 테라스

나오는 영배. 그때 태수가 뒤따라 나온다.

영배 넌 담배 안 피잖아.

태수 응? (얼른) 아, 달 좀 보려고. 와~~ 달 참 예쁘다.

영배 (멍하니 보다가) 차라리 담배를 펴. 그게 덜 어색해.

뭐? 나한테 할 말 있어?

태수 후~~~ (한숨 쉬더니) 영배야 나 좀 도와줘!

영배 ?

태수 그러니까. 내가. (주저주저하더니) 내가 어떤 여자를 알게 됐거든.

영배 (담배를 놓치며) 으악 뜨뜨뜨뜨거!!!!

태수 ….

영배 뭐라고? 여자? 누가? 너가? 그러니까 내 친구 강태수가?

태수 (안쪽을 살피며) 목소리 좀 낮춰!

영배 아. 말도 안 돼. 와. 진짜.

태수 그런 사이 아니야. 알잖아. 남자들 사회생활 하다보면.
아무튼 그 여자가. 매일 밤 10시만 되면 사진을 보내.

영배 무슨 사진?

태수 자기 사진.

영배 (시계를 보더니) 어이구. 우리 태수 좆됐구나.

태수 그래. 그러니까 좀 도와줘.

영배 내가 무슨 수로?

태수 너랑 나랑 전화기가 똑같잖아. 바꾸자. 사진 올 때까지만.

영배 아~ 그럼 내가 미친놈 되고? 됐어!

태수 넌 싱글이잖아.

영배 나 문제 있고, 몸 안 좋은. 여친 있는데.

태수 여기 없잖아.

영배 그럼 처음부터 이 게임을 하지 말자고 하던가?

태수 그럴 분위기였어? 너도 봤잖아! 아. 영배야 제발.

영배 싫어. 남 일에 끼고 싶지 않아.

태수 (열 받는) 이런 사소한 일로 난리 나는 거 보고 싶어?
(보다) 하. 새끼 진짜.

태수, 암담한 표정이 되더니, 한숨을 내쉬며 먼 산만 바라본다.

태수 이혼해 보니까 좋은가 보네. 그래 인생 까지 꺼 뭐 있냐?

하자, 이혼. 너, 나, 순대. 좋네, 불알친구들끼리 외롭지도 않고.

영배, 가만히 태수를 본다.

영배 무슨 사진을 보내는데?

태수 (얼른) 그냥 평범한 사진이야. 어제는 키티 잠옷 입고 보냈더라.

영배 키티?

태수 응. 그 얼굴 하얗고 여기 리본 단 고양이 있지?

영배 몇 살이야?**태수** (몇 살이지? 생각하다) 몰라. 아. 영배야, 제발.

영배 와~~ 태수한테 여자라니. 키티. 하 참.

28. 동, 주방

세경이 음식을 들고 주방을 나서고.

수현은 태수가 없는 틈을 타 와인 한잔을 한달음에 마신다.

예진이 접시에 홍게를 담으며 그런 수현을 본다.

예진 (무심하게 툭) 미안해.

수현 아니에요,

예진 어린 게 똑똑한 척 하잖아. 그래서 난 이런 정부 초청 강의도 한다.

기 한번 죽이려고 일부러 불렀던 거야.

수현 아~

예진 그랬더니 저렇게. 하. 순진한 건지. 멍청한 건지.

수현 언니. 쟤. 보통 아녜요. 조심하세요.

예진 ?

수현 언니랑 나랑 갈라놓을라고 일부러 그런 거라구요.

안 그럼 거기서 그 얘기가 왜 나와요?

언니가 돈도 많고, 잘 나가니까 친해지고 싶은데. 나만 좋아하거든!

예진 ….

수현 치. 지가 감히. 우리가 어떤 사인데.

수현, 잠시 주저하며 식탁 쪽 눈치를 보더니 작게.

수현 언니. 형부, 정신과 치료 받고 있대요.

예진 (말도 안 된다는 듯이 슬핏 웃고는) 오빠가?

수현 (끄덕이는)

홍게를 담다가 굳어 버린 예진. 수현을 가만히 보고만 있고.
둘 사이에 짧은 정적이 흐른다.

예진 진짜야?

수현 (안타까운 얼굴로 그렇다고 다시 끄덕이는)

예진 누가 그래?

수현 남편이요.

예진 요새 병원 일로 스트레스가 많을 거야.

수현 아.

예진 (아무렇지 않은 척 하지만 표정이 어둡다)

수현 아무한테도 말하지 말랬어요. 근데 언니한텐 얘기해줘야할 거 같아서.

형부한테는 절대 모른 척 하세요.

그때, 식탁 쪽에서 핸드폰 벨소리.

수현 어? 내 전환가 보다.

29. 동, 식탁

누구냐는 듯 허리를 숙여 전화기를 들여다보려는 세경.
울리고 있는 전화기를 들어서 액정을 보는 태수.
발신인 '김소월'이라고 쓰여 있다.

태수 김소월?
준모 누구라고?
태수 김소월.
석호 (잠시 생각하더니) 죽었는 줄 알았는데.
태수 그러게. 근데 집사람한테 전화를 했네.

소리 내어 웃는 영배.
수현이 홍게찜이 담긴 접시를 들고 식탁으로 온다.

수현 (다가오며) 어머님이에요?
태수 아니, 김소월.
수현 아. (웃으며) 같이 문학수업 듣는 친구… 별명이에요.
(들고 온 접시를 내리고 전화를 받는다) 여보세요?
김소월(F) (여자 목소리) 저녁 먹었으면 애들 데리고 탄천이나 걸을까?
수현 아. 나 지금 친구네 집들이 와 있어.
김소월(F) 집들이? 아, 빌라 샀다는 그 집?

수현, 순간 당황하며 눈치를 보더니 빨리 전화를 끊으려는 듯.

수현 어. 그럼 나중에.

김소월(F) 그렇게 잘난 게, 집까지 샀으니 얼마나 더 꼴값을 떨까?

일동 !!!!

김소월(F) 또 명품 쳐 발라놓고 자랑질 하디?

수현 저기. 그게.

김소월(F) 넌 맨날 재수 없다고 욕하더니 뭐 얻어먹을 거 있다고 거기 가 있어?

수현 아니야. 여긴 그 집이 아니구.

김소월(F) 어머. 아니야? 그 어릴 때 사고 쳐서.

순간, 옆에 물 컵을 일부러 쳐서 폰에 물을 엎는 수현.

수현 (큰소리로) 엄마!!! 어뜩해!!!

김소월(F) 여보세요!! 무슨 일이야?

태수 (벌떡 일어서서) 빨리 전원 꺼!

'꺼요!' '빨리!!' 모두가 한 마음으로 전화를 끄라고 외치고.
전화 끄는 수현. 굳어있는 예진의 표정.

준모 (알면서) 조심하지. 다 젖었네.

영배 말려야겠다.

예진 (차가운) 드라이기, 욕실에 있어.

수현 네.

수현, 눈치를 보며 쭈볏쭈볏 걸음을 옮기다가.

수현 언니 오해하지 마세요. 집 산 친구가 또 있어요.

준모 요즘 한창 집 살 때지.

영배 난 이 달 들어 집들이만 네 번째야.

예진 오해는 무슨. (석호 보며) 재수 없다고 하면 이쁜 거랬지?

태수 앞으로 그 여자랑 어울리지 마. 어디서 그런 무식한.

수현, 어색한 웃음 짓더니 쪼르르 나가고, 태수 한숨 쉬며 자리에 앉는데.
그때, 거의 동시에 울리는 준모, 석호, 태수의 핸드폰 문자 메시지 알림.

석호 담 주 토욜 골프 부킹 됐대.

태수 (휴대폰 보이며) 나도 부킹 문자!

준모 (역시 보이며) 나도!

영배 다음 주에 라운딩 가기로 했어?

순간, 남자들 아차! 싶은 얼굴로 서로서로를 본다.

태수 (석호 보며) 영배도 가는 거잖아?

석호 응? 으응. 가지. 문자 갈걸.

영배 나 빼고 다른 사람 넣나?

준모 새꺄, 말이 되냐? 연습장이나 좀 가봐.

영배 됐어. 니들 나 돈 없어서 안 부른 거 다 알아.

세경 진짜요?

석호 아니에요.

준모 아냐, 인마.

영배 아닌데. 왜 나만 문자가 안 와?

준모 껐다가 다시 켜봐.

석호 그래, 이게 가끔 동시에 몰리면 그럴 때가 있더라.

예진 너무하네. 친구들끼리 왕따나 시키고.

석호 아니라니까.

태수, 가만히 눈치 보다가.

태수 잠깐만. 근데 다음 주 토요일이면 며칠이지?

세경 (핸드폰 슬쩍 보더니) 17일이요.

태수 맞지? 17일. (난감한 표정 되더니) 아! 어떡하지?
나 그날 상대측 아버지랑 점심약속 있는 걸 깜빡했네?

영배 변호사가 상대측 아버지랑 밥을 왜 먹어?

태수 그러니까. 원칙상 그러면 안 되는데. 워낙 좀 높은 사람이라 거절하기가.
미안하다, 난 못 가겠다.

준모, 멍하니 태수보고 있다가 얼른 세경을 보며.

준모 우리도 장모님 댁에 가야되잖아.

영배 쑈 하고들 있네, 이것들이.

세경 (영배 보며) 가기로 한 거 맞아요. 강아지 때문에 갑자기 연락이 와서.

세경의 말에 할 말을 잃는 영배.

영배 (누그러들며) 그래…요?

석호 뭐야, 그럼 취소해야겠네. 영배야 취소한다?

영배 난 문자 못 받았어.

석호 그래. 너 문자 받고나서 하자. 그깟 위약금 얼마나 한다고.

영배 빨리 해 새끼야.

석호, 빙그레 웃으며 휴대폰을 만지작.

그때, '띠로롱' 준모에게 문자 메시지가 온다.

예진 (얼른) 누구야?

준모 채영 씨네. '전화주세요. 급해요!!!'

석호 (힐끔 보더니) 와~ 느낌표가 세 개나 있어.

영배 채영. 이름도 느낌 있는데?

세경 훗. 실망시켜서 어쩌죠? 이이 레스토랑 매니저예요.

준모 하~ 또 컴플레인 들어왔나 보네.

뭐 이런 거지. "야! 넌 됐고, 여기 사장 나오라 그래, 사장!!!"

예진, 의심스럽게 준모를 보더니.

예진 에이~ 그건지 아닌지 어떻게 알아? 전화해 봐, 그럼.

준모 (당황해 예진을 슬쩍 보더니) 그럼 나, 가봐야 될 텐데?

세경 밥 공짜로 먹으려고 사장 찾는 손님이 가끔 있거든요.

예진 뭐야. 세경 씨. 남편 말은 무조건 다 믿는 거야?

이럴 때보면 되게 어리숙하네?

그 말에 살짝 자존심 상하는 세경.

세경 안되겠다, 오빠. (휴대폰 건네며) 우리가 맞다는 걸 보여줘.

준모 (당황하더니) 응?

세경 전화하라고 채영 씨한테.

준모 어. 그럴까?

준모, 사람들 눈치를 보더니,

통화버튼에 손을 대고 망설이다 이내 누르는데.

홱 전화를 뺏더니 전화를 끊는 세경.

세경 아~~ 한 번만 봐주세요. 가면 또 손님한테 욕먹을 텐데.

넘 마음 아프단 말이에요.

(준모 허리 껴안으며) 힝. 여기서도 욕 잔뜩 먹었는데.

준모 (같이 껴안으며) 아~~ 역시 우리 세경이 밖에 없어.

으~~ 몸서리치는 사람들.

입술을 삐죽대는 예진.

세경 사실 채영 씨는 오빠스타일 아니에요. 키도 작고 화장도 야하게 하고.

무엇보다 가슴이 커요. 저희 오빠는 가슴 큰 여자 안 좋아하거든요.

석호 어? 채영 씨 성이 뭐냐? 혹시 내가 수술해준 거 아냐?

사람들 웃는다.

그때 들려오는 특이한 구호의 폰 알람소리

사람들 서로서로 쳐다보는데.

영배 내거야~!

영배, 일어서더니 식탁과 조금 거리가 있는 거실 쪽으로 나간다.

전화기를 다 말렸는지, 영배와 스쳐 식탁에 앉는 수현.

수현 어디 가세요?

영배 운동하려요.

태수 운동?

태수, 영배 휴대폰을 들어서 보면 운동 앱이 실행중이다.
영배, 푸시업을 시작한다.

영배 트레이닝 앱인데 근육을 강화 시켜주는 거야.

석호 넌 좀 약화시켜야 되는 거 아냐?

사람들 까르르 웃는다.

예진 식사나 다 하고 하지.

영배 알람 오면 무조건 해야 돼.

세경 한밤중에도요?

영배 어! 민서 앞에서만 안 해.

준모 (일어나 보며) 그래. 그건 민서 위에서 해야 되는 거네.

영배 미친 새끼!

그 말에 빵 터지는 예진.
그 바람에 석호의 옷에 와인이 쏟아진다.
석호는 옷을 닦고, 모두가 영배 운동하는 모습에 정신없는 사이.
태수, 얼른 들고 있던 영배의 전화기와 자신의 전화기를 바꾼다!
고개를 돌려 태수를 보는 석호. 태수 움찔하는데.
전화기는 눈치 못 챈 석호, 나직이 말한다.

석호 17일 5시 클럽 하우스.

준모 (손으로 오케이 표시)

태수 (역시 오케이 표시)

영배 (운동하며) 스파이더 푸쉬업. 대흉근이랑 외복사근 강화하는 거야.

세경 (조용히) 진짜 돈 때문에 따돌리는 거예요?

준모 돈이 아니라. 쟨 너무 개 매너야.

석호 연습 스윙만 일곱 번씩에 해서 뒷팀하고 자꾸 시비가 붙어요.

영배 (자세 바꿔) 빽 사이드 런지. 대퇴사두근, 둔근을 자극시켜주지.

태수 영배가 승부욕 좀 있지.

준모 승부욕이 아니라 그건 그냥 쌍욕 먹을 짓이야.

드라이버 잘못 쳐서 공 없어지잖아?

그럼, 벌타 물기 싫어서 그걸 어떻게든 찾아내는데. 아주, 사람 돌아버려.

영배 자, 반대로.

태수 하긴. 지난번엔 산 속으로 오비난 것도 찾아오더라. 공 아깝다고.

석호 (옷 닦던 휴지 툭 던지며) 물에 빠진 거 꺼내오는 것도 봤어.

준모 난. 어디 산에 변사체 묻혀있단 뉴스 나오면 쟤 생각나.

영배 투입하면 바로 찾을 텐데.

영배 자, 마지막 피니쉬.

우스꽝스럽게 빠르게 온몸을 털어주는 영배.

해맑게 운동을 마치더니. 헉헉대며 자리로 들어온다.

석호의 옷을 보던 예진, 안 되겠는지 일어나 주방 쪽으로 가고.

준모 혹시 헬스장 갈 돈이 없니?

영배 그런 거 아니야. 요즘 헬스장엔 개 매너인 놈들이 니무 많아.

기구 혼자 차지하고 앉아서 몇 시간씩 비키지도 않고.

스포츠는 매넌데 말이야.

일동 ….

태수 (영배에게 나직이) 전화기 바꿔놨어.

영배 (다가와 작게) 꼭 해야겠어?

태수 (절실) 이러지 마.

30. 동, 큰 테라스

반쯤 가려진 달. 그 위로 겨울밤이 깊어가고.
각자의 위치에서 빛나던 달과 지구가 하나로 합쳐지면서 어두운 부분이
드러난다.

31. 동, 주방

물수건으로 석호 셔츠 위의 붉은 와인 자국을 닦아내는 예진.
석호의 눈을 보지 않고 셔츠만 문지르며 입을 뗀다.

예진 왜 말 안했어?

석호 뭘?

예진 치료 받는 거.

석호가 놀라서 예진을 본다. '어떻게 알고 있지!??'

석호 (당황해서) 아. 그걸. (뭔가 물으려다 관두는)

예진 (닦기만)

석호 오래 안됐어.

예진 얼마나 됐는데?

석호 한 6개월.

예진 오래 됐네.

서운해서 싱크대 쪽으로 가는 예진, 물수건을 헹군다.
두 사람 사이에 침묵이 흐른다.

석호 (보는) 화났어?

예진 아니. (물수건만 빠는) 어, 화났어. 모르겠어. 조금.

수건을 짜서 다시 석호의 옷을 닦는 예진

예진 전에는 받기 싫다고 했잖아.

석호 지금은 받고 싶어.

예진 왜?

석호, 바로 대답하지 못한다.
예진, 셔츠와 석호를 번갈아 본다.

석호 (담담한) 뭐라도 해보고 싶어서.
우리가 헤어지더라도. 노력했다고는 할 수 있게.

손을 멈추는 예진. 아무 말 없이 슬핏 고개를 끄덕이다가 다시 석호의 옷
을 닦는다.

예진 효과는 있어?

석호 잘 모르겠어. 당신이 보기엔 어때? 전문가잖아.

예진, 피식 웃더니 닦던 손을 멈추고 테이블에 기대선다.

뭐라고 대답해야 할지 모르겠다.

정신과 의사라는 사람이 치료 받는 남편을 눈치 채지 못했다는 것도 그렇고.

그가 애 쓰고 있다는 걸 전혀 몰랐다는 게. 맘이 안 좋다.

석호 한 가지 확실하게 배운 건 있어.

예진 (보는) 뭘?

석호 모든 관계는 서로가 다르다는 걸 인정하는 데서 시작해야 한다는 거.

사람은 누구나 달라. 그래서 생각도, 행동도, 사랑을 표현하는 방법도 다른 거지. 근데 우린 보통 그걸 틀렸다고 말하고 상처를 주고받아.

말없이 시선을 외면하고 있는 예진.

이렇게 말하는 석호가 낯설지만… 싫지 않다.

예진 닥터가 누구야? 나보다 낫네.

석호 (웃는) 아까 그랬지? 내가 수술 해주면 당신한테 성적매력을 잃을 거라고.

난 당신이 다른 놈한테 수술 받는 게 자존심 상한다는 생각만 했지,

왜 수술을 하려는 지는 한 번도 생각 안 해 봤거든.

예진 (쳐다본다)

석호 당신도 우리 관계를 위해 노력하고 있다는 걸 몰랐네. 미안해.

예진 ….

석호 근데. 예진아. 넌 여전히 매력적이고 이뻐. 스무 살 처음 봤던 그때처럼.

특히 니 가슴은. 내가 본 그 어떤 가슴보다 섹시해.

예진 (피식 미소)

석호 (웃으며 어깨를 감싸는) 우리가 '바비'랑 '켄'처럼 되진 말아야지?

예진 (뭔 소린가 보는)

석호 넌 실리콘을 가득 채우고, 난 거시기가 없고.

예진 (풋~ 웃음이 터지는)

석호 (그런 예진을 보며 따라 웃다가) 셔츠 갈아입어야겠다, 끈적거려.

예진 그래. 그게 낫겠다.

석호, 웃으며 침실로 가고. 혼자 남은 예진에게 미소가 사라지면서 생각이 밀려온다.
붉은 얼룩이 그녀의 가슴에도 번져간다.

32. 동, 식탁

석호를 제외한 사람들이 식탁에 둘러 앉아있다.

수현 정말요? 학교 짱이었다고요?

준모 네. 영배 주먹 한 방이면 다 나가 떨어졌어요.

태수 속초의 시라소니였지. 그 덕에 우린 학교 편하게 나왔고.

세경 저희 오빠는. 그때 어땠어요?

태수 준모. 음. 우리 준모야 늘 예수 같은 존재였죠. 사랑이 많은.

영배 적어도 12명의 여자들은 거느리고 다녔지.

쿡 웃음이 터지는 영배와 태수.

준모 거기까시. (세경 보며) 인기가 많았다는 뜻이야.

석호 자자. 오늘의 하이라이트 불씸냥입니나.

어느새 버건디 셔츠로 갈아입고 나온 석호가 물곰탕을 가져온다.

준모 와~~ 이게 도대체 얼마만이야.

예진, 국자를 들고 국을 푸기 시작한다.

세경 속초는 정말 특이한 곳 같아요.
준모 왜?
세경 산도 유명하고, 바다도 유명하잖아요.
태수 속초하면 바다지. 인구의 대부분이 바다 관련 해 먹고사는데.
준모 무슨 소리야? 관광객 대부분이 설악산 보러 오는 거거든?
석호 이번엔 산이냐? 바다냐네?
영배 왜 자꾸 뭐든 하나로 정의 내리려고 해?
그냥 산과 바다가 함께 있어서 더 매력적인 속초! 하면 안 되는 거야?

그때, 띠릉!

세경 (영배전화기 힐끔 보더니) 텔레그램 왔어요.
영배 (뭔 소린가 멍하니 휴대폰 보다가) 아! 내가 텔레그램을 쓰는구나.
어디보자. (보더니) 누가 사진을 보냈네.

태수, 그 말에 눈이 커지더니 갑자기 큰 소리로.

태수 사진이 왔대!
수현 어맛 깜짝이야. 왜 소리를 지르고 그래요?
태수 아니. 그냥. 영배한테 사진이 왔대서.

영배 (어색하게 웃으며) 아는 앤데. 가끔 사진을 보내네.

예진 무슨 사진?

영배 지금 다운중이…헉!

순간, 놀란 영배가 폰을 탁상에 세게 팍! 엎는다.

태수 (놀라) 야! (했다가 차분히) 깨지겠다.

준모 뭔데?

영배 (태수 노려보며) 아니야.

세경 무슨 사진인데요?

태수 보여줘~

영배 (태수 향해 눈을 부라린다).

태수 (눈 피하며) 아니. 보여주기로 한 날이니까.

준모 하, 이 새끼. 또 힘쓰게 하네.

준모, 영배 자리로 가더니 영배 손에 쥐어진 폰을 억지로 빼내려고 한다.

준모 손 떼! 떼라니깐! 확 손모가지 날아간다. 야. 해머가지고 와.

영배 에이씨~ (손을 뗀다) 그래 봐라 봐!

얼른 폰을 들어서 보는 준모.
그 옆에 서서 보는 태수. 동시에 눈이 커지며 헉!!!

준모 이게 뭐야?

태수 (폰 액정 만지며) 깨졌잖아!!!

영배 내 폰인데 뭐 상관이야?!!

서로 찌릿! 눈빛 주고받는 태수와 영배.

수현 무슨 사진인데 그래요?

준모 글쎄요. 이게 어느 방향으로 봐야 되는 건지.

(석호에게) 니가 전문가니까 봐봐.

석호 (전화기 받아서 보더니 놀라며) 와우~ D컵이네?

예진 D컵? (전화기 보려한다)

준모 안 돼. 여자들은 보지 마. 우울해질 거야.

예진이 전화기를 뺏어서 본다.

자리에 일어나서 같이 보는 수현, 어느새 세경도 달려와 본다. 허걱!!!

예진 민서 씨야?

영배 내 여친이 그렇게 천.박.할. 리가 있어?

준모 마흔 다섯이 그런 몸매일 리도 없고.

수현 그럼 이 여잔 누구에요?

세경 별이라고 돼 있네요. 여기.

태수 와. 영배 너. 여자 친구도 있고 별이도 있는 거야?

영배 (분노를 억누르며 태수를 노려본다)

준모 (황당하다는 듯) 이 새끼, 이거 완전. (하다가 박수) 남자네!! 남자!! 응?

태수 원래 우리 영배가 상남자잖아. 학교 짱 아무나 먹나? (박수)

석호 별이 만세!

그때, '까똑왔쑝~~' 하는 귀여운 카톡음이 들린다.

예진 훗! 뭐야? 이 깜찍한 소린?

태수 (웃으며) 누구 꺼야?

영배 (태수 보며) 니 꺼!

태수 (얼른) 내 거네.

수현, 황당하게 태수를 보더니.

수현 소리가 왜 이래요?

태수 내가 그걸 어떻게 알아? 애들이 바꿔 놨겠지.
(문자를 읽으며) "아직도 화났어?" 끝! 민수가 보냈어.

수현 민수? 민수가 누구예요?

태수 아, 우리 사무장. 이름이 민수야. 박민수.

수현 처음 듣는데?

태수 새로 왔어.

수현, 아~ 하고 밥을 먹으려다가 갑자기 다시 태수 보더니.

수현 왜 당신한테 화났냐고 물어봐요?

태수 (표정 굳더니) 근데 이 여자가. 뭘 자꾸 꼬치꼬치 캐물어?

수현 (얼른 입을 다문다)

세경 저 같아도 오빠한테 그런 문자 오면 걱정될 거 같은데요?

예진 당연하지. 부분데.

모든 사람들이 태수를 쳐다보고 있자. 태수 어쩔 수 없이.

태수 아까 낮에 내가 화를 좀 냈어. 쟤나 상내측 아버시랑 밥을 믹으라잖아.
(하다가 얼른 영배 보고) 그래서 17일 날 먹기로 했지만.

수현 먹기로 했다구요? 당신이요? 말도 안 돼.

영배 (의심스러운 표정으로) 그쵸? 아무래도 거짓말 같죠?

영배의 말에 '들켰다!'는 듯한 표정으로 서로서로를 보는 석호, 준모, 태수.

영배 (갑자기 씩 웃더니) 근데 그랬대요.

우리 태수가 보기와는 좀 다른 면들이 있더라구요. (태수 보며 빙그레) 안 그래?

태수 흠흠. 자, 아무튼 난 끝났으니까 물곰탕이나 먹자고.

영배 뭐야? 답장 안 해?

태수 해야 돼?

영배 하. 난 카톡 읽고 바로 답장 안하는 사람들 이해가 안 가.

저 사람은 1자가 없어졌으니까 '아. 지금 읽었구나. 바로 답을 주겠지.'

기다릴 거 아니야. 심지어 너가 화났는지 걱정하고 있어.

그럼 그냥 "괜찮아." 이렇게 보내주면 되잖아. 그게 어려워?

태수 (영배 보다가) 알았어 (핸드폰을 집어 든다)

수현 그건 좀 그런데. 뭔가 아직도 화난 사람 같잖아요.

"괜찮아, 지금 친구 집에서 저녁 먹는 중이니까 나중에 연락할게."

이렇게 보내는 게 어때요?

세경 오! 그게 훨씬 부드럽네요.

영배 (버럭) 어딘지는 말 할 필요 없잖아!!!

영배가 버럭 하며 벌떡 일어나자 다들 놀라서 영배를 본다.

영배 아니. 가만 보면 사람들이 너무 이상해.

자기가 어디서 누구랑 뭘 하는지, 했는지, 할건지.

왜 다른 사람한테 못 알려서 안달이야?

영배, 흥분한 얼굴로 석호 쪽으로 이동하며.

영배 인스타, 페북, 트위터, 카스, 블로그… 다 마찬가지야!

영배, 석호의 휴대폰을 집어 들고 흔든다.

영배 아무튼 이놈의 핸드폰만 열면 여기저기서 자기 사생활 좀 봐달라고
아주 애걸복걸 구걸을 한다니까. 아니. 내가 그걸 왜 봐야 돼?
(태수 보며) 니가 어떤 친구들과 얼마나 좋은 집에서 무슨 음식을 먹고 있는지.
난 진짜 하나도 안 궁금하거든?!!
태수 (멍하니 영배를 보다가) 알았어, 답장 안할게.
영배 그래, 하지 마!!

그때, 영배의 손에서 울리는 석호의 전화기.
손에 들린 폰을 들여다보는 영배.

영배 (석호에게 주며) 야, 전화 왔다!

석호, 전화기 받아 번호 확인하더니 갸웃한다.

석호 모르는 번혼데?
예진 받아 봐.

석호, 스피커 버튼 누른다.

석호 여보세요?

경찰서(F) 혹시 정석호 씨 되십니까?

석호 네. 그런데요. 어디시죠?

경찰서(F) 아, 네 저는 속초 경찰서 지능수사팀에 강경구 형사라고 합니다. 얼마 전 피해 입으신 분양사기사건 때문에 연락드렸습니다.

석호, 헉!! 당황한 얼굴로 태수를 본다.

태수 또한 암담한 얼굴로 석호를 보고.

사람들도 이게 무슨 일인가, 일제히 놀라서 석호를 본다.

경찰서(F) 여보세요? 여보세요. 정석호 씨 듣고 계십니까?

순간, 전화기를 탁 눌러 끄는 예진.

예진 보이스 피싱이네.

석호 !

수현 정말요? 경찰서라는데?

준모 원래 관공서 사칭해서 전화하는 게 이 새끼들 특기잖아.
난 얼마 전에 검찰청이라고 전화 왔었어.

영배 난 우체국.

예진 난 국세청.

다시 울리는 전화!

준모 참 밤낮 없이 열심히들 산다. 우리가 이렇게 일 해야 되는데.

예진 (석호 보며) 수신거부 해 버려.

석호 응? 응.

석호, 수신거부 하면서 태수를 본다.

태수도 다행이란 듯 고개를 끄덕여 보인다.

그때, 울리는 수현 핸드폰 문자음. '띵동'

수현 저, 문자왔네요.

수현이가 핸드폰을 들려고 하자.

영배 잠깐잠깐. 그건 내가 읽어줄게요. 내가 아주 재밌는 기능을 발견했어.

잘 봐. (수현이 핸드폰 들더니) 시리, 이메일 읽어줘

시리(F) 이메일이 없습니다.

세경 메시지였어요.

영배 아! 맞다. 시리, 메시지 읽어줘.

핸드폰 기계음이 메시지를 읽어준다.

시리(F) 0316975989번으로부터 온 메시지가 있습니다.

황수현 고객님, 안녕하세요.

문의해 주신 상품이 5월에 예약 가능하여 알려드립니다.

자세한 사항은 아래 인터넷 홈페이지를 참고해주세요.

그 외 궁금한 사항 있으시면 언제든 전화주세요.

내 부모님처럼 모시겠습니다. 한누리 실버타운. 더블유더블.

당황하어 버튼을 누르는 수현, 놀라는 사람들.

수현 어머. 이 시간에 무슨 메시지를. 미쳤나봐!

태수 실버타운이라니? 요양원?

수현 여보. 그게요.

태수 (숟가락을 식탁에 퍽!!) 너 미쳤어?

석호 태수야.

수현 제 말 좀 들어봐요.

예진 그래, 일단 좀 진정 해. 본인이 설명한다잖아.

그 말에 한풀 꺾이는 태수.

수현 얼마 전에 친한 친구랑 거기 갔었거든요.

태수 김소월?

수현 네. 김소월. 본명은 박동숙이에요.

아무튼 걔네 엄마가 거기 계신다고 해서, 바람도 쐴 겸 놀러 가봤는데

시설이 정말 좋더라고요. 그래서 구경하다 정보 좀 달라고 했어요.

그게 다예요.

태수 남의 장례식장 갔다가 여기 남은 자리 있냐고 물어본 거랑 뭐가 달라?

수현 그런 거 아니에요.

태수 아니긴 뭐가 아니야. (빤히 보다가) 지금 엄마 내쫓겠다는 거잖아.

수현 내쫓다니. 하지도 않은 일로 사람 몰아세우지 마요.

태수 엄마가 너한테 뭘 잘못했어?

살림에, 청소에. 오늘 같은 날 저렇게 애들까지 봐주잖아.

수현 알아요. 늘 감사하게 생각해요.

수현, 말끝에 끅 울음을 참더니.

수현 하지만. 어머니 오시고부터 우리 관계가 달라졌어요. 그건 인정하죠?

태수 아. 그거였구나. 지하방에서 주무시는 엄마가.

우리 관계에 책임이 있었구나.

그래, 그럴 수도 있네.

수현 (말해놓고 나니 미안) 내가 말을 잘못 꺼냈어요. 우린 아무 문제도 없는데.

영배 실버타운 아무나 갈 수 있는 데 아냐.

리조트가 따로 없다니까. 어떤 데는 들어가려면 2, 3년 씩 기다려야 하구.

준모 나도 실버타운 사업이나 할까?

세경 (준모를 툭! 친다)

태수 그렇게 좋으면 니들 엄마, 아빠나 보내! 난 절대 그런 짓 못하니까!

세경, 눈치를 보더니.

세경 시부모님을 모신다는 게 그렇게 쉬운 일은 아니에요.

저희 어머님도 참 좋은 분이지만.

(준모 보며) 미안해 오빠, 난 어머니랑 같이는 못 살 거 같아.

준모 우리 엄마랑? 나도 같이 살기 싫어.

예진 (태수에게) 오빠 수현이 엄마랑은 같이 살 수 있겠어?

태수 예진아, 우린 엄만 혼자잖아. 장모님은 장인어른이 있구.

게다가 대포항에 친구들 다 두고 와서, 서울에는 아는 사람 하나 없다구.

석호 그래 그건 니 말이 맞는데, 같이 살다보면 진짜 미칠 지경이 생겨.

요즘 같은 때 수현이 같은 며느리가 어딨냐?

니네 어머니가 그렇게 호락호락하신 분도 아니잖아.

준모 난 우리 아빠보다 니네 엄마한테 더 많이 맞았어.

태수 넌, 덜 맞은 거 같은데.

사람들 낄낄거리며 웃고, 태수도 한풀 꺾인다.

영배 태수 너도 엄마 땜에 얼마나 힘들어 했어?

니네 누난 엄마랑 싸우고 미국으로 이민까지 갔대매?

태수 알았어, 그래! 우리 엄마 유별나다.

수현 아니에요. 내가 잘못한 거예요.

근데 진짜 어머니를 내쫓으려고 한 건 아니에요.

태수 ….

어색한 침묵.

다들 눈치만 보고 있는데. 갑자기 버럭하는 준모.

준모 에이 씨. 야. 이 게임 이거 그만해! 이게 뭐야.

기분 좋게 만나서 다들 오해하고 싸우고.

석호 그래. 이쯤에서 그만하고 다같이 달이나 보러 가자.

세경 맞다! 월식!

예진 얼마나 진행 됐으려나?

어색함에 힘들었던 사람들. 기다렸다는 듯 우루루 일어선다.

영배, 태수와 수현 쪽으로 다가와 두 사람의 등을 토닥이며.

영배 자. 갑시다. 얼른

33. 동, 큰 테라스

천체 망원경을 들여다보고 있는 영배.

영배 한 삼분의 이쯤 가려졌다.

세경 (다가오는 준모 허리 안으며) 예쁘다 그치?

준모 니가 더 이뻐. (이마에 뽀뽀, 달을 보며) 오래가진 않을 거야.

금방 원래대로 돌아 와.

수현 (태수 눈치 보더니) 미안해요. 내가 생각이 짧았어요.

태수 됐어. (하더니) 아무데서나 질질 짜지 좀 마.

석호 (나오는 예진 보며) 아까부터 표정이 왜 그렇게 어두워?

예진 어둡긴. 달이 가려져서 그런가.

태수, 위로한답시고 수현의 어깨에 손을 얹더니 살짝 토닥거린다.

그 손길이 머쓱한 수현,

다시 뻘쭘해서 손을 내리고는 팔짱을 끼고 밤하늘을 올려다보는 태수.

모두가 달을 바라보며 한참을 그렇게 서 있다.

세경 자, 사진 찍게 이리 모여보세요.

셀카 모드로 휴대폰을 들고 서 있는 세경.

사람들, 프레임 안에 들어갈 수 있게 최대한 붙어서 세경의 핸드폰을 바라본다.

준모, 세경의 핸드폰을 대신 잡으며.

준모 내가 찍을게. 자자. 다 들어왔지? 웃어~! 하나, 둘

준모, 막 사진을 찍으려는데.

그때, 세경의 폰에 문자장이 뜬다. '세경아, 좀 도와줘'

준모 뭘 도와줘?

세경 모르겠는데?

영배 연우가 누군데?

준모 (얼른) 아니야. 자. 찍는다.

다들 다시 포즈를 취하고.

준모, 사진 찍으려고 하다가. 갑자기 다시 세경을 보며.

준모 왜 '연우'라고 저장했어?

세경 이름이 연우니까.

준모 성을 붙여야지. 친해 보이잖아.

수현 누군데 오빠가 세경 씨한테 화를 다 내요?

세경 전 남친이에요.

순간, 당황하는 사람들.

예진 (웃으며) 오오~ 아직까지 연락하고 지내는 거야?

석호 자자. 전화번호는 잠시 후에 차단하든지 합의보시고. 사진이나 찍자고.

영배 그래, 빨리 찍자. 웃어~

준모 (다시 사진기 위로 올리더니) 찍는다. 하나 둘~

그때 다시 문자창이 뜬다. '아무리해도 발기가 안 돼.'

헉!!! 놀라는 사람들.

준모 이런 개새끼가!!! (통화버튼 누르려고 하며) 디졌어. (통화 누르는)

세경 (얼른 전화를 뺏어 끊으며) 오빠.

준모 내놔.

세경 잠깐만. 진정해.

준모 진정해? (버럭) 발기가 안 된다잖아!!

태수 오타 아니야?

영배 자동완성 문자일 수도 있어.

준모 닥쳐! 새꺄!

준모, 씩씩거리며 주방으로 들어가자 세경이 얼른 따라 들어간다.
걱정스런 표정의 사람들. 이내 우루루 따라 들어간다.

34. 동, 주방

주방으로 들어와 막걸리를 콸콸 따르는 준모.

세경 오빠. 설명할게.

준모 당연히 설명해야지!!!

세경 연우가 기르는 개가 있는데, 알버트라고.
잉글리쉬 마스티프 국제공인 혈통을 가진 애야.
아마 교배를 시키려고 시도 중인데 잘 안 되는 것 같아.

준모 근데 그걸 왜 너한테 말해?

세경 내가. 수의사니까.

영배 그렇지. 수의사잖아.

준모 (원샷한 막걸리잔 탁 내리며) 아니, 대한민국에 수의사가 너 한 명이야?
왜 하필 너한테 물어 보냐고?

세경 알버트를 잘 아는 건 나니까. 원래 내가 키우던 개였어.

준모 됐어, 관두자.

세경 못 믿겠으면 확인시켜 줄게.

준모 됐다고!!

세경, 스피커폰으로 전환하고 전화번호를 누르는데.

영배 됐어. 어차피 게임도 끝났는데 나중에 집에 가서 둘이 확인해.

순간, 버럭 하는 준모.

준모 끝나긴 씨팔 뭐가 끝나? 시작을 했음 끝을 봐야지, 중간에 그냥 막 끝내?
넌 새꺄 그래서 안 되는 거야. 애새끼가 진득한 게 없어. 중간에 이혼을 왜 해?
중간에 학교를 왜 때려치냐고? 그러니까 니 인생이 그 모양이지!!
영배 (어리둥절) 지금 그 얘기가 왜 나와?
준모 중간에 그만두지 말라고, 임마!! 아무리 힘들어도.

다들 해괴망측한 준모의 말에 황당해 한다.
세경도 어리둥절한 얼굴로 있다가 이내, 전화버튼을 다시 누른다.
'한 남자가 있어~ 너만을 사랑한~ 한 남자가 있어~ 사랑해 말도 못하는~'
애처로운 가사의 컬러링 나오고.
준모, '아우. 씨!' 하며 짜증나는 얼굴로 막걸리를 다시 콸콸 따르는데. 곧
전화 받는 남자.

연우(F) 미안, 바쁜데 귀찮게 한 건 아니지?
세경 병원은 가봤어?
연우(F) 응. 근데 안 되네. 순종 암컷 진짜 어렵게 구했거든. 한번만 도와줘.
세경 근데, 연우야. 이런 일로 자꾸 연락하는 거 좀 불편해.
우리 남편도 기분 나빠하고.

연우(F) 알았어. 알았어. 그럼 그 마사지 순서. 그것만이라도 알려줘.

그럼 다신 연락 안할게.

세경, 준모를 본다. 준모 뻘쭘하게 먼 곳만 보고 있다.

세경 그래. 일단 알버트를 옆으로 눕혀봐.

연우(F) 응. 알았어. 눕혔어.

세경 고환부분부터 시작하자.

검지랑 중지로 천천히 문질러 주는 거야.

준모 이거 계속 들어야 돼?

전화기 속에서 개가 헥헥 대는 소리가 들려온다.

세경 처음에는 시계방향으로 갔다가 다시 반대방향으로.

연우(F) (헥헥헥 소리)

준모 개 발기하는 소리를 다 들을 거냐고!!

석호 이거 사람도 적용되는 거야?

예진 (석호를 툭 친다)

연우(F) 하~ 조금씩 되는 거 같아. 근데, 옆에 누구 같이 있어?

세경 괜찮으니까 신경 쓰지 말고, 이번에는 음경 아래까지 가보자.

준모 후~~~

그때. 악!! 하는 소리가 들린다. 놀라는 사람들.

세경 왜 그래?

연우(F) 알버트가 물었어.

준모 옳지! 알버트. 잘한다!

세경 도망갔어?

연우(F) 응. 어떡하지?

세경 아무래도 오늘은 안 되겠네. 나중에 메일로 순서 적어 보내줄게.

연우(F) 그래, 그게 좋겠다. 아무튼 고맙다.

세경 응. 잘 지내.

전화 끊는 세경, 준모를 보더니.

세경 이제 오해 풀렸어?

준모 통화 자주해?

세경 결혼하고는 처음이야.

준모 난 옛날 여친들이랑 절대 전화 안 해!

태수 당연하지. 걔들은 니가 죽었으면 할 걸?

사람들 웃으며 식탁 쪽으로 이동한다.

세경 미안해. 전화 하지 말라고 했으니까 앞으로는 안 할 거야.

준모 너두 그놈 번호 차단해.

세경 알았어. 지금 할게. (전화기 만지더니) 끝!

준모, 팔을 벌리자 세경이 안긴다.

준모 아까, 소리 질러서 미안.

세경 괜찮아. 엄청 섹시했어.

35. 동, 식탁

웃으며 자리에 앉는 준모와 세경.

수현 그럼 뭐야. 게임 계속하는 건가요?

예진 계속하다보니까 오해도 풀리고 화해도 하고. 좋네, 안 그래?

영배 그래 계속해. 진~득하게.

사람들 쿡쿡쿡 웃는다.
그때, 석호의 전화가 울린다.

석호 어? 소영이네.

예진 빨리 들어오라 그래.

석호 (스피커 켠다) 우리 딸. 영화 재밌게 봤어?

소영(F) 네. 잠깐 통화 가능하세요?

석호 그럼. 얘기해.

소영(F) (머뭇거리다가) 아빠. 저. 지금 누구랑 있는 지. 아시죠?

석호 (예진을 본다)

예진, 사람들 눈치를 보며,
와인 잔을 들고 마신다.

석호 그래. 알 거 같아.

소영(F) .오빠가 내일 모레 군대 가요.
그래서 오늘 지랑 같이 어~밤바다 보고 싶내요.

예진 (자기도 모르게) 미친! (했다가 얼른 사람들 눈치를 보더니 입을 다문다)

사람들 당황스런 얼굴로 석호와 예진을 본다.

소영(F) 제가 싫다고 하면 오빠가 많이 서운해 할 것 같은데. 어떡하죠?
석호 걔가 서운 할까봐 그러는 거라면 돌아와.
물론 그 이유가 다는 아니겠지만.
소영(F) 네, 맞아요. 사실은 저도. 가고 싶어요.

석호, 가만히 예진을 본다.
예진, 인상을 찌푸리며 고개를 젓는다.
석호, 고민스러운 얼굴이다.

석호 소영아. 사실 지금 아빠가 딸한테 해줄 수 있는 말은 딱 하나야.
안 돼! 당장 돌아와!!!
소영(F) 아빠. 제발요. 저 오빠 많이 좋아해요.
석호 근데. 만약 아빠가 아니라.
그니까 조금 먼저 니 일 겪은 사람으로서 말한다면.
해주고 싶은 말이 있어.

예진을 비롯한 사람들이 석호를 물끄러미 바라본다.

석호 누구에게나 평생토록 잊지 못할 순간이란 게 있다.
그건 아무한테나 쉽게 얘기 할 수 있는 그런 평범한 순간은 아니지.
니가 그 순간을… 언제고 뒤돌아 볼 때마다. 웃을 수 있을 거야.
소영(F) ….

석호, 예진을 잠시 돌아보고는. 소영이를 바라보듯 다시 전화기를 본다.

석호 그 순간이라면 가거라.

받아들이고 이해한다는 듯이 끄덕이는 석호.
그런 석호를 물끄러미 보는 사람들.

석호 하지만 조금이라도 후회할 거 같거나, 확신이 없다면.
뒤도 돌아보지 말고 돌아와.
너한테는 아직 시간이 많거든.

소영(F) ….

석호 ….

예진 ….

소영(F) 아빠. 그거 알아요?

석호 뭐?

소영(F) 아니에요.

석호 뭔데. 말해봐.

소영(F) 아빠가 콘돔 주셨을 때, 너무 부끄러웠어요.

예진 !!!!!

다들 당황하고 놀라서 딴청을 부린다.

소영(F) 어디를 봐야할지 모르겠더라구요.

석호 그걸 쓰라고 하지는 않았다.

소영(F) 그럼 왜요? 아빠 알았죠? 예상하고 계셨던 거잖아요.

석호 밋찍이 예진 보면,
완전히 굳어 있다.

소영(F) 아빠 마음 알 거 같아요. 제가 어떻게 해야 할 지두요.

석호 ….

소영(F) 오빠랑 여수 가게 되면, 엄마한테는 현아네서 잔다고 얘기해 주세요.

석호 직접 말해.

소영(F) 네?

석호 직접 말하라구.

소영(F) 엄마가 어떻게 할지 아시잖아요?

제 말은 듣지도 않고 화부터 낼 거예요. 엄마랑은 정말 말하기 싫어요.

엄마도 어렸을 때 절 가져놓구, 오빨 좋아하는 제 마음은 인정해주질 않아요.

예진 ….

석호 그건. 엄마가 니 나이 때 선택한 그 순간들을 후회하기 때문일 수도 있어.

엄마는 널 도와주고 싶은 거야. 널 많이 사랑하니까.

석호를 보는 예진의 마음이 착잡하다.

석호 힘들어도 참고 대화를 하려고 해야 돼.

소영(F) 저 엄청 참고 있어요. 얼마나 더 참아야 되는지 모르겠어요.

석호 그래. 쉽지 않을 거야. 그래도 한번 해봐.

소영(F) 아빠, 엄말 너무 사랑해요. 엄마에 대해 잘 모르는 거 같아요.

전화기만 뚫어지게 바라보며 둘의 대화를 듣고 있는 예진.

소영에 대해, 석호에 대해. 잊고 있었던 무언가가 가슴을 채운다.

석호, 그제서야 슬핏 예진을 의식하는데,

소영(F) 아빠, 저. 가봐야겠어요, 고마워요.

석호 소영아.

부르는데, 전화가 끊어진다.

스피커폰을 끄는 석호, 긴장이 풀리자 무거운 숨을 내쉰다.

그 위로 잠시 정적이 흐르고, 예진이 어렵게 입을 뗀다.

예진 잘했어.

석호를 이해한다는 듯, 고맙다는 듯 끄덕이는 예진.

그런 예진을 돌아보는 석호.

세경 (웃으며) 심리 치료 받은 효과가 있네요.

석호 !!!?

급격히 굳는 수현의 얼굴, 놀라 세경을 돌아보는 석호!!

석호 (세경을 보다가 준모에게) 다 퍼트린 게 너였어?

준모 아니.

석호 (노려보며) 맞네.

준모 세경이한테만 얘기했는데.

영배 나한테도 말했잖아.

준모 영배랑.

영배 미안해. 나두 태수한테 말했어.

석호 태수는 아무한테도 말 안하구?

태수 (수현 가리키며) 내 와이프잖아.

수현 (예진 보며) 예진 언니는 제 친언니나 다름없으니까.

석호, 씁쓸하게 웃는다.

세경 죄송해요.

준모 뭐, 괜찮아. 그럴 수도 있지.

영배 맞아. 심리 상담 받는 게 뭔 죄라고. 바람핀 것도 아니잖아,

준모 야, 이 자식아! 니가 도대체 우울한 이유가 뭐야?

우리 중에 제일 능력 있지, 성공했지, 부자지. (하다가) 혹시. 발기부전 있냐?

석호 ….

세경 요즘 성형외과 경쟁도 치열하고 규제도 심해져서 힘들다던데.

그것 때문에 힘드신 거 아닐까요?

예진 (석호를 본다)

태수 (석호를 보다가 결심한 듯) 석호야. 그냥 레포츠 타운.

태수를 날카롭게 보는 석호.

잠시 말문을 잃은 남자들. 정적이 흐른다.

상황 파악이 된 준모, 후~ 한숨을 쉬더니.

준모 (멍한 얼굴로) 미안해. 왜 우울하냐고 물어봐서.

영배 왜 살아있냐고 물어봤어야 되는 건데.

예진 레포츠 타운이 뭔데? 당신 뭐 했어?

석호 하긴 뭘 해. 쓸데없는 얘기 그만하고, 과일 먹을까?

예진, 불안한 얼굴로 보는데.

그때, '까똑 왔숑~~~'

수현이가 태수 앞에 핸드폰을 집어 든다.

수현 또 민수 씨네요. 왜 납상 안 주냐는네요?

태수 하. 진짜. 귀찮게 구네.

수현 그냥 답 해주세요. 그럼 안 하겠죠.

태수 (핸드폰 들더니 문자 누르며) 친구 집들이 와 있어. 내일 얘기해.

영배 (낙담한 듯 고개를 절레저레) 후~~

그때, 또 다시 '까똑 왔숑~' 들여다보는 수현, 순간, 표정이 굳는다.

수현 병신 새끼!

준모 뭐?

석호 이런.

수현 이 사람 뭐예요? 왜 당신한테 욕을 해요?

태수, 당황스런 얼굴로 영배를 본다.
영배, 어쩔 수 없다는 듯 어깨를 들썩인다.

태수 하~ 이 사람 또 술 마셨나 보네. 하여간 이 친구 이게 문제야.
술만 마셨다하면 아무데나 대고 막 욕하고, 시비 걸고.
그러지 않아도 그것 때문에 짜를까 고민 중이었거든.

그때, 수현 손에 있던 전화기가 울린다.

수현 (보더니) 그 사람이에요. 받아서 따끔하게 한 마디 하세요.
아무리 술이 취해도 그렇지. 너무 하잖아.

태수, 이제 어찌냐는 얼굴로 영배를 본다.

영배 술 취한 사람을 뭣하러 상대해. 받지 마.

태수 그치? 그게 낫겠지?

그때, 예진이 과일 접시를 내려놓으며.

예진 아냐. 오히려 통화내용을 녹음해서 들려주는 게 좋을 거 같아.
그래야 자기 행동이 어떤 결과로 이어지는지 받아들일 수 있을 거야.
세경 역시. 전문가라.
수현 (스피커 켜며) 받아요!

태수, 크게 한숨을 쉬며 뭔가 말을 하려는데.

민수(F) (남자 목소리) 몸이 안 좋다며. 근데. 친구 집들이 가 있어?
태수 (당황) 아. 그게.
민수(F) 재밌니? 나 이렇게 속상하게 해 놓고 다른 놈들하고 시시덕거리니까
좋아? 친구? 웃기시네. 걔들은 니가 남자 좋아하는 거 아니?
그래도 친구해 주겠대? 어디 잘 먹고 잘 살아 봐, 이 병신 새끼야!

전화가 툭 끊어진다.

태수 (황당해서) 와. 이거, 이거 완전 취했네. 어?

보면, 놀란 얼굴로 태수를 보고 있는 사람들.
말을 잃었다.
수현이는 곧 울음이 터질 것 같다.

태수 뭐야. 표정들이 왜 그래? 설마. 이상한 생각들 하고 있는 거 아니지?

일동 ….

태수 취했어, 취했잖아. (수습이 안 되자) 그래, 내가 내 얼굴에 침 뱉기라

말을 안 했는데. 사실 이 자식이 게이야. 그게 다야.

수현 왜 나한테 말하지 않았어요?

태수 뭘 말해? 그냥 회사 동료야. 게이고. 석호야 말 좀 해줘!. 준모야!!

석호 회사 동료래.

준모 (머~엉) 게이고.

태수 (수현 보며) 들었지?

수현, 울먹울먹한 표정으로 빤히 태수를 바라보다가.

수현 그 사람이랑 잤어요?

태수 뭐라고?!!!

수현 잤냐구요?

태수, 황당해서 말이 안 나와 버벅 거리다가.

태수 와~ 나. 누가 누구랑 자? 야! 정신 차려. 이 여자가 미쳤나?

그냥 얘는 같이 일하는 회사 동료야.

지가 게이다보니까 나도 게이라고 생각하는 거라고.

준모 맞아. 게이들은 모든 남자들이 게이이길 바라지.

세경 그건 아니야. 그런 식으로 비하하지 마.

준모 아, 미안. 비하할 마음은 없었어, 태수야.

태수 왜 나한테 미안하냐고!!

수현 (버럭) 다 필요 없고 당신이 박민수라는 사무상과 잤는지 알고 싶다고요,

잤어요?

태수 (테이블 쾅!!치며 일어난다) 야! 황수현!

너랑 나랑 15년을 살았고 애가 셋이야. 근데 니가 날 몰라서 이래?

수현 오늘 보니까 모르는 거 같아서 그래요.

태수 뭐라는 거야? 야! 누가 이 여자 좀 어떻게 해봐!!

하지만 아무도 말하지 못하고.

태수 답답함에 머리 짚고 괴로워 하다가.

태수 수현아 날 봐봐. 진서, 진철, 진희 엄마! 날 보라고.

나야, 나 강태수. 내가 남자랑 같이 잔다는 게 상상이 돼?

(테이블에 손 얹더니 후배위 자세로) 이렇게, 이 자세로?

태수의 억울해죽겠는 얼굴을 가만히 보는 수현.

영배가 그런 태수를 못마땅한 눈으로 보고 있다.

태수 (영배 보며) 나쁜 뜻은 없어. 그냥 난 내 얘기 하는 거야.

왜냐하면 난 그쪽 취향이 아니니까.

자, 맹세해! 나. 민수 그놈하고 손끝도 스친 적 없어.

알았지? 수현아. 응?

수현, 너무나도 간절한 태수의 표정을 보다가.

믿고 싶다는 듯, 결국 끄덕끄덕 수긍한다.

그때, 또 다시 '카톡 왔쏭~~~!' 태수의 폰이 울리고,

일순간 모두 긴장 한다.

두려움에 가득한 눈의 수현.

떨리는 손으로 천천히 폰을 집어 드는데.

수현 민수 씬데. 당신 입술이 그립대요.

수현, 예진 앞에 잔을 들어 와인을 꿀떡꿀떡 원샷 하더니 팍! 내려놓는다.
그 바람에 와장창 부서져 내리는 와인 잔.
유리에 베어 피가 흐르는 손을 멍하니 보더니. 주방 쪽으로 가는 수현.
세경이 급하게 따라 나간다.
어색해진 분위기 속에 앉아있는 나머지 사람들.
난처한 얼굴의 영배, 멍한 얼굴의 태수가 시선을 마주한다.
친구들의 낯선 눈빛 속에. 쓸쓸히 고개를 떨구는 영배.

태수 (얼굴을 쓸어내리며) 하. 이걸 어떻게 설명해야 하나.

준모 (벌떡 자리에서 일어나며) 됐어! 아무 말도 하지 마!

태수 (가만히 쳐다보더니) 넌 또 왜 그래?

준모 왜 그러냐고? 그게 할 말이야, 새끼야?

석호 앉아. 일단 태수 얘길 좀 들어보자.

준모 뭘 들어? 40년 동안 안 한 얘길 이제 와서 듣자고?
(다가오며 위협적으로) 그래 함 들어보자. 니가 누군지 말해봐?

영배 무슨 소리야? 태수는 우리가 알던 그 태수야. 변한 거 없어.

준모 시끄러! 니들은 참 고상해서 좋겠다.
원래 좋은 대학 나온 새끼들끼리는 그런 거야?

석호 준모야.

준모 맞잖아. 니들이 그동안 날 얼마나 무시했어?
난 뭐 요만한 잘못만 해도 천박하네 뭐네. 쌍욕을 하더니,
태수가 잘못하는 건 다 사정이 있는 거야?

태수, 가만히 듣고 있다가 덤덤히 영배를 보더니. 다시 준모를 본다.

태수 내가 뭘 잘못했는데?

준모 니가 잘했다고 생각했음 왜 그동안 말을 안 했는데?

태수 내가 왜 너한테 말을 해야 되는데?

준모 왜?

태수 그래 왜?

준모 그걸 말이라고 해? 우리 어렸을 때 맨날 영랑호에서 빨개 벗고 살았어.

대학교 땐 니 고시원 쪽방에서 두 달이나 얹혀 살았고,

군생활 내내 내무반 바로 옆자리였어.

니가 게이인지 정도는 내가 알았어야 되는 거 아니야!?

영배 (참혹하다)

태수, 준모를 가만히 바라본다.

태수 똑바로 말해봐.

넌 지금 내가 말을 안 한 게 문제야? 아님 내가 게이인 게 문제야?

석호 그만해! 다들.

준모 알았어. 다들 너무 마음이 넓고,

교양이 넘쳐서 이 상황이 이해가 되나 보네.

그럼 속 좁고 무식한 난 닥치고 따라야지.

평생이 니들 따까리였으니까. 내가 잘못했다, 씹새들아!! 됐나?

거실로 나가 덩그러니 혼자 소파에 앉는 준모.

태수 아니, 내가 잘못했어. 우리가 친구라고 생각한 게 잘못이네.

태수, 물병을 들더니 벌컥벌컥 마신다.

석호 (보다가 손가락질) 입 대고 마시지 마.

태수 꺼져, 새꺄! 너도.

석호, 이 상황이 별일 아니라는 듯 낄낄거리며 웃고.
예진은 머리가 지끈거리는지 양손으로 이마를 감싸 쥐고 누르더니 일어나
주방으로 간다.
침울한 표정의 영배가 태수를 보고.
안되겠다는 듯 말을 꺼내려 하는데.
보일 듯 말 듯 고개를 가로젓는 태수.

36. 동, 주방

상처 난 수현의 손에 붕대를 감아주는 세경.
예진이 다가와 말을 건넨다.

예진 분명 태수 오빠도 이유가 있었을 거야.
니가 싫었다면 다른 여자랑 바람을 폈겠지.
술김에 실수를 했거나, 아주 단순한 호기심 같은 거 일 수도 있어.
남자들. 저 나이 되면 뭔가 마음도 허해지고, 인생이 덧없다고 느끼면서
비정상   적인 일탈행위를 하는 경우가 가끔 있거든.

세경 아니죠. 아무리 그래도. 배우자를 두고 다른 사람과 그런 짓을 한 게
정당화될 순 없어요. 그게 남자든 여자든 간에요.

예진 하지만 오빠가 그 일을 후회하고 괴로워하고 있잖아.

세경 제기 보기엔 형부보단 수현 언니 심정이 더 중요한 거 같은데요?

수현, 손바닥으로 눈물을 닦아내더니.

수현 지금 중요한 건 그 남자가 내 남편의 입술을 그리워한다는 거야.

수현, 비장하게 굳은 얼굴로 저벅저벅 밖으로 나간다.

37. 동, 식탁

수현, 태수에게 성큼성큼 다가온다.

수현 언제부터 시작했어요?

태수 뭘 시작해? (한숨) 후. 나중에 얘기해.

수현 우리 같이 안 잔 지 얼마나 됐는지 알아요? 분명 누가 있을 거라고 생각은 했어요. 그래서 맨날 휴대폰도 뒤집어 놓는 거라고.

태수 집에 가서 얘기하자고.

수현 차라리 영배 오빠처럼 가슴사진이나 보내는 저런 여자를 만나지 그랬어요?

영배와 시선을 마주보는 태수.

수현 그럼 이해가 되잖아!

태수 이해가 된다구?

수현 언제부터예요?

태수 …,

수현 (다가가며 목소리가 커지는) 몇 번이나 잤어요? 저 남자뿐이에요?

태수 (대답할 수 없다)

수현 (버럭) 얼마나 만난 거냐구!!!

태수 얼마 안 돼.

그 말에 모든 것이 무너져 내리는 수현.

없이 돌아선다.

영배 내가 한 마디 할게.

태수 (보며) 하지 마!

수현, 소파에 기대서 돌아보지 않고 다시 입을 연다.

수현 또 있어요?

태수 뭐가?

수현 그 남자 전에도 또 있었냐구요?

태수 아니. 민수 한 명뿐이야.

태수, 벌떡 일어나더니 윗옷을 들고 석호에게.

태수 저녁 잘 먹었어. (수현에게) 가자. 가면서 얘기해.

수현 오늘 어머니만 머리한 거 아녜요.

태수 (보는)

수현 사사건건 무서울 정도로 디테일 한 사람이 유일하게 나한테만 관심 없어. 결국 그 이유가. 이런 거였다니.

태수 왜 그래 정말? 내가 다 설명할게. 나가서 얘기해!

태수, 먼저 저벅저벅 걸어 나가는데.

수현 애들힌데 부끄럽지도 잃아요? 뭐라고 밀래요? 얘들아. 념마 아빠는 이혼해야 돼. 왜냐면 니네 아빠가 엄마보다 민수 아저씨를 더 사랑한대!!!

태수 (보다) 집에 가자고.

수현, 태수를 노려보더니.

수현 서로를 너무 잘 안다고 생각했는데. 낯선 사람이었네.

수현, 식탁으로 가서 영배의 담배를 집어 든다.
놀라는 사람들.
담배를 입에 물고 라이터로 불을 붙이는 수현.
놀란 태수, 다가와 담배 뺏으려 하는데 그 손을 탁 막아내는 수현.

수현 치워.

수현, 담배 들고 테라스로 나간다.
태수, 허~ 황당한 얼굴로 쇼파에 주저앉는다.
할 말을 잃은 사람들.

38. 동, 작은 테라스

수현, 테라스에 나와 담배 연기를 내뿜는다.
남편을 처음 만났던 그때도 오늘 보다 낯설진 않았다.
건너편 빌라에 할머니를 다정히 부축하고 나와
달구경을 하는 할아버지의 모습이 보인다.
개기 월식이 정점에 다다라,
달이 완전히 가려지고 반지 모양으로 빛의 여운만 보인다.
할머니를 꼭 안고 달을 올려다보는 할아버지.

담배 연기 사이로 그런 노부부를 가만히 바라보는 수현.

39. 동, 식탁

다들, 무언가에 한 방 맞은 듯 암울한 분위기.
어디서부터 잘못된 걸일까.
각자 여기저기 흩어져 앉아 있다.
누구하나 선뜻 입을 열지 못하는데.
그때, 준모의 전화기가 울린다.

세경 오빠 전화야.

준모 (식탁으로 걸어가더니 전화를 그냥 귀로 가져가는) 여보세요?

친구(F) 야, 넌 새꺄. 왜 전화가 안 돼?

준모, 예진과 눈이 마주치자 머뭇거린다.
예진, '왜' 날 보냐는 듯 어깨를 으쓱하고.
스피커를 켜라는 압박으로 느낀 준모는
전화기를 내려놓고 스피커를 켠다.

친구(F) 그 왜 내가 부탁한 거 있잖아. 어차피 식당에 매일 들어가는 식자재.
우리 처남 꺼 좀 써주라. 내가 품질은 보장할게.

준모 알았어. 주방장하고 얘기 해 볼게.

친구(F) 고맙다. 나중에 소주나 한 잔 하자.

준모 그래. (끊으려는데)

친구(F) 아! 침. 결혼식에 못가서 신싸 미안해. 그날 보석세싱학회가 있어서.
대신 니들 결혼반지는 엄청 신경 써서 만들었다? 알지?

준모 알아. 와이프가 엄청 좋아했어.

세경, 결혼반지를 만지작거린다.

친구(F) 다행이다. 니네 장모,
마귀할멈 같은 게 엄청 까탈스럽다 그래서 신경쓰이더라고.
준모 (당황해 얼른) 저기. 나중에. 지금 전화하기 좀 불편해서. (세경 본다)
세경 (기분 나쁘지만 이해 한다는 듯 씁쓸하게 웃어 보인다)
친구(F) 그래. 알았어. 아! 귀걸이는? 귀걸이도 맘에 든대?
준모 (얼른) 어. 그래 그럼 다음에 봐.

준모, 얼른 전화를 끊는다.
세경, 뭔가 이상하다.
자리에서 일어나 준모에게 다가가고.
잔뜩 굳어 있는 준모. 할 말을 찾는 듯.
세경은 오만가지 불길한 생각들이 떠오른다.

세경 무슨 귀걸이?
준모 어? 아. 귀걸이. 그게. 니 생일 선물 주려고 샀었어.
세경 나 주려고 샀다고?
준모 응
세경 난 귀걸이 안 하는데. 귀도 안 뚫었어.
준모 아. 그게 그러니까. 안 뚫은 귀걸이야. 귀찌.
세경 거짓말 하지 마.
준모 거짓말 아니야. 내가 언제 자기한테 거짓말 한 적 있어?
아야야 안 되겠어. 다들 그만 일어나자.

준모, 자켓을 집어 드는데.

세경 그 큐레이터 여자 주려고 산거지?

준모 하. 세경아. 진짜 그 여자는 나랑 아무 사이도 아니라니까.

그냥 사업 때문에 몇 번 만난 거라고 말했잖아.

세경 그럼 고은희 꺼야?

준모 아오~ 미치겠네. 은희는 그냥 초등학교 동창이야. 얘들도 다 알아.

야! 니들 알잖아. 고은희. 그치?

세경 그럼 그 빌어먹을 귀걸이는 누구 주려고 산거냐고!!

세경이가 버럭 하자, 다들 놀란 얼굴로 세경을 본다.

그때, 준모의 전화기가 다시 울린다.

세경 받아.

준모 채영 씨잖아. 왜 그래!

세경 받으라고!

준모 보나마나 손님 컴플레인.

순간, 빠르게 폰을 집어 드는 세경.

준모와 거리를 두며 물러난다.

세경, 준모를 피해 도망 다니고,

준모는 점점 위협적으로 세경을 압박한다.

준모 세경아 그러지마. 자, 핸드폰 줘. 이리 달라니까.

세경 (넘어질 뻔하면서도 계속 뒷걸음질)

준모 씨발!! 핸드폰 달라고!!!!!!!!!!!!!!!!

준모의 흥분에 깜짝 놀라는 사람들.

소란에 수현이 테라스에서 들어오고.

영배가 뭐라도 해보려 엉덩이가 들썩이지만, 껴들 수 없는 상황.

세경, 준모에게서 물러나며 스피커 버튼을 누른다.

채영(F) 왜 이렇게 전화를 안 받아요. 사장님. 저 어떡해요.

아무래도 임신 한 것 같아요. 임테기 선이 두 개면 임신한 거 맞죠?

제 말 들려요? 여보세요? 사장님. 자기야. 내 말 들리냐고?

연결이 끊어지고. 전화기를 들고 있던 세경의 손이 떨어진다.

참혹한 얼굴로 준모를 바라보는 세경.

준모, 말을 잇지 못하고.

예진은 충격에 턱! 입을 막는다.

석호가 그제서야 그들을 돌아보고, 태수는 얼굴을 쓸어내린다.

핵 화장실로 달려가는 세경.

상황을 지켜보던 수현이 세경을 따라가며,

수현 미친놈들!

40. 동, 욕실

세경, 들어오자마자 변기를 붙들고 토하기 시작한다.

따라 들어오는 수현.

수현 괜찮아?

준모(V.O) 세경아!!

준모의 목소리가 들리자 얼른 문을 잠그는 수현.

41. 동, 욕실 앞

준모, 다급하게 욕실 문을 두드린다.

준모(V.O) 세경아. 문 열어 제발. 내 얘기 좀 들어봐.

그때, 다가오더니 준모를 데리고 바로 옆 소영 방으로 들어가는 예진.

42. 동, 소영 방

방문을 닫는다.
어두컴컴한 방에서 준모를 노려보고 서 있는 예진.
귀걸이를 풀어서 준모의 손에 쥐어주더니 짝! 따귀를 때린다.

예진 개새끼.

예진 밖으로 나간다.
어둠 속에 우두커니. 멍한 얼굴로 서 있는 준모.

43. 동, 주방

예진, 무너져 내릴 것 같은 몸을 추스르며 빠르게 주방으로 향한다.
울컥 솟아오르는 눈물은 준모에 대한 배신감 때문만은 아니다.
예진을 따라 주방으로 들어오는 석호.

얼른 눈물을 닦아내는 예진, 설거지통에 접시를 잡고 닦기 시작한다.

석호 왜 그래?

예진 아무 것도 아냐.

석호 근데 왜 울어?

예진 그냥. 내가 잘못한 거 같아서.

석호, 가만히 예진의 등을 토닥여 준다.

석호 이렇게 될 줄 몰랐잖아.

석호, 예진을 토닥이며 스윽 밖에 서 있는 준모를 본다.

44. 동, 욕실

욕실 벽에 기댄 채 바닥에 주저앉은 세경, 그 앞에 쪼그리고 앉은 수현.

세경 매일매일 하루에도 두 세 번씩 섹스를 하고,
정말 너무 행복한 신혼이었어요. 근데. 어떻게.

세경, 눈물을 흘린다.
안타깝게 바라보는 수현.

세경 전 정말 결혼 같은 거 하기 싫었어요.
평생 먹고살 직업도 있고, 모아 놓은 돈도 있고,
그냥 혼자 조용히 동물병원 하면서 내 인생 즐기고 싶었다구요.

애기도 갖고 싶지 않았어요.

애를 키울 자신도 없었고, 애기 때문에 구속 받고,

몸매 망가져 우울해 하는 친구들 보면서 절대 저렇게는 살지 않겠다고

얼마나 다짐했는지 몰라요. 그런데. 그런데 저 새끼가 나타나서

내 인생을 다 망쳐놨어요.

내가 자길 사랑하게 만들고, 그게 사랑이라 믿게 만들고.

우리 애기를 갖고 싶게 만들었다구요. 그래놓고. 그래놓고 어떻게.

그때, 누군가가 욕실 문을 두드린다.

수현 꺼져!!!!!!

다시 문을 두드리는 소리.

수현 꺼지라고!!

태수(V.O) 황수현. 나야. 문 열어봐.

45. 동, 욕실 밖

수현, 문을 열고 나온다.

그러자 수현에게 폰을 건네는 태수.

폰을 들여다보는 수현. 당황해서 태수를 본다.

태수, 말없이 돌아선다.

수현 (띠리 가며) 어보, 아니아.

이 사람은 그냥 페이스 북에서 날 팔로우 하는 사람이란 말이에요.

(태수 잡으며) 나 좀 봐요. 나 이 사람 누군지 알지도 못해요.

태수 누군지 모르는 사람이 니 속옷 색깔을 궁금해 해?

수현, 생기가 빠져나가는 얼굴이다.
덤덤히 보던 태수가 돌아서 거실로 나간다.

46. 동, 거실

수현 그냥 내 글 읽어주는 팬이예요. 만난 적도 없어.
장난으로 댓글이나 문자만 주고받았을 뿐이라구요.

태수 페북에 글 엄청 올렸더라.

수현 여보, 그거. (말을 못 잇다가) 아무것도 아니에요.

태수 아무것도 아니긴. 그 정도면 책 한권은 내겠다.
근데 어째 이야기가 죄다 사랑 타령이냐?
그것도 애 셋 있는 여자가 20대 남자랑 놀아나는.

수현 전부터 글 써보고 싶다고 얘기 했잖아요.
문학반에서 쉽게 시작 할 수 있는 루트라고 알려줘서.

태수 문학반이… 20대 젊은 놈과의 섹스도 이렇게까지 디테일하게 알려 준거
지? (가만히 수현을 보던 태수) 전화해봐.

수현 네?

태수 니 팬한테 전화 해 보라구.

수현 안돼요. 가정이 있는 사람이에요.

태수 너도 가정이 있어.

수현 제발.

태수 전화해!!

수현 여보.

태수, 수현의 전화기를 빼앗아 누른다.

수현 제발, 그러지 말아요.

태수 장난이라매? 근데 뭐가 걱정이야?

신호음이 가자 스피커폰으로 전환해 테이블 위에 놓는 태수.
맘껏 대화해 보라는 듯 소파에 가서 앉는다.
잠시 후, 한 남자의 목소리가 들려온다.

페북남(F) 여보세요? 작가님?

순간, 다가와 대신 대답을 하는 예진.

예진 안녕하세요.

페북남(F) 미안해요, 너무 늦은 시간에 문자를 보냈죠?

예진 괜찮아요.

페북남(F) 하. 솔직히 좀 당황했어요.
이렇게 전화 통화를 하게 될 줄은 몰라서.

예진 그냥 목소리가 궁금해서요. 우리. 언제 한 번 만날까요?

페북남(F) 오늘 왜 그래요? 통화도. 만나는 것도 절대 안 된대놓고.

예진 맞아요. 그랬죠.

페북남(F) 그치만 만나고 싶음 전 언제라도 좋아요.
저도 작가님이 궁금하거든요.

예진 아! 미안. 아이들이 칮네요. 다음에 다시 통화해요.

페북남(F) 작가님. 잠깐만.

예진 네?

페북남(F) 제가 속옷 얘기해서 화난 건 아니죠?

예진 ….

페북남(F) 남편이 보수적이어서 예쁜 옷 한 번 맘대로 못 입는다면서요. 우울해 하지 말고, 안 보이는 거라도 마음대로 입어보라고.

예진 고마워요. 끊을게요.

페북남(F) 목소리가 정말 좋네요. 생각했던 거랑 너무 달라요. 주무세요.

예진 전화를 끊는다.

수현, 태수를 바라본다.

수현 이제 됐어요?

태수 그래서 무슨 속옷을 입었는데?

수현, 멍하니 태수를 바라본다.

태수 그냥, 궁금해서.

수현, 당황해서 주변 사람들을 둘러보고.

태수, 일어나 천천히 수현에게 다가간다.

움츠러드는 수현.

태수 혹시 안 입은 건 아니지?

수현 (겁먹은) 왜 이래요?

태수 (다가가며) 뭐가? 어렵나? 말해 봐. 도대체 어떤 속옷이 그렇게 입고 싶었는지.

수현 (물러나며) 제발.

바로 앞까지 다가간 태수 갑자기 수현의 치마를 움켜잡는다.
그런 태수의 손을 마주잡은 수현, 울음이 터지려 한다.

수현 하지 마요.
태수 보자고.

태수, 수현의 치마를 들추려 하자 수현이 태수의 손을 거칠게 쳐낸다.

수현 하지 말라고!!

핸드백을 챙겨든 수현, 집으로 가려는 듯 현관으로 나가는데.

태수 애들한테 우리 이혼 얘기 할 때, 니가 어떤 여자였는지도 꼭 얘기해!

수현, 우뚝 멈춰서더니 홱 고개를 돌려 태수를 노려본다.

수현 약점 하나 잡았나 보네.

핸드백을 툭 던지더니 갑자기 치마를 들추는 수현!

수현 자, 마음껏 봐. 어때? 만족해?

놀라는 태수!!!!!
막상 수현이 치마를 들추자 더 당황해서 다급히 다가온다.

치마를 잡은 수현의 손을 내리려는 태수와 버티는 수현.

태수 (수현의 손을 잡아 내리며 버럭) 뭐하는 거야?!!!

태수의 손을 뿌리치고 물러나는 수현. 분노와 실망에 넋이 나갔다.

수현 이 정도는 해야 나를 봐주는 구나?

당신이 있으라 한 곳에 찌그러져서, 항상 생각했어.

나는 진서 진철이 진희 엄마. 어머니 며느리. 잘난 강태수 씨 아내.

난 그림자일 뿐이고. 그림자가 어두울수록 내 가족들이 더 밝다!

괜찮다. 평생 식모처럼, 노예처럼 시키는 대로 다 하면서!

태수 그만해.

수현 근데. 문학반 선생이 어느 날 나한테 물어보더라.

태수 ….

수현 당신은 꿈이 뭐에요? 뭐가 되고 싶어요?

처음엔 내가 잘못 들었는 줄 알았어. 그런 질문은 애들한테나 하는 거잖아.

근데, 그날부터 그 질문이 머릿속에서 떠나질 않아.

그래서 글을 썼어.

당신한테는 막무가내고, 천박하고, 더러울지 모르지만.

그 속에서 난 뜨거워.

(돌아서 사람들 보며) 내가 전화기에 없는 우리 비밀 하나 말해 줄까요?

태수 (수현의 팔을 잡아채는) 야! 황수현!

수현 (손을 뿌리치며) 놔. 얘기 할 거야.

그날 내가 운전한 거예요. 이 사람이 아니고.

모두 !!!

수현 술에 취해서 사람을 친 건 난데, 자수는 이 사람이 했어요.

감옥 간다는 생각에. 무서워서 집으로 차를 몰고 왔어요.

음주운전이면 바로 구속이고. 우리 애들은 누가 돌봐야 했겠어요?

그래서 (태수를 보며) 강태수 씨가 뒤집어썼죠.

태수 (뒤돌아서 고개를 떨군다)

수현 당신이 날 위해 희생하고, 난 가족을 위해 희생하고.

우리가 선택한 삶 맞지?

근데, 사람이 다쳤고. 애초에 최선의 선택 같은 건 있을 수 없었어.

태수 (돌아서 수현을 보는) 알았어, 그만해. (소파로 가는)

수현 (따라가며) 뭘 그만해? 그날 이후로 당신 내 옆에 온 적 있어?

그나마 우릴 붙잡아 두고 있는 건 당신에 대한 내 죄책감이야.

차라리 내가 자수를 할 걸 그랬어.

지난 1년 간 당신한테 느꼈던 그 죄책감을 생각하면. (눈물이 맺힌다)

태수 (가슴이 내려앉는다)

수현 사랑 속에 얼굴 담그고 누가 더 오래 버티나 시합한 거야.

당신은 그냥 져주고 다른 시합하러 갔는지 모르겠지만,

난. 당신 나간 것도 모르고 아직도 그 속에 잠겨 있어.

태수 ….

수현 당신. 날 사랑하긴 해?

왜 그때 날 용서한다고 했어?

조금도 용서 못하고 이렇게 숨도 못 쉬게 할 거면서.

석호, 준모 모두 마음이 무겁다.

수현 사람들은 서로 갈라서는 법도 배워야 해.

소파에 앉아 벽만 바라보던 예진. 깊은 숨을 내쉰다.

일어나 핸드백을 드는 수현.

수현 차라리 당신이 게이라고 말해줬음. 훨씬 쉬웠잖아.

수현이 돌아서 현관으로 나가고.
착찹한 얼굴의 사람들.
모든 것이 자기 잘못인양 덩그러니 앉아 있는 영배.
조용히 입을 연다.

영배 사실 게이는 나야.

준모가 놀라. 천천히 영배를 돌아본다.
그런 준모를 빤히 보더니 덤덤히 끄덕이는 영배.
맥이 빠지는 태수, 소파에 기대 머리를 젖힌다.
식탁에서 일어나 핸드폰 두 개를 집어든 영배가 준모에게 다시 묻는다.

영배 게이! 남자 좋아하면 게이 맞는 거지? (사람들을 돌아보며) 응?

예진이 놀란 눈으로 영배를 바라보고 있다.

영배 근데, 너희들은 꼭 변태처럼 말하잖아.
게이하고 변태는 엄연히 다른 부류거든. 안 그래?
(준모 돌아보며) 나 변태냐?
준모 (굳어서 말이 없다)

영배, 고개를 절레절레 흔들고는 태수에게 폰 하나를 건네준다.

석호 왜 우리한테 미리 말해주지 않았어?

영배 나도 몰랐거든. 그냥 어느 날 깨닫게 됐어.

태수 (소파에서 일어나며) 아니.

영배가 왜 그동안 얘기 안 했는지 내가 말해 줄게.

내가 두 시간 동안 게이가 돼봤는데. (영배를 본다) 할 짓이 못 돼.

영배 ….

태수 우리 다 친구 맞지? 마음이 통하는 사이잖아.

(석호 보며) 오늘 게이 친구 하나 생겼네.

(준모 앞으로 가서) 다들 괜찮은 거 같은데?

준모 시끄러.

태수 맘에 안 들어?

영배 내가 왜 이혼 당했는지 알겠지? 학교에서 해고당한 이유도.

석호 그만둔 게 아니고 해고당한 거야?

태수 영배야, 학교 고소하자.

영배 고소하자고? 내가 게이인 거 40년 불알친구들한테조차 말할 수가 없어.

근데 소송해서 온 세상에 다 알리라고?

재판에서 이긴다 해도 결국 난 패배자로 살 거야.

판사가 뭐라 해도 변하는 건 없어.

아무도 날 이해하려 들지 않을 테니까. (목소리가 젖는다) 우리 엄마도.

아무 말도 하지 못하는 사람들.

소파에 앉은 예진을 돌아보는 영배.

영배 이 진실게임 재밌네. 연쇄살인범 잡는 거 같기도 하고. 짜릿해.

(준모에게) 나도 내 존재를 알리고 싶었어. 이런 식은 아니었지만.

(재킷을 입는다) 근데, 오늘밤엔 니네들이 진실을 얘기해야 할 거 같은데.

영배가 집에 가려는 듯 현관으로 나서고,
주방문에 기대선 석호가 묻는다.

석호 민수는 소개시켜 줄 거지?

영배 아니.

석호 ….

영배 사람의 본성은 월식 같아서, 잠깐은 가려져도 다시 드러나게 돼 있어.

민수가 왔다면, 니네들은 아무렇지 않게 잘 대해줬을 거야.

앞에선 늘 그러니까.

근데, 결국 그 사람도 니들 눈빛에 상처 받았을 거야.

난 그 사람이 상처 받는 거 싫어.

누군가를 사랑한다면, 모든 것으로부터 지켜주고 싶거든.

(폰을 꺼내들며) 이걸로부터도. 그리고 니네들로부터도.

뭔가 생각난 듯 태수를 돌아보는 영배.

영배 수현이가 쓴 글.

태수가 영배를 쳐다본다.

영배 그 스물네 살 남자 주인공 말이야. 고시생 시절 강태수야. 너라고.

태수 !!!

영배 민수도 팬이거든.

태수 ….

영배, 현관으로 나간다.

47. 동, 식탁~거실

준모, 멍하니 앉아 있는데, 전화벨 소리가 들린다.
자기 전화기다. 문득! 욕실 쪽을 보더니.
갑자기 벌떡 일어나 달려가는 준모.
욕실 문을 확 여는데.

48. 동, 욕실

텅 빈 욕실. 아무도 없다.

준모 세경아. 세경아 너 어딨어?!! 세경아!!!

예진이 다가온다.
비어있는 욕실을 확인하더니 두리번거리다 나간다.

49. 동, 욕실 앞 / 소영 방 앞

욕실 옆, 소영 방 손잡이를 잡고 흔드는 예진.
잠겨있다.

예진 여깄나봐. (손잡이 흔들더니) 세경 씨.
세경 씨 문 열어. (하다가 다급해져)
무슨 일 있는 거 아니야?

사람들이 모두 모인다.

준모 안 돼. 안 돼. 세경아. 문 열어.

준모, 문에 몸을 부딪혀 보지만 열리지 않는다.
그때, 나타난 영배.

영배 비켜 봐!!

영배가 힘껏 몸을 부딪치자 한 번에 퍽! 문이 열린다.
놀란 얼굴의 사람들.
보면, 소영의 화장대에서 세경이 화장을 하고 있다.
머리를 틀어 올리고 검정 스모키 화장에 빨간 립스틱을 칠하고 있는 세경.
화장을 마치고 아무렇지 않게 영배를 스쳐 걸어 나온다.

세경 (준모에게) 어머니한테 전화 왔어.
오빠가 곧 애기 아빠 될 거라고 말씀드렸더니 엄청 좋아하시더라.
산모한테 좋은 보약도 해 놓으시겠대.

나가다가 다시 돌아서 영배에게 다가오는 세경.

세경 (영배 앞에 서더니) 민수 씨를 이 사람들한테 소개 안하기로 한 건 잘한 일
이에요. 잘 지켜주세요.

50. 동, 식탁

세경, 식탁 쪽으로 다가가 가방을 들더니.
결혼반지를 빼서 가만히 내려다본다.

이내, 반지를 탁자 위에 뱅그르~ 돌려버리고. 미련 없이 나간다.
팽이처럼 돌던 반지가 세경이 사라지자 움직임을 멈춘다.

51. 동, 욕실 앞

아내와 준모 사이에 감도는 이상한 기운을 느끼는 석호.
준모를 보더니 고개 짓을 하며 툭 내뱉는다.

석호 가.

세경이 사라진 쪽을 보고 있던 준모가 석호를 돌아본다.
다가가 준모의 등을 밀어내는 석호.
다른 이들에게 그 모습은 마치 세경을 얼른 쫓아가라는 듯 보인다.

석호 빨리 가라고.

떠밀린 준모가 나서면, 그제서야 예진을 의식하며 거실로 나가는 석호.
예진은 석호의 시선을 애써 외면하고 있다.

52. 동, 현관 / 주방 앞

준모에게 재킷을 건네주는 석호.
무언의 힘으로 준모를 떠밀어내고 있다.
현관을 나서다 멈칫하고 석호를 돌아보는 준모.
주방으로 들어가던 석호와 눈이 마주친다.
그렇게 거리를 두고 서로를 마주보는 두 남자.

1초, 2초, 3초.

먼저 시선을 피하고 현관을 나서는 준모.

석호가 참았던 숨을 내쉬더니 주방으로 걸어간다.

53. 동, 주방

사람들을 떠나보내고 주방으로 들어오는 예진.

먹다 남은 티라미수 케이크를 퍼 먹고 있는 석호의 뒷모습이 보인다.

물끄러미 바라보던 예진, 조용히 다가가 뒤에서 껴안는다.

언뜻 뒤돌아보더니. 말없이 케이크를 먹는 석호.

그런 석호의 등 뒤에 얼굴을 묻는 예진.

한결 같은 석호의 품이 새삼 예진을 위로한다.

예진의 팔에 힘이 들어가고, 앙상한 온기가 그들을 감싼다.

수백 가지의 하고 싶은 말과 수백 가지의 할 수 없는 이유를 생각하며.

석호가 허기를 채운다.

54. 동, 큰 테라스

가려졌던 보름달이. 어느새 원래 모습이 되어 환하게 반짝이고.

55. 동, 1층 정원

호박색 불빛이 소나무 사이 잔디 위로 내려앉는 고즈넉한 정원.

1층 현관을 걸어 나오며 달을 보는 세경.

머리도 다시 풀어져 있고, 스모키 화장도 하지 않은 얼굴. 어딘가 분위기
가 달라져 있다.

준모가 다가와 그런 세경의 어깨에 팔을 두른다.

세경 (미소) 오빠. 달이 다시 나왔어. 너무 이쁘다, 그치?

준모 그래도 우리 세경이가 더 이뻐. (뽀뽀하더니) 빨리 가자.
우리 집에 가서 할 것도 있잖아.

세경 (싫지 않은 듯 웃는)

준모 (귀에 대고) 집까지 못 참을 거 같은데. 어두운 데 세울까?

세경, 준모의 가슴팍을 치고 준모 그런 세경은 한 팔로 안는다.
뒤따라 나오다 이 모습을 보는 태수.
고개를 절레절레 흔든다.
영배가 뒤따라 나온다.

영배 난 운전 땜에 술 안 마셨는데. (태수에게) 넌, 대리 불렀어?

태수 아니. 수현이가 술 안 마시잖아.

준모 우리 이쁜이도.

영배 다들 마누라 있어서 좋겠다.

준모 그러게 누가 이혼하래?

56. 동, 주차장 태수 차 안

통화를 하며 주차된 차를 몰고 정문 앞으로 나가고 있는 수현.
손에 붕대가 보이지 않는다.

수현 (운전하며) 글쎄 대리식 사러 이태리까시 갔나 왔나고 하너라니까.
(듣다) 재수 없는 건 아니구. (서운) 아니, 그냥 하는 말이겠지만, 난 속상하지.

57. 동, 1층 정원

영배 그래. 그럼 다들 잘 들어가!
태수 야, 한참 걸릴 텐데, 운전 조심 해.

알았다는 듯 손을 흔들고 준모를 따라 주차장 계단으로 가던 영배,
문득 태수를 돌아보고.

영배 아! 요즘엔 공 치러 안 가?

당황스런 얼굴의 태수와 준모.

태수 아. 그게. 요즘 재판이 좀 많아서.
준모 나도 레스토랑이 주말이 젤 바쁘잖아.
영배 그렇구나. 가게 되면 불러.
준모 당연하지. 너 빠지면 그게 골프냐.
세경 (영배에게) 다음엔 꼭 민서 씨 데리고 오세요.
너무 보고 싶어요.
영배 그래. 몸 좀 나아지면 같이 봐. 잘 가!

'안녕' 각자의 방향으로 흩어지는 사람들.

58. 태수 차 안

잠든 도시의 남은 불빛들이 창밖을 스쳐간다.
운전하던 수현이 태수를 슬쩍 보더니 말을 건넨다.

수현 그 게임 하려고 했어요?

태수 그럼.

수현 근데, 왜 핸드폰 식탁에 안 올렸어요?

태수 난 다른 사람들 기다리고 있었지.

수현 아…. 네에…. 당신 그때 표정이 어땠는지도 모르면서.

당황한 태수가 수현을 본다.

태수 기억 안 나? 나는 할려고 했는데, 딴 애들이 반대했잖아. 특히 석호가.

수현 (웃으며) 그랬나?

신호에 차가 정차한다.

구름이 달을 스쳐 흘러가고 태수는 멍하니 창밖만 보고 있다.

수현 무슨 생각해요?

태수 (앞만 보며) 이전 보다 낫네.

수현 뭐가요?

태수 머리.

수현 (태수를 본다)

창밖만 보고 있는 태수.

먹먹한 수현의 시선. 보일 듯 말 듯 미소가 인다.

59. 서울 도시 전경

달빛이 어른거리는 한강과 강변도로의 모습이 드러난다.

빌딩 숲을 배경으로 차량의 전조등이 포커스 오프 되며
동그란 불빛으로 반짝이고.
그 사이를 달리는 준모의 차.

60. 준모 차 안

운전하고 있는 세경.
휴대폰으로 온 문자를 보고 있는 준모.
골프 예약 문자, '전화주세요. 급해요!!!'라는 채영의 문자,
화면 넘기자 예진에게서 온 문자가 보인다.
'오늘밤 자기랑 얼마나 같이 있고 싶은지 몰라.'
가만 보더니. 이내 예진의 문자를 지우는 준모.

세경 (운전하며 그런 준모를 보고) 누구한테 문자 해?
준모 석호. 오늘 저녁 잘 먹었다고.
세경 아~ 정말 맛있더라. 속초 음식.
준모 그치?

준모 답장 보낸다. '나도 그래.'
그때, 갑자기 준모의 폰이 울린다. 채영의 전화다.

준모 아, 진짜 끈질기네.
세경 (채영의 이름을 보고는) 받지 마! 이 시간에 일하러 가는 거 싫어.
준모 안 받을 거야.

휴대폰을 대쉬 보드에 올려놓는 준모.

전화를 받지 않아 'I'll survive.' 벨소리가 계속해서 울린다.

세경 이 노래 너무 슬퍼.

준모 신나는데. 이게 왜 슬퍼?

노래 가사의 의미를 모르는 준모, 세경이 가사를 따라 번역을 한다.
'Kept thinkin' I could never live without you by my side.
But then I spent so many nights thinkin' how you did me
wrong.'

세경 당신 없이는 살아갈 수 없다는 생각만 들었어.
하지만, 수많은 밤을 지새우고 당신이 나한테 얼마나 잘못했는지 생각하면서.

준모가 그런 세경을 본다.
세경의 얼굴에 다시 웃음이 가득해진다.

'And I grew strong, and I learned how to get along.'

세경 난 강해졌어. 혼자가 되는 법을 배웠으니까!

음악에 맞춰 몸을 흔드는 두 사람.
웃으며 리듬을 맞추는 세경의 모습에서
그녀가 어떻게 사랑하고, 어떻게 살아남을지 전해진다.

61. 동, 침실

안방 욕실에서 화장을 지우고 있는 예진, 셔츠를 벗고 있는 석호.
처음 입었던 하얀색 셔츠이고, 와인 얼룩이 없다.

예진 (화장 솜을 문지르다 문득) 소영이 전화 왔어?

석호 어.

예진 뭐래?

석호 현아네서 잔대.

예진 !!! (지우다 말고 나와) 그러라고 한 거야?

석호 응.

예진 내가 외박하는 거 싫어하는 거 몰라? 난 당신이 외박하는 것두 싫은데.

대답 없이 옷만 갈아입는 석호.
어느 선에서 대화를 멈춰야 하는지 잘 알고 있다.

예진 언제나 예스, 예스 하면 안 된다구. 애를 망치잖아.

화장 솜을 휴지통에 버리고는 화장대 앞에 앉는 예진.
옷을 갈아입고 티 테이블 소파에 앉아 전화기를 보고 있는 석호.
예진, 귀걸이를 벗어 화장대 위에 올려놓는다.
물끄러미 귀걸이를 보던 예진 석호를 돌아본다.

예진 아까 왜 핸드폰 게임 하지 말자고 했어?

석호 그냥 별로 하고 싶지 않더라고.

예진 혹시 나한테 뭐 숨기는 거 있는 건 아니고?

석호 내가? 아이고. 정신과 선생님한테 숨겨 봤자지.

예진 근데, 왜?

석호, 잠시 생각하더니 얘기를 꺼낸다.
별반 소용없을 거라는 걸 알면서도.

석호 세상에 완벽한 사람은 없어.
우린 상처받기 쉽구. (핸드폰 들고)
근데 이 핸드폰은 너무 많은 걸 가지고 있거든.
이 완벽한 기계를 가지고 장난하는 건 좋은 생각이 아냐.

석호, 일어나 화장대 쪽으로 다가오며.

석호 사람들은 내가 아는 것 보다 낯설 수 있어.
굳이 서로에 대해 모든 걸 알 필요가 있을까?

석호, 늘 그렇게 하는 듯 휴대폰을 예진의 귀걸이 옆.
화장대 위에 올려놓는다. 나가다가 다시 돌아보는 석호,

석호 귀걸이 예쁘네, 새로 산 거야?
예진 (잠시 주저하다) 응!

아무렇지도 않게 대답하는 예진의 얼굴에 긴장이 서린다.

62. 태수 집, 현관 / 아이들 방

불 꺼진 집으로 들어오는 태수와 수현.
아이들이 잠든 방으로 가는 수현, 걷어 찬 이불을 덮어준다.
태수가 화장실로 들어가는 모습을 보고는 얼른 안방으로 가는 수현.

63. 동, 안방

수현이 망사 팬티를 벗어 옷장 구석에 넣고, 하얀 팬티를 입는다.

64. 동, 화장실

화장실 변기 위에 앉아 핸드폰을 꺼내 드는 태수.
'별이'에게 텔레그램 사진이 왔다는 알림이 보인다. 클릭하는 태수.
우리는 사진을 볼 수 없지만 태수는 사진을 본다.
핸드폰을 돌려 사진을 보는 태수에게 어떤 흥분도 느껴지지 않는다.
멍하게 사진을 보던 태수.
핸드폰을 주머니에 넣고 벽에 기댄다.
'별이'에게도 위로 받지 못하는 태수의 삶이 서글프다.

65. 석호 빌라, 안방

석호와 예진이 침대에 누워 있다.
돌아 누우며 스탠드 조명을 끄고 베개에 머리를 묻는 예진.
두 눈을 뜨고 있다. 천정을 빤히 쳐다보고 있는 석호.
현관문 소리가 들리자 석호가 일어나 앉는다.

석호 소영이니?
소영 네, 아빠. 주무세요.
석호 그래, 우리 딸, 잘 자.

그제서야 얼굴에 미소를 머금은 석호. 불을 끄고 눈을 감는다.

66. 태수 집, 태수 방

태수가 침대에 누워 공판 자료를 보고 있다.
노크 소리가 들리더니 야한 잠옷 차림의 수현이 들어온다.
태수, '뭐지?' 하는 뜨악한 얼굴로 멍하니 수현을 노려보고.
아무 말 없이 안절부절 서 있는 수현.

태수 왜?

수현 (우물쭈물)

태수 (짜증) 뭔 일 있어?

수현 아니, 오늘 여기서 잘까 해서.

태수 (당황) 내 방은 추울 텐데.

수현 괜찮아. (웃는)

태수 (자신 없이) 따뜻한 데서 자지 그냥. 내가 지금 체 한 것두 같구.

수현 (창피함에 굳는)

태수 애들 깨면 어머니도 잘 못 주무시고.

수현 (굳은 채 끄덕이고는) 알았어요.

수현이 돌아서 문을 열고 나가는데.

태수 아니 내 말은.

수현 (보는)

태수 베개 가져 와, 베개.

수현 ….

그 위로 원 투 쓰리 포. 운동 앱의 사운드가 들린다.

67. 교외 도로, 영배 차 안

한적한 도로 위를 달리던 차가 선다.
차에서 내려 휴대폰을 차 위에 올려놓고는
운동 앱의 지시에 따라 PT 점프를 시작하는 영배.
하나둘. 반복하는 영배의 얼굴이 평온해진다.
그 모습이 멀어지면. 소음이 사라지고.
심야의 도시가 드러난다.
친밀한 타인들이 살아가는 곳이다.

배세영 작가 초청 특강

날짜 : 2018년 12월 21일
장소 : 충무로 영상작가전문교육원
대상 : 영상작가전문교육원 수강생 및 일반인
정리 : 정혜진(영상작가전문교육원 창작 53기)

어떤 이야기를 해드리는 것이 가장 도움이 될까 두 시간 동안, 이런 생각을 해봤어요. 저도 동국대와 동덕여대에서 시나리오 강의를 해본 경험이 있는데 제가 지금 두 시간 동안 시나리오 창작에 관련되어 어떤 기능적인 것을 설명하기에는 굉장히 짧은 시간이고 그건 여러분들에게 큰 도움이 될 수 없을 것 같고, 그럼 어떤 것이 좋을까 생각해보니 제가 어떻게 시나리오를 쓰게 되었고 또 어떻게 지금까지 흘러왔는지를 편하게 말씀드리면 조금 도움이 되지 않을까 하는 생각으로, 제가 그동안 썼던 시나리오들을 중심으로 이야기를 풀어볼까 하는데 괜찮으시죠? 제가 왜 이렇게 떨리죠? 원래 떠는 편이 아닌데.(웃음) 항상 어린 학생들만 보다가 이렇게 나이가 있으신 분들을 뵈니까 어떻게 주체가 안 되는데…조금 있으면 한 10분 정도 있으면 괜찮아져요.(일동 웃음)

시나리오를 맨 처음에 제가 제안 받았던 것이 2006년도였어요. 저는 시나리오를 어떻게 쓰는지를 전혀 몰랐어요. 제가 학부에서 소설을 전공하고 대학원에서도 현대문학을 전공했는데 그때까지만 해도 시나리오가 있다는 사실도 잘 몰랐어요. 그냥 시나리오는 감독들이 만드는 것이고 영화는, 이런 식으로 생각하고 있다가 어느 날 친했던 학교 선배님께서 오셔서 "너 혹시 문예창작과 나왔으면 글 좀 쓸 줄 아니?" 이러시더라고요. 그래서 "네, 쓸 줄 알죠, 어떤 거요?" 그랬더니 "한 번 시나리오라는 걸 써볼래?" 이러시더라고요. "시나리오? 그건 어떻게 쓰는 거죠?" 그랬더니 "공간을 나누라던데?" 이러시더라고요. 그래서 '공간을 나누면 되는 거구나.' 하면서 네이버에 찾아봤어요. 그랬더니 어떤 이야기를 공간에 나누어서 쓰면 된다고 하더라고요. 그래서 그것 하나 알고 시나리오를 썼어요. 정말 어이없게 시나리오를 처음 시작하게 된 거죠. 어휴 왜 이렇게 떨리죠? 아직도 진정이 안 돼요.(웃음) (일동 박수) 제가 불과 며칠 전만 해도 동아방송대와 콘텐츠진흥원에 가서 강의를 했었단 말이에요, 되게 태연하게. 그런데 여기에 너무 많은 분들이 계셔서 제가 긴장을 한 것 같은데 다시 말을 이어 가볼게요. 그래서 시나리오를 써달라는 분께 "어떤 식의 이야기를 써보면 좋을까요?" 라고 물었더니 다른 것은 다 필요 없고 엄마와 딸의 이야기가 필요하대요, 영화 회사가. "엄마와 딸 이야기가 필요한데, 둘이 나이 차이가 얼마 안 나서 그것 때문에 쿵쾅거리는 이야기를 하나 써줬으면 좋겠어." 이러시더라고요. '엄마와 딸 이야기라.' 하면서 "알겠어요, 제가 한 번 쓸 수 있으면 써볼게요." 하고 왔는데 제가 그때 당시에 어떤 직업을 가지고 있었냐면 중학생들에게 국어를 가르치는 일을 하고 있었어요, 학원에서. 그래서 애들한테 그날 수업을 하는데 마침 때마침 운명의 장난처럼 제가 그날 〈사랑방 손님과 어머니〉를 가르치게 된 거예요. 그래서 학생들한테 그걸 가르치면서 이런 엄마가 있고 이런 딸이 있고 하다가 '어? 이거 엄마와 딸이 나오네?' 하면서 '그러네! 정말 고귀하고 아름답고 순수한 백합 같은 엄마를 현대로 가져와서 완전 푼수데기 날라리 엄마로 만들면 어떨까? 그리고 딸은⋯.' 여러분 옥희 아시잖아요? '귀엽고

앙증맞고 이런 애가 진짜 날라리에 말 안 듣고 사고뭉치에 발랑 까지고 이런 애로 만들면 어떨까? 그리고 거기에 오게 된 손님이 굉장히 신사적이고 젠틀한 남자가 아니라 사기꾼이면 어떨까? 오! 재밌겠다, 재밌겠다.' 해서 아이들한테 〈사랑방 손님과 어머니〉를 가르친 게 아니라 "이 이야기가 어떠니?" 하면서 이야기를 막 해줬어요. (일동 웃음). 아이들이 "오! 좋은데요." 막 이러더라고요. 그래서 "그치? 이거 괜찮겠지?" 그랬어요. 그리고 집에 와서 그날부터 시나리오를 썼어요, 바로 생각나자마자. 어떻게 쓰는지는 모르지만 '공간으로 나눴으니까 공간이 바뀌면 씬 번호만 바뀌면 되겠지?' 해서 공간을 나누면서 16일 동안 썼어요. 그리고 16일 동안 쓴 시나리오를 갖다 줬어요. 그런데 그게 영화가 된 거에요! 그래서 저는 '영화가 되게 쉬운 거구나 영화라는 거는.' 그냥 써서 줬더니 영화가 돼서 걸리는 거예요. 너무 기분이 좋고 '아 나는 원래 이런 걸 했어야 되는 거구나.' 생각하면서 자만심에 빠져가지고 엄청 기뻐하고 있는데, 그때 에피소드를 하나 말씀드리자면, 이게 영화가 된 거니까 제작보고회도 하고 막 하잖아요. 그런데 제작보고회 하는 날에 너무 가고 싶은 거예요. 왜냐하면 내가 썼으니까 내 것이잖아요, 이거. 내 것인데 자기들끼리 제작보고회를 한다는 거예요? (일동 웃음). 분명히 내가 다 손대면서 쓴 건데 그런데 저한테 전화를 아무도 안 해줘요. 그래서 신문에서 보고 너무 억울한 거예요. '왜 내가 썼는데 자기들이 저렇게 축제를 하지?' 그래서 가고는 싶은데 갈 방법이 없는 거예요. 그래서 제가 어떤 짓을 했냐면 김원희 팬클럽에 가입을 했어요, 진짜로. (일동 웃음). 김원희 팬클럽에 가입해서 댓글에 '언니 너무 좋아용' 같이 하면서. 그러니까 누가 "제작 보고회가 있다는데 같이 갈 사람?" 해서 제가 "저요! 저요!" 해서, 케이크와 현수막을 사야 되니 돈을 내라고 해서 돈도 내고. (일동 웃음) 그렇게 갔어요, 세칙 발표회에. 그랬더니 "새로 오신 분이에요." 하면서 나 싶이 박수치고 그렇게 김원희 팬클럽과 같이 우르르 몰려서 갔는데 너무 좋은 거예요.

제가 너무 좋아하니까 우리 회장님이 저한테 자기만 잘 따라다니면 언니랑 한 번 만나게 해주겠다고. (일동 웃음) "오, 너무 감사해요!" 하면서 좋아하고 있는데 거기서 저희 회사 대표님을 만난 거예요. 팬클럽을 쪼르르 쫓아가고 있는데 "어? 배 작가님." 이렇게 된 거예요. 그래서 갑자기 팬클럽도 당황하고 "배 작가님이 누구야" 이러고. 관계자들이 "여기 어떻게 오셨어요?" "어머 오셨구나! 이쪽으로 오세요." 이렇게 하는 거예요, 그때서야. 그러니까 팬클럽 사람들 입장에서는 "뭐지? 쟤가 작가라고?" 이렇게 된 거예요. 그러니까 대표님이 "네, 이분이 이거 쓰신 거예요." 이렇게 하니까 팬클럽 애들이 정말 저를 또라이 같이 보는 거예요. (일동 웃음) '무슨 싸이코인가?' 이런 느낌으로. '아니 그럼 여기를 그냥 오면 되지 우리랑 지금 케이크를 사서 온 거야?' (일동 웃음). 정말 생각만 해도 너무 또라이인 거죠. 지금 제가 생각해도 그런데. (웃음) 이렇게 해서 쓴 영화가 〈사랑방 선수와 어머니〉였는데, 저는 '와! 이게 100만, 200만이 들고 나는 유명한 스타가 되겠지?' 하면서 즐거워하는데 그때 이 영화와 같이 개봉한 영화가 뭐였냐면 〈디워〉였어요. 혹시 기억하시는 분이 계실지 모르겠는데 그때 〈디워〉가 개봉을 하면서 사람들이 "무슨 개그맨이 영화를 해?" 이렇게 하면서 공격을 하기 시작했고 그러면서 '디빠'라는 게 생기면서 "어때서! 니네 충무로 영화는 그렇게 좋아?" 하면서 싸움이 벌어지기 시작한 거예요. '안 돼, 안 돼, 싸우면 안 돼!' 하는데 막 싸움이 벌어지면서 사람들이 "충무로 영화 따위는 보지 않겠어! 니네 맨날 똑같은 영화나 만들고!" 그러면서 다시는 충무로 영화는 보지 않겠다는 운동이 벌어졌어요, 미투처럼. 이 당시에 나왔던 영화가 제 영화였어요, 대표적인. '태원'이라는 〈가문의 영광〉 시리즈 만든 회사에서 만든 작품이었기 때문에. 저는 정말 욕을, 그 디빠들에게 시달리면서 '최악의 영화'로… 디빠들이 "야 무슨 〈사랑방 선수와 어머니〉 저게 재밌어? 저게 말이 되는 영화야?" 이러면서 저는 "유치해 죽을 것 같다." 이런 오만 악플에 시달리면서… 그렇게 70만

명 정도 들고 영화가 조용히 막을 내렸어요. 그때 알았죠. '이게 영화가 그냥 써서 낸다고 되는 것이 아니라 시기를 잘 만나야 되는구나. 뭔가 잘못된 이슈와 부딪히면 안 되는 거구나.' 하지만 '그렇다 한들 나는 영화를 하나 걸었어.' 하면서 자랑스러운 마음으로 있었죠.

그러다가 두 번째로 개봉한 영화가 〈킹콩을 들다〉인데 혹시 아시나요? 〈사랑방 선수와 어머니〉를 끝내고 난 그런 찰나에 제안을 하나 받았어요. "박건용 감독님께서 영화를 하나 쓰셨는데 한 번 읽어봐 줄래요?" 그래서 읽어봤는데 재밌었어요. 처음 받았을 때도 재밌었어요. 그런데 뭐가 문제였냐면 영화 안에 여섯 명의 친구들이 나오는데 여섯 명 여자애들이 다 똑같은 말을 하고 있는 거예요. 그래서 이 여섯 명의 캐릭터들의 이름을 없애면 누가 누군지 몰라. 왜냐하면 다 똑같은 말을 하고 있어서. 제가 보면서 '캐릭터가 누가 누군지 하나도 모르겠어. 이게 영미일까? 얘가 이런 거야? 뭐가 어떻게 된 거야?' 이러다 보니까 '캐릭터를 살려줘야겠다.' 이 생각이 딱 들었어요. 왜냐하면 전 여자니까 '내 친구 여자애들 가지고 캐릭터를 만들면 되잖아.'라고 생각하면서. 여섯 명의 캐릭터를 잘 만들어 주는 것이 그때 제 숙제였어요. 그래서 이 시나리오를 받고 고민을 하는데 그때 뭐가 생각났냐면, 중학교 때 제가 정말 불우한 시절을 보냈거든요. 왜 그랬냐면 학기 초에 제가 '이승복 글짓기 대회'에서 상을 받은 거예요. 그게 저의 불우한 중학교 생활의 시작이 됐는데 대회에서 상을 받으니까 시상식에서 박수치고 다 끝나고 저는 되게 잘난 체를 하면서 '이 반에서 나의 입지는 되게 좋은 입지를 갖게 됐어.' 하면서 좋아하고 있는데 갑자기 한 여자애가 딱 다가오더니 "너 글 좀 쓰니?" 하더니 그때부터 모든 글쓰기를 저한테 시키기 시작하더라고요. 근데 그게 뭐냐면 연애편지였어요. (일동 웃음) 제가 다닌 학교가 남녀공학인데 여자애기 와서 "오늘부터 너는 내 밑에서 내가 쓰라는 대로 편지만 써." 저는 정말 편지만 썼어요, 2학년 내내. 그걸 쓰다 보니까 또 소문을 들은 한 여자애가 "너 글 잘 쓴다며?" 하면서 와서 자기 것 쓰라고 하고, 그렇게 매일 이 애 글 쓰고 저 애 글 쓰고 연애편지를 써주다가 심지어는 두 명이 한 사람을 좋아해요. (일동 웃음) 그래서 말도 못하고 한 사람한테 두 사람 이야기를 써야 되고…. 막 이런 식으로 연애편지를 주고 답장이 빨리 안 오면 "너가 지금 글을 어떻게 쓴 거냐? 편지를 어떻게 썼길래 답장이 안 오냐?" 이렇게 하니까, 그때부터 저는 이미 글의 압박과 마감과…. (일동 웃음) 그녀들에게 어떤 소리를 들어가며 살고 있었던 거예요. 게다가 그 친구들이 학교에서 술을 마셨어요. 그래서 여섯 명이 한꺼번에 정학을 당한 거예요. 그래서 저는 '저 애들을 일주일 동안 볼 수 없으니 나는 편지를 그만 써도 되는 건가.' 하면서 잠깐 좋아하고 있었는데 편지 대신 반성문을 아침, 점심, 저녁으로 나누어서 여섯 명 것을 써야 됐어요, 매일매일. (일동 웃음) 그런데 어떡해요. 저는 되게 힘이 없었거든요. 그때 당시 저희 학교는 굉장히 무서운 학교였어요. 말 안 들으면 산에 끌고 가서 막 때리고 그랬거든요. 그래서 무서우니까 어쩔 수 없이 쓰기 시작했는데 처음에는 그냥 썼어요, 막 썼는데 그런데 나중에는 나도 헷갈리는 거예요. '쟤가 아빠가 없다 그랬었나? 쟤가 엄마가 아프다 그랬나?' (일동 웃음) 막 헷갈리기 시작하고 '쟤가 왜 나쁜 길로 들어섰다고 내가 썼었지?' 막 이런 게 다 헷갈리기 시작하면서 안 되겠어서 표를 만들었어요, 집에 가서. 여섯 명의 캐릭터 표를 만들어서 연정이, 누구누구 이렇게 탁 해놓고 그 친구들이 '왜 오늘의 그 아이들이 되었나?' 가정환경 그리고 그 가정환경이 애한테 미친 영향 뭐 이런 것들을 제가 막 분석하기 시작했어요. 그리고 글씨체도 여섯 개를 만들었어요, 글씨체가 다 달라야 되니까. 그런데 그 중에 한 명은 그래도 끝까지 "자기는 그렇게 잘못한 것이 없다, 사회 기득권이 문제다." 이렇게 반항하는 애도 있어야 될 것 같고 "저는 무조건 잘못했어요, 무조건 잘못했어요." 이런 애도 하나 만들고. 그때 저는 캐릭터 훈련 다했어요, 진짜. 일주일 동안 그 여섯 명 캐릭터를 가지고 쓰면서 '학교에 내는 반성문 하나조차도 캐릭터들이 겹치면 안 된다. 캐릭터에는 각각의 특징이 있어야 된다.' 뭐 이런 것들을 그때 정말 공부했던 것 같아요. 그래서 그 친구들 여섯 명을 만들어 놓고 그 친구들 중에는 그런 애도 있었어요. 옷을 너무 좋아해가지고 멋 부리는 것을 너무 좋아해서 그런데 옷은 엄마가 안 사주니까 자기 사진을 되게 많이 가지고 다니면서 잡지에 있는 옷을 대보고 자기 얼굴에다 그 옷을 딱 대봐요, 그리고는 다 만들어 놔요, 종이 인형처럼. 되게 이상하잖아요. 근데 그 캐릭터가 너무 괜찮은 거예요. 그래서 여기 〈킹콩을 들다〉를 보면 그 캐릭터가 고대로 나와요. 맨날 사진의 목을 잘라서 잡지 속 옷에 맞추고 이런 친구가. 그러니까 〈킹콩을 들다〉 주인공들이 그때 여섯 명이에요, 저를 괴롭혔던. (일동 웃음) 그 여섯 명을 갖다가 한 명씩 한 명씩 집어넣어요. 그렇게 해서 이야기를 만들었더니 대표님들은 "살아 있어! 아니 어떻게 이런 캐릭터를 만들지? 뭐 이런 애가 있어? 무슨 애가 창을 불러 역도를 하다 말고? 이런 엉뚱한 캐릭터는 어떻게 만든 거야?" 하시는데 저는 이미 너무 많이 경험을 하고 그 애들을 분석을 하고 알고 있었기 때문에 '저렇게까지 놀랄 일인가?' 싶을 정도로, 그렇게 자신만만하게 캐릭터를 만들 수 있었던 영화였어요. 그래서 그랬는지 〈킹콩을 들다〉는 영화가 잘 됐어요, 상도 많이 받고. 그래서 저한테는 모든 영화를 통틀어 기분 좋게 마무리가 됐었던 영화였습니다. 제가 지금 설명을 하고 있지만 저는 지금 계속 뭔가 강의를 하고 있는 거죠, 아시죠? (웃음) 캐릭터들을 어떻게 하는지.

그런 다음에 쓴 영화가 〈적과의 동침〉이라는 영화예요. 혹시 〈적과의 동침〉을 보시거나 들어보신 적 있으신가요? 〈사랑방 선수와 어머니〉 〈킹콩을 들다〉 이렇게 두 영화를 내보내고 나니까 '내가 하고 싶은 얘기가 하나 있었구나!' 떠올랐어요. 어린 시절부터 '나중에 커서 소설가가 되면 꼭 소설로 써야지.' 생각했던, 외할머니한테 매일매일 듣던 옛날이야기가 하나 있었는데 '왜 그것을 생각 못 했지?' 해서, 이게 바로 〈적과의 동침〉이라는 영화였어요. 저희 외할머니께서 어렸을 때 매일 저한테 이야기를 해주셨어요. 그때 어린 마음에도 이 이야기가 너무 너무 감동적인 거예요, 아 이러니한 거예요. 무슨 이야기였냐면 할머니 댁에, 마을에 인민군이 온 거예요. 그 마을에 인민군이 들어왔고 바로 그 옆 마을이랑 그 마을은 엄청 친하게 행복하게 잘 살고 있었는데 인민군이 들어와서 "이제 언제 미군 폭격이 있을지 모르니 방공호를 팔 거야, 어느 마을에 팔까?" 그러니까 이 마을들이 갑자기 그걸 가지고 싸움이 벌어지기 시작한 거예요. "우리 마을에 팔 거야!" "우리 마을에 팔 거야!" 하면서 정말 사이가 좋았던 마을들에 싸움이 시작되고 마치 평창올림픽 유치라도 하듯이 서로 로비도 하고 인민군한테 잘 보이려고 하면서 "우리 마을에 파 달라" 며 싸움을 했대요. 그러다가 나중에 급하게 이 인민군들이 철수를 해야 하는 상황이 벌어졌어요, 갑자기 국군이 반격을 시작하면서. 철수를 해야 되는 상황에서 그때 인민군들이 마지막으로 시간이 없어서 급하게 떠나면서 한 얘기가 뭐였냐면, 사실은 거기가 마을 사람들을 다 묻으려고 판 무덤이었던 거예요. 언제건 사람들을 거기다 다 묻어서, 인민군들이 여기 있었을 때 했던 모든 증거를 없애기 위해 사람들을 죽이려고 무덤을 파야 되는데, 죽이려고 무덤을 파려면 인민군들이 파야 되는데 싫으니까 마을 사람들한테 "너희를 살리려는 반공호야" 이렇게 거짓말을 한 거죠. 그런데 사람들은 그것도 모르고 서로 파겠다고 싸움이 벌어지고 자기네 마을에 파겠다고 했을 때 너무 신나하고 행복해하고 이랬다는 이야기를 듣고, 저는 '되게 이상해. 이야기가 너무 재밌어. 너무 웃기잖아 그 사람들.' 하고 생각을 했는데, 이게 저는 너무 좋더라고요. 그래서 나중에 커서 이걸 꼭 영화로 만들어야지 생각을 하면서…. 어른이 되어서 제가 처음으로, 앞에 다른 작품처럼 소설에 기댄 것도 아니고 감독이 가져온 시나리오도 아닌 제 오리지널 작품으로 처음 쓴 작품이었어요. 그리고 시나리오를 처음 써서 보여 줬을 때 각각의 투자사에서 서로 하겠다며 너무 재밌으니까 서로 하겠다고 싸움이 벌어지고…. 그래서 저는 '대박! 나 이제 진짜 성공하겠구나. 이 시나리오를 기점으로 완전 성공이야.' 하는데, 김주혁 씨와 정려원 씨가 나쁘지가 않았을 때였거든요? 그래서 너무 기대를 하고 있었는데 웬걸요? 이 영화는 뭐랑 같이 개봉을 했냐면 〈써니〉랑 같이 개봉을 하게 된 거예요. 〈써니〉는 다들 아시죠? 제건 몰라도. (일동 웃음) 그러면서 갑자기 영화관에 가도 이 영화는 볼 수 없고 다 〈써니〉 팜플렛만 걸려 있고…. 그래서 제가 일반인인척 하면서 영화관 관계자에게 가서 "왜 〈적과의 동침〉은 없죠?"라며 되게 어이없게 이야기 하면은 그런 질문은 처음 받아본다는 얼굴로 '그 누구도 묻지 않았는데 너는 관계자니?' 이런 얼굴로 서둘러 몇 장 갖다놓고 막 이렇게 하더라고요. 그래서 너무 슬펐는데 거기다가 '인민군을 옹호한다.' 왜냐하면 결국에 인민군들이 그들을 묻지 않고 떠난단 말이에요. 그랬더니 사람들이 "인민군들은 다 죽이고 가야 되는데 안 죽이고 갔다고? 너는 빨갱이냐?!" 저한테 이렇게 된 거예요. 그래서 결국에는 영화가 되게 많은 이데올로기와, 사실은 이데올로기 다 필요 없고 〈써니〉 때문에 망했어요. 완전 망했어요. 40만 명 정도 들었던 것 같아요. 아주 좋은 투자사들의 싸움과 현란한 캐스팅이었거든요. 당시 김주혁, 유해진 이런 분들 다 나옴에도 불구하고 이것 또한 그 당시에 사람들이 원하는 것을 제가 읽지 못했던 거죠. 사람들이 뭘 재밌어 하고 어떤 이야기를 듣고 싶고… '무조건 이런 영화는 6.25를 맞춰 나오면 당연히 되겠지.' 하고 생각을 했던 거예요. 그런데 그렇지가 않더라고요. 그래서 이 영화도 사실은 그렇게 사라지게 되었어요. 근데 제가 지금 이렇게 하나씩 계속 얘기를 하고 있는데 사실은 나중에 뒤쪽에 어마어마한 얘기를 해드리려고 하나씩 얘기를 하고 있는 거예요. (웃음)

그런 다음에 '좋아! 힘을 내서 다시 한 번 써보자! 그 얘기는 사람들이 별로 안 좋아 했어? 아 옛날이야기는 안 좋아하는구나? 그럼 현대 이야기를 한 번 써볼래.' 하고 쓴 게 〈미나 문방구〉 였어요. '이런 이야기는 또 여자들이 좋아하지 않을까? 젊은 여성 감각들… 어렸을 때 추억들 같은 걸 보면 되게 좋아할 거야.' 이러면서 〈미나 문방구〉라는 작품을 썼어요. 캐스팅도 잘 됐고 이 또한 모든 투자사들이 서로 개인적으로 저에게 전화를 할 정도로 "이건 이제 우리한테 줘야지." 이럴 정도로 좋아했었어요. 그래서 저는 '됐구나! 이제 진짜 됐구나!' 하고 있었는데 이번엔 표절시비에 휘말린 거예요. 이 영화가 어떤 웹툰하고 내용의 기본이 비슷하다고 표절 시비가 걸리면서 정말 인생에서 어떻게 할 수 없을 만큼 큰 아픔을 준 영화였던 것 같아요. 여러분들도 나중에 시나리오 다 쓰시게 될 건데 제가 지금 하고 있는 이야기들이 다 여러분들에게 갈 이야기들이에요, 진짜로. 누구나 한 번쯤 다 겪을 수밖에 없는 상황들이 벌어지고, 제가 먼저 글을 쓴 선배로서 해드리고 싶은 충고가 있다면 절대 거기에 대응을 하면 안 되더라고요. 표절시비에 걸렸을 때 그냥 가만히 내가 아니니까 그냥 가만히 있으면 되는데 저는 아무것도 몰라서 "아니에요! 아니에요!" 하면서 난리를 폈어요. SNS에 "아닙니다. 저는 그러지 않았어요." 그런데 변명을 하면 할수록 더 욕이 쏟아지는 거예요. 나중에는 제가 기독교라서 "하나님, 하나님은 아시죠?" (웃음) 이런 말 한 마디 썼다가 교회까지 욕먹는 일이 벌어졌어요. "역시 그럴 줄 알았어. 너는 기독교인이었구나. 그래서 표절을 했구나!" 이런 식으로. (일동 웃음) 그래서 '안 되겠구나. 나는 아무것도 할 수 없는 애구나.' 하고 그때 제가 결국 정신적인 공황에 시달리다가 한 1년 넘게 정신과를 다니기 시작했어요. 너무 충격이 컸거든요, 억울하고. 그 억울함을 표출할 방법이 없더라고요. 뭔가 그쪽, 표절을 당했다고 생각하시는 분들이 "너가 내 것을 표절했어. 그러니 널 고소하겠어." 해서 고소를 하면 법원에 가서 판결을 받고, '표절이야, 표절이 아니야.' 이렇게 판결을 받잖아요. 그러면 이게 깔끔하게 끝날 일을, 고소를 안 해주는 거예요. 고소를 안 하고 뒤에서 계속 욕을 해요. 그러니까 저는 어떻게 할 방법이 없더라고요. 그러고 있다가 결국에는 영화가 딱 개봉하는 날 평점이, 원래 개봉하는 날 평점이 대부분 아무리 깎여도 한 뭐 8점, 7점 이렇게 시작하면은 엄청 욕을 많이 먹고 시작하는 거예요. 그런데 개봉하는 날 평점이 3점이 나온 거예요. 너무나도 부지런한 네티즌들이, 상대편 쪽이 웹툰이다 보니까 되게 많은 팬들을 갖고 있더라고요. 그때 저는 제 주변에 사람이 없다는 것이 그렇게 슬프더라고요. 사람이 좀 많아서 저를 좀 도와줬으면 좋겠는데 아무도 없는 거예요. 제가 아무리 아이디 바꿔가면서 "그러지 않았을 거예요." "그분은 그럴 분이 아니세요." 해봤자 너무 힘에 부치더라고요. 결국에는 영화가 전혀 성공을 못하고 처음에 3점을 받고 13만 명인가, 14만 명인가가 되면서 그냥 일주일 만에 내려버렸어요. 되게 슬픈 이야기인데 사실… 이쯤에서 제가 되게 감정에 북받쳐서 그래야 되는데 여러분들이 너무 심각하게 듣고 계셔서 제가 오히려 그러질 못하겠네요. (웃음) 그렇게 표절시비가 걸려서 괴로워하다가, 아 맞아요! 그 이야기를 해야겠다. 이 〈미나문방구〉를 처음에 쓰기로 결심했던 이유 중 하나가 뭐냐면, 제가 초등학교 동창이랑 결혼을 했어요. 초등학교 6학년 때 같은 반 반장, 부반장이었던 친구였는데 제가 반장이고 그 애가 부반장이었던 친구였는데 그 친구를 다시 12년 만에 만나서 결혼을 한 거예요, 졸업을 하고. 그러니까 그게 너무 좋았어가지고 그 친구와 문방구 같이 다녔던 추억을 가지고 이 이야기를 시작을 했었거든요. 근데 그렇게 좋은 추억이 담긴 영화라, 그 안에 들어 있고 나온 아이들 이름조차도 다 저희 아이들 이름을 갖다 써놓고 이렇게 했는데 이 영화가 표절시비에 걸렸을 때 징밀 슬프더라고요. 제일 슬펐딘 깃은 사실 그거였어요. 그때 당시 아이가 초등학교 2학년이었거든요. 애가 "우리 엄마 영화 개봉한다." 이러면서 막 자랑을 하고 다닌 거예요. 그런데 갑자기 어느 날 아이가 오더니 "엄마 표절했다며? 그게 뭐야?" 이러면서 "애들이 다 엄마가 나쁜 짓한 거래." 이렇게 얘기를 하더라고요. 그래서 정말 초등학교 2학년짜리 애를 붙들고 "그게 아니고 아무튼 있어!" 이러면서 막 설명을 해봤자 애가 알아들을 수 있는 상황도 아니잖아요. 그래서 너무 화가 나서 제가 저한테 그렇게 말을 쓴 모든 사람들을, 아이디를 다 캡처를 해가지고 고소장을 (한 뼘 길이) 이만큼 만들었어요. "다 명예훼손으로 고소해버리겠어." 이러면서요. 그러다가 또 괜히 잘못 건드렸다가 그 사람들 중에 또 이상한 애가 있어서 '우리 애한테 해코지를 한다거나 하면 어떡하지?' 또 이런 겁이 덜컥 나더라고요. 그래서 결국에는 경찰에 못 내고 취하를 했는데 문제는 뭐냐면, 저희는 시나리오 작가잖아요? 시나리오 작가는 인터넷에 이름을 올릴 상황이 별로 없어요. 항상 모든 영화는 감독 이름으로 나오잖아요. 그래서 기사가 떠도 다 감독이 나오지 시나리오 작가라는 사람은 절대 이름을 올릴 수 없는 사람이에요. 그러다보니 제 기사의 마지막은 〈미나 문방구〉 표절이고 그게 인터넷 검색 창에서 안 내려가는 거예요. 그래서 언제나 제 이름을 네이버에 치는 게 너무 싫었어요. 실수로라도 이름을 치면 연관 검색어가 표절이었어요. '배세영 표절, 미나문방구.' 이렇게 돼있고, 나중에 어떤 사람은 또 "미나문방구를 표절한 걸 보니 적과의 동침은 웰컴투동말골을 표절한 것 같아." 이러면서 또 점점 안으로 들어가기 시작하면서…. 너무 힘든 상황이어서 저는 그때 글을 더 이상 쓰지 말아야겠다고 결심을 했어요. '더 이상 나는 글을 쓰지 않겠어.' 왜냐하면 어차피 내가 글을 써봤자 또 다 표절이라고…. "이 여자 지난번에도 표절한 여자인데 또 표절한 것 아닐까? 비슷한 것 찾아봐!" 이럴 것 같아서 더 이상 글을 못 쓰겠다 생각하고 있었고 실제로 이걸 끝으로 글을 못 썼어요.

그 다음에 개봉한 〈우리는 형제입니다〉라는 영화가 있는데요, 〈우리는 형제입니다〉라는 영화는 사실 쓴 것은 〈미는문방구〉보다 먼저 쓴 작품이에요. 개봉을 뒤쪽에 해서 그렇지 쓰기는 〈미나문방구〉보다 먼저 쓰게 됐는데 〈우리는 형제입니다〉같은 경우는 저희 엄마의 외삼촌이 두 분 계세요. 그분을 뭐라고 불러야 되요? 그냥 외삼촌 할아버지? (웃음) 두 분이 계시는데 두 분이 실제로 첫째 형은 미국에서 목사님을 하시고 둘째는 지리산에서 박수무당을 하세요. 그래서 그 두 분이 계속 잔치 때마다 만나 싸우시는 거예요. (일동 웃음) 차라리 만나지 않았으면 좋겠는데 또 두 분이 효자들이시라 잔치는 다 오세요. 그래서 잔치에 모이면은 저쪽에서 또 뭐가 웅탕웅탕 하는 소리가 들리면 분명 그 두 분이예요. 그런데 별 것도 아닌 걸로 계속 싸워요. 예를 들면 뭘 먹다 흘리면 "으이구! 할렐루야가 그렇지." (일동 웃음) 진짜 이런 식으로 욕을 하고 또 "너는 여기 안에서 담배를 피우면 되냐? 담배 피지 마!" 이러면 "왜? 성경에 담배 피지 말란 말 있어? 나는 그런 말 한 마디도 없다!" 이러면서 싸우는 거예요. "거기 성경이 왜 나와?!" 이러면서 또 막 싸우면 다들 눈치 보고 있고…. 맨날 이런 걸 보면서 '저 캐릭터 두 명 나중에 내가 어디에 꼭 써먹어야지, 꼭 써먹어야지.' 하고 있었다가 역시나 마찬가지로, 이 작품이 〈적과의 동침〉 다음에 쓴 거잖아요? 〈적과의 동침〉이 외할머니가 해주신 얘기고 그 영화의 말미에 보면 저희 외할머니가 직접 출연도 하셔 가지고 그 이야기를 해주세요, "여기가 바로 판 무덤이야." 이렇게. 그리고 다음에 외할머니 남동생 두 명의 이야기를 쓴 거죠. 그때 그 두 명을 보면서 '만약에 저렇게 효자인데다가 서로만 저렇게 미워하는 형제인데 갑자기 저기서 할머니가 돌아가시면 어떤 일이 벌어질까?' 이 생각이 들었어요. 무슨 말이냐면 할머니가 돌아가시면 형은 당연히 장남이니까 뭔가 장남의 주관 하에 모든 것이 이뤄져야 될 것 같은데 장남은 목사님이니까 기독교장으로 하고 싶을 것이고 그런데 지금 현재 할머니는 차남이랑 한국에 사시면서 매일 신당에서 신을 닦고 무구를 정리하고, 그걸 다 할머니가 하셨거든요. 그리고 굿 하면 옆에서 같이 빌고 그걸 할머니가 하셨는데 그러면 할머니를 기독

교장으로 못할 것도 같은 거예요. 그래서 '되게 재미난 일이 벌어지겠다. 만약에 할머니가 저기서 돌아가시면 저 두 분에게는 어떤 상황이 벌어지게 될까?' 그런 호기심에서 이 이야기를 시작했어요. 그러면 '시나리오의 맨 마지막은 장례식으로 해야지. 그리고 맨 처음은 어떻게 시작할까?' 처음부터 두 인물이 가끔씩 만나서 싸우는 사이라고 하면 별 임팩트가 없을 것 같더라고요. 그래서 '그래, 얘네가 어떤 상황으로 둘이 헤어지게 되고 딱 첫 시작을 아침마당에서 만나게 되는 거야! 30년 만에. 그래서 "형!" "얘!" 둘이 껴안고 좋아하면서 손을 붙들고 너무너무 좋아하면서 있을 때, 누군가가 직업을 물어보고 그 중에 한 명이 먼저 직업을 말했을 때 나머지 한 명이 굉장히 당황하면서 손을 슬그머니 빼내는 이런 걸 써내면 되게 재미있을 것 같아.'라는 생각이 들면서 이 이야기를 만들었어요.

그런데 이 이야기 같은 경우는 장진 감독님께서 연출해주셨는데, 여기서부터 시나리오에 대한 얘기를 잠시 해볼게요. 사실 시나리오 작가라는 직업이 저는 되게 슬퍼요. 그냥 뭐라고 해야 되냐면 미혼모 같아요. 그런 느낌을 되게 많이 받아요. 늘 뺏기는 직업이에요. 내가 한 건데 뺏겨. 근데 이게 잘 자라면 좋은데 잘 못 자라요. 그게 제 눈으로 보여요. 근데도 나는 아무 말도 할 수 없어요. 왜냐하면 시나리오 작가라는 직업의 성공은 뭐라고 생각하세요? 그러니까 시나리오 작가가 성공했어, 이번 작품으로 성공했어. 사실은 영화 관객 수는 저랑 상관이 없어요, 솔직히 말하면. 왜냐하면 영화의 관객 수는 감독님이 만드는 일이에요. 저는 어디까지만 하면 성공이냐면, 이 시나리오를 쓰고 그 시나리오를 투자사들이 읽어서 "재밌어! 돈 줄게!" 하면 끝나요, 제 임무는. 그래서 '돈 줄게'를 잘 받아내는 시나리오면 성공한 거예요, 이미. 그 이후로 많은 관객이 드는지 안 드는지는 제가 하고 싶어도 할 수 없는 영역이에요. 심지어는 근처도 못가요, 그 영화가 다 만들어질 때까지. 그래서 미혼모처럼 탁 애기를 낳아주고 나면 돈을 줘요, 잔금을 줘요. 그런 다음에 "수고했어! 잘 가!" 하면 끝이에요. 그 애기가 어떻게 자라는지 뭐 어떤지를 제가 알 수가 없는 거예요. 그러니까 너무 슬퍼지는 거예요. 분명히 저런 이야기를 쓴 게 아닌데 어느 순간 이야기는 바뀌져 있고…. 시나리오가 제가 분명 로맨스를 썼는데 갑자기 액션이 되어 있거나 정말 그런 경우가 되게 많아요. 예를 들면 〈적과의 동침〉 같은 경우는, 저는 〈인생은 아름다워〉 같은 영화를 쓰고 싶었어요. 그 전쟁 통에서 아무 것도 모르는 순박한 사람들이 그렇게 땅을 파야 되었고 그리고 인민군 입장에서는 알아요, 자기들이 얘네들 다 묻을 거를. 그렇지만 속일 수밖에 없는, 인민군 입장에서의 인간적 고뇌가 있었을 거 아니에요? 그런 걸 가지고 〈인생은 아름다워〉 같은 해맑은 영화를 만드는 것이 제 목적이었는데 영화가 진행되면서 어떤 일이 벌어졌냐면, 갑자기 "좀 로맨스가 있어야 되는 거 아니야? 왜 로맨스가 없지? 로맨스 하나 넣자." 제가 "네? 누굴요?" 하니까 "이 인민군하고 마을 처녀는 사랑하게 만들자." 저는 '뭐 그럴 수도 있지… 오래 같이 있다 보면 정이 들 수도 있으니까 그럴 수 있을 것 같다.' 생각해서 "네!" 그랬는데 "근데! 지금 갑자기 만나서 사랑했다 그러면 너무 그렇다. 얘네 둘 아빠가 일제 강점기 때 같이 독립운동을 했다 하자. 와!" 다들 막 이러는 거예요. (일동 웃음) 제가 "네? 일제 강점기 때 독립운동이요?" 그랬더니 "그래! 얘네들 아빠들끼리 되게 친했었고 얘네들이 그때부터 친했다가 다시 만난거지 6.25를 통해서, 우와 이런 영화는 없어!" 하면서 다들 광분하는데, 저는 '잠깐만 지금 그게 중요한 얘기가 아닌데?' 땅을 파는 사람들과 인민군의 우정, 이 감정을 가지고 저는 영화를 시작했는데 어느 순간 로맨스가 주가 되는 거예요. 근데 말할 수가 없어요. 제가 할 수 있는 게 아니에요, 그건. 그랬을 때 영화가 딱 나왔더니 사람들이 "이게 뭐야? 무슨 얘기를 하려는 거야 도대체? 인민군하고의 얘기를 하려는 거야, 로맨스 얘기를 하려는 거야?" 이랬을 때 제가 얼마나 억울했겠어요. "인민군들과의 얘기를 하고 싶었어요!" 막 이렇게 정말 쓰고 싶었지만 아무도 들어주는 사람도 없고 영화는 이미 주제 없는 이야기로 흘러가는…. 이런 상황들이 앞으로 여러분들에게 매일 일어날 거예요. 그래서 저는 시나리오 작가는 참 끈질기기도 엄청 끈질겨야 하지만, 아시죠? 한 편 쓰면 최소 열 번씩은 수정해줘야 되고, 항상 열 번째 고가 있어요, 모든 시나리오 저장 창고에. 그렇게 해야 되기 때문에 끈질기게 놓지 말아야 하고 또 한편으로는 엄청 잘 포기를 해야 돼요. 내 것이 내 손을 떠나는 순간에 그냥 잊어버려야 돼요. 안 그러면 정신병 걸려요. 그래서 저는 항상 영화가 나오면, VIP 시사회에 불러주시고 거기 가서 보는데 그때마다 매일 울면서 왔어요. 너무 억울한 거예요. 그렇게 쓴 게 아닌데 그렇게 되어 있어요, 얘기가. 〈미나문방구〉를 보고, 그때는 그 감독이 저보다 나이가 어렸던 친구인데 같이 옆에서 봤어요. 보면서 제가 그랬어요, "저 남자애랑 여자애랑 둘이 사랑하나봐?" (일동 웃음) "왠지 사랑하는 것 같아서, 근데 잘 모르겠어서." 이랬더니 애가 막 바들바들 떨면서 어쩔 줄 몰라 하더라고요. 근데 그럴 정도로 내가 쓴 시나리오대로 영화가 절대로 안 나와요. 그렇기 때문에 내가 쓴 시나리오대로 안 나온 영화의 관객 수까지 제가 어떻게 신경을 쓰겠어요. 그래서 시나리오 작가가 되었을 때는 관객 수는 버려야 돼요, 머릿속에서. '나는 신경 안 써.'라고 하지 않으면 마음을 너무 많이 다쳐. 대신 내가 해야 되는 영역은 투자사가 "돈을 주겠어! 시나리오를 제발 나한테 줘!"라고 홀릭하는 거기까지가 우리의 목적이란 말이에요, 모든 시나리오의 작가가. 그게 힘들단 말이에요. 남의 주머니에서 돈 꺼내는 게 제일 힘든데, 그러기 위해서 저희가 좀 영리하게 알아둬야 할 것들이 있는 것 같아요.

시나리오에서 중요한 것은 물론 큰 주제 이런 것도 중요하지만 일단 시나리오 자체가, 우리는 영상을 만드는 것이 아니라 책을 만드는 거잖아요? 읽는 글자를 만드는 것이기 때문에 시나리오 자체가 굉장히 영리하게 써지지 않으면 투자사의 마음을 뺏기가 굉장히 힘들어요. 그래서 그 얘기를 조금 해드리려 해요. 무슨 말이냐면 여러분이 시나리오를 쓸 때 일단 시놉시스라는 것을 항상 첨부를 하잖아요. 시나리오를 공모전에 내거나 아니면 누군가에게 피칭을 하고 제작사에 내더라도 항상 시놉시스를 첨부 하게 되는데, 여러분들도 다 아실 거예요, 시놉시스만 읽는다는 걸. 다 아시죠? 어떤 공모전에서도 그 시나리오를 다 읽지 않아요. 당연히 시놉시스를 먼저 보고 그 시놉시스의 내용이 '내 마음에 들어. 재밌어, 읽고 싶은데?' 시놉시스는 여기까지의 역할을 해야 돼요. 시놉시스 안에 내가 많은, 전체 시나리오 이야기를 쓸 생각을 하면 안돼요. 뭘 써야 되냐면 그들에게 '빨리 읽어봐! 재밌겠지? 재밌겠지?' 이런 것을 넣어야 되는 거예요. 그러니까 거짓말이에요, 거짓말이어도 돼요. '너 모르겠지만 이거 읽으면 이 안에 어마어마한 것이 있어.'라는 그 액션을 시놉시스에서 안 해주시면 그 시나리오는 아무리 재밌어도 아무도 안 읽어요. 무슨 말인 줄 아시겠죠? "근데 그러면 어떻게 하라는 거예요?" 생각하실 텐데 일단 '영희와 철수는 어떻게 해서 만났고 어디서 사랑을 했으며 뭐뭐뭐뭐 했다.' 이런 시놉시스는 당연히 누구도 읽고 싶지 않잖아요. 정말 예고편처럼 쓰는 거예요. 우리가 영화 예고편을 보고 얼마나 많이 속아요? 그렇잖아요, 영화 예고편 보면 너무 재밌겠어. 그래서 가면 그게 다잖아요. 그런데 "예고편은 너무 재밌었는데 영화는 왜 이래?" 해봤자 이미 나는 돈을 지불했어요, 끝났어요. 그렇기 때문에 이 투자사도 마찬가지예요. 어떻게든 내 시나리오를 읽게 만들려면, 물론 그래서 읽었더니 "너무 좋아!" 하면 최고인 거고요. 어쨌든 한 번은 읽게 만들고 가능성을 보게 하려면 시놉시스 자체를 궁금해 죽을 것 같게 써야 돼요. 예를 들면 '요즘 중학생들이 가장 관심을 가져 하는 게 뭔지 아세요?' 요즘은 중학생들을 잡지 않으면 안 돼요. 중학생들이 영화를 모두 쥐고 흔들어요. 그래서 시놉시스에 '중학생들이 요즘 좋아하는 게 뭔지 아세요? 저의 중학생 아들이 그러더군요.' 하면서

(일동 웃음) '이런 이야기가 있다면 어떨까? 하면서 말하더군요, 바로 그거예요!' 정말 이런 식으로. 투자사가 "뭐라고 중학생이 이런 이야기를 했다고?" 그러면서, '만약에 이런 이야기가 있다면 이 아이들은 이 영화를 반드시 볼 거예요. 그리고 바로 제 시나리오가 그걸 합니다!' 이렇게 써주는 거예요. 그랬을 때 "뭐 길래?" 하면서 다음 장을 보게 만드는 거죠. 그렇게 가야지 줄거리를 줄줄줄 써놓는다고 해서 이 시나리오를 읽지 않는다는 거예요. 이들이 시나리오를 볼 때 제일 중점적으로 보는 게 뭐냐면 이 시나리오를 가지고 내가 영화를 만든다면, 투자를 한다면 얼마의 돈을 벌 수 있을까? 이것이 이들의 목적이잖아요. 그러니 이들이 그런 목적을 달성할 수 있을 것 같은 시나리오인 듯 시놉시스를 꾸며야 한다는 거예요.

저 같은 경우에 지금까지 〈사랑방 선수와 어머니〉에서 〈우리는 형제입니다〉까지가 오리지널, 다 제가 처음부터 머리에서 나와서 쓴 시나리오잖아요. 아이템 자체도 여러분이 보시면 알겠지만 정말 주변에서 들은 애기, 옆에서 본 사람들 캐릭터, 저를 괴롭혔던 친구들, 이런 것들로 다 이야기를 만들었잖아요. 그래서 저는 시나리오를 이렇게 이만큼을 써서 줬는데 지금까지 한 편도 영화가 안 된 것이 없어요. 제가 투자사들한테 소문이 그렇게 났대요, 투자 잘 받는 시나리오 쓰는 사람. 저는 영화는 망해도 투자는 되게 잘 받는 시나리오 작가인가 봐요. 그러니까 '오 그래? 그럼 내가 쓰는 시나리오를 보면 투자하고 싶은 마음이 생기는 거네?' 그거 굉장한 매력이거든요. 망하든 말든 일단 왠지 제 것을 보고나니까 '투자를 안 하면 손해를 볼 것 같아.' 이런 마음을 자꾸 주는 거잖아요. 그래서 아이템 자체가 그동안 한 번도 어디서 들어보지도 못한 이야기. 그래서 다른 영화랑 비교했을 때 뭔가 비슷하지 않은 소재, 아이템, 이런 것들을 찾으려고 굉장히 애쓰고, 그 다음에 뭘 하냐면 저는 최대한 제가 아는 모든 사람들을 만나요. 만나서 제가 쓸 이야기들을 미리 얘기해줘요, 그 친구들한테 한 명 한 명 다. 그러면 맨 처음 제가 이러 이런 이야기를 생각했을 때 친구를 만나는 거예요. "나 있잖아, 나 이런 얘기 쓸 거다." 하고 제가 제 입으로 말을 해요. 이걸 피칭이라고 하잖아요. "이러 이러한 얘기를 할 거야." 하고 얘기를 하면서 그 친구의 반응을 봐요. 친구가 반응을 하면서 "재밌겠다." 하는 부분이 있고 어떤 부분은 조금 딴 짓을 하기도 하고, 그러면은 그 부분은 없애요. 그래서 그 다음 친구한테 얘기할 때는 그 부분은 얘기 안 하고 또 다른 재미난 것을 넣어서 얘기해줘요. 그 친구를 보면서 '어 이 부분까지도 웃었어? 좋아 그러면! 근데 또 이 밑에 것은 재미없어? 오케이.' 그러면 그 다음 친구한테 갔을 때는 또 이것은 얘기 안 해요. 그래서 친구들 여러 명을 만나면서 계속 시나리오를 입으로 만드는 거예요. 이게요 저는 제 비법이에요, 여러분들에게 제일 주고 싶은. 그냥 아주 일반적인 사람, 특히 엄마, 동생 이런 사람 있죠? 진짜 영화에 대해서는 정말 잘 모르는 사람, 그런 사람들한테 가서 얘기를 하는 거예요. 물론 엄마는 조금 객관성이 떨어지니까 (일동 웃음) 조금 다 재밌다 그래요. 근데 왜 친구들 중에서도 조금 예리한 친구들 있잖아요. 영화 되게 좋아하고 블로그 많이 하고 이런 친구들한테 가서 그냥 다 이야기를 한 번 해보면 그 안에서 훨씬 더 좋은 에피소드가, 내가 백날 붙들고 있어봤자 안 나오는 이야기들이 거기서 다 나와요. 그래서 저는 될 수 있으면 영화를 하기 전에 되게 많은 사람들을 만나고 그 사람들한테 계속 제 이야기를 해요. 그리고 그들한테 이야기를 하는 것 중에 또 이런 이유도 있어요. '나 이거 쓸 거니까 니네 아무도 건드리지 마.' 이렇게. 저는 제작사쪽 사람들을 많이 아니까 그분들을 만나서 미리 빨리 얘기를 해요. '나 이거 쓸 거야. 이거 건드리지 마. 비슷한 거 만들지 마.' 이런 식으로. 그래서 얘기를 하다 보면 그들이 반응을 다 보여요. 그러면 그 반응을 가지고 그날 집에 와서 트리트먼트를 '여기까지는 재밌어 했어. 이건 재미없어 했어. 여기는 좀 그렇다 했어.' 이걸 다 정리를 해서 이야기 한 편을 만드는 것이 이것이 제

트리트먼트예요. 그 다음에 저는 바로 써요. 종이에다가 쓰지 않아요, 트리트먼트를. 이렇게 하면 벌써 20명, 30명 거치는 동안 이야기가 굉장히 정제가 돼요.

그리고 심지어는 자기가 얘기를 할 때 대사는 말을 흉내를 내잖아요? 그때 "영희가 걔한테 싫다고 얘기했어." 이렇게 얘기 안하고 "그때 영희가 '싫어!' 했어." 이렇게 대사를 말하면서 이 대사도 정리가 돼요, 대사 톤이. 그렇기 때문에 자기 입으로 내뱉어 보는 게 정말 중요하고, 저는 시나리오 쓸 때 항상 대사 쓰면서 제 입으로 말을 하거든요, 미친 사람처럼. 시나리오 쓰면서 대사를 항상 제 입으로 연기를 해봐요. 그래서 이 시나리오의 이 대사가 내 입에 걸리면 무조건 아웃이에요. 하나도 내 입에 걸리면 안 돼요. 내가 했을 때 정말 잘 할 수 있어야 돼요, 유해진처럼. 그래서 이게 입에서 넘어가면 이제 오케이. 저는 이런 식으로 시나리오 대사를 쓰거든요. 근데 대부분 처음 시나리오 쓰시는 분들을 보면 이런 대사 쓰는 거에서 굉장히 어려움들을 느껴하시더라고요. 그리고 굉장히 문어체 대사를 쓰세요. 본인들은 "아니에요! 문어체 아니거든요!"라고 우기시는데 문어체에요. 뭐가 문어체냐면요, 우리가 일상에서 안 쓰는 말을 쓰면 그건 문어체인 거예요, 그게 아무리 우리가 하는 말처럼 만들었어도. 예를 들면 이런 게 있어요. 딸이 집에 늦게 들어왔어요. 엄마가 "애 지금 몇 시니? 왜 이렇게 늦었어?" (일동 웃음) "아빠가 얼마나 걱정하다가 주무셨는지 알아? 빨리 들어가서 씻고 자렴." 이게? 이게 구어체라고요? 이건 말이 안 되잖아요. 문어체에요, 이거는. 왜냐하면 우리가 안 쓰는 말이잖아요. 우리 엄마들은 절대 그렇게 얘기를 안 하세요. 문 열고 들어가는 순간 등짝을 갑자기 팍! 때리면서 "지금이 몇 시인데 지금 기어 들어와 가지고 아휴 내가 정말 속 터져서……." 정말 이런 말들이 줄줄줄 계속 나와야 이게 현실 대사잖아요. 그런데 그렇게 쓰지 않는 거예요. 꼭 엄마들은 "밥 먹었니?" 뭐 이런 거 물어보시고. 뭔가 우리가 생각하는 엄마 대사들이 있어요. 우리가 생각하는 교수님 대사가 있어요. "제군들 뭐 이렇게 하시오." 이런 식으로. (일동 웃음) "방금 뭐뭐 했소." 뭐 이런 식의 대사 있잖아요. 절대 지금은 현재 아무도 안 쓰는 대사들을 정말 우리가 쓴다고 우기면서 써요. 그때 문제가 발생하는 거예요. 그래서 항상 여러분이 생각을 해보세요, 얼마나 거짓말로 쓰고 있는지. 연애하는 것도 마찬가지예요. 로맨스를 보면 주인공 둘이 대사하는 게 너무 소름끼치는 거예요. 솔직히 남자가 그렇게 얘기하면은 되게 오글거려서 죽어버릴 것 같은데 그렇게 써요, 대사를. '그렇게 말해줬으면 좋겠다.'라며. 그런데 그건 현실에서 그런 말을 안 해줘서 그런 사람들을 못 만나는 거잖아요. 그런데 그렇게 써요. 그거는 안 되는 거예요, 제가 봤을 때는. 리얼하지 않잖아요. 드라마가 아니잖아요. 영화는 세상 제일 리얼해야 되요. 그래서 영화에서 욕이 나오고 성에 대해 쓰게 되고 이러면서 영화가 발전을 한 거예요, 갑자기.

그래서 살짝 얘기를 드렸는데 대사를 쓸 때 제일 하지 말아야 할 게 문어체 대사를 쓰지 않는다! 그리고 두 번째가 과잉 대사. 그런 말씀 들어보신 적 있을 거예요. 과잉 대사라는 뜻은 물론 대사가 양이 많은 건 치명적인 것은 아시죠? 영화에서 한 얼굴에 포커스를 맞춰놓고 대사를 줄줄줄줄 하는 경우는 없잖아요. 근데 과잉 대사라는 것은 대사 양이 많다기보다는 쓸데없는 말을 하는 거예요, 정말 쓸데없는 말들. 그러니까 영화에서는, 지금 하는 말은 정말 중요해요. 영화에서는 최대한 영상으로 보여줄 수 있는 것은 다 영상으로 보여줘야 돼요. 왜냐하면 영화니까요. 영화가 처음부터 끝날 때까지 대사가 한 줄도 안 나오고 끝났다면 정말 최고의 영화가 될 거예요. 그런데 그럴 순 없잖아요. 이야기가 진행이 돼야 하고 이 사람의 감정도 표현해야 되고 이 사람의 캐릭터도 표현해야 되고 대사는 그러기 위해 있는 거예요. 대사는 단 한마디도 쓸데없는 말을 해서는 안 돼요. 저는 시나리오를 다 쓰고 나면 제가 제일 많이 하는 일은 대사 쳐내기예요. 최대한 필요 없는 데는 다 쳐버려요. 그 대사가 그 안에서 어떤 기능을 못하는 대사들이 있어요. 예를 들어 "밥 먹었니?" 엄마가, 아니면 친구가 "너 밥 먹었어?" 밥 먹은 것을 왜 물어봐요? 사람한테. 저는 "밥 먹었니?"라는 대사는 영화에 쓰면 안 되는 대사라고 생각해요. "밥 먹었니?"라는 대사는 언제 써야 되는 대사냐면, 얘가 10년 동안 거식증에 걸려 있었어요. (일동 웃음) 10년은 너무 심하고 한 열흘 동안. 그랬을 때 "너 드디어 밥 먹었니?" 뭐 이럴 때 쓰는 대사고 아니면 정말 좋아하는 여자와 남자가 만났는데 처음에 무슨 할 말이 없어서 서로 한동안 말을 못하고 주저주저하다가 "밥 먹었어요?" 이런 대사. 그 대신 두 번 떨어야 돼요, "바, 밥 먹었어요?" 이렇게. 그냥 "밥 먹었어요?" 이렇게는 안 돼. 그리고 그 다음은 내가 저 사람을 죽이려 밥에 독을 탔어요. (일동 웃음) 거기다 갖다 놨어요. 근데 얘가 먹었는지 안 먹었는지 너무 궁금해요. 그때 "밥 저 □는데 혹시 먹었니?" 이렇게 세 번 아니면 쓰면 안 되는 대사예요. 근데 우리는 현실에서 별로 필요 없는 말들 있잖아요. 그런 말들을 왜 쓰는가 봤더니 어색해서 쓰더라고요. 그러니까 이야기를 시작하기가 어색해서 쓰기도 하고. 그런데 그렇게 쓸데없는 대사가 있다 그러면 이 대사가 뒤에서 어떤 역할을 할 것이 아니면 다 없애버려야 돼요, 최대한. 이 대사를 안 하면 이 캐릭터가 설명이 안 돼요, 이 뒤에 일어날 일이 설명이 안 돼요, 뭐 이렇지 않고서는, 이야기가 진행이 안돼요, 그렇지 않고서는 대사를 다 없애야 된다, 최소화시켜야 된다, 이 말씀을 드리는 거예요. 그리고 또 하나는 이미 영상에서 나오고 있는데 그 대사를 치는 경우가 되게 많아요. 예를 들면 "너 그 남자랑 만나서 내일 뭐 할 거야?" "어디 영화관에 갔다가 에버랜드 갔다가 뭐 어디를 들려서 밥을 먹고 뭐 할 거야." 그런 다음에 장면이 영화관에 갔다가 에버랜드 갔다가 (일동 웃음) 뭐 이렇게 하고 나오면 이건 정말 쓸데없는 짓이잖아요. "너 내일 뭐 할 거야?"라고 했을 때 얘가 "나…" 그러면 다음은 그냥 에버랜드, 영화관 장면으로 넘어가면 되잖아요? 근데 우리는 그걸 다 써요. 얘가 뭘 할 건지 어떤 일을 할 건지 영상으로 앞으로 나올 일들을 다 쓴다는 거예요. 그거 되게 촌스럽잖아요. 만약에 형사들이 막 범인을 잡으려고 회의를 하는데 (칠판에 동선을 그리며) "자 너희 1, 2조는 여기로 가고, 2, 3조는 여기로 가서 포획을 한 다음에 이렇게 하자." 그런 다음에 그게 똑같이 나온다고 생각해 보세요. 너무 촌스럽잖아요. 그러면 이걸 왜 봐요. 이미 다 설명을 해서 어떻게 잡을 건지 나와 있는데. 이렇게 설명을 했을 때는 실제로는 이렇게 안 되어야 돼요, 일이 얘가 설명한대로. 그럴 때 필요한 대사인 거예요. 아니면 얘네가 설명을 "좋아! 1, 2조는…" 하면 갑자기 화면이 바뀌어서 이미 하고 있어야 돼요. 장면 위로 목소리가 보이스 오버가 되어서 설명을 해주는 거예요. 그래서 그런 방법을 많이 택하는 거예요. 근데 우리가 시나리오를 쓸 때는 걱정이 돼요. 이것을 읽는 사람이 이해 못 할까 봐. 그래서 그걸 다 써줘요. 근데 그럴 때마다 사람들은 되게 피로감을 느껴요, 그 시나리오에. 그러니까 여러분들이 시나리오를 쓸 때 대사는 최대한 없게 한다! 그게 여러분들의 임무예요. 그리고 세 번째가 과소 대사예요. 그 전에 과잉 대사에 대해 조금 더 설명을 하자면 대답을 쓰지 말아야 돼요. 무슨 말이냐면 항상 여러분들의 시나리오들을 보다보면 느껴지는 것 중 하나가 모든 말에 대답을 하더라고요. 누가 뭔가를 물어보면 다 대답을 해요. "엄마?" "응?" "밥 먹었어요?" "응" "뭐 먹었어요?" "김치 볶음밥" (일동 웃음) "맛있었어요?" "아니, 다음에는 오징어 볶음밥을 먹으려고." 이렇게. 그렇게 써놔요. 근데 사실 우리는 그렇게 대답을 잘하는 사람들이 아니잖아요, 그죠? "엄마?" 그러면 (주방에서 일하며) "…." "밥 먹었어?" 이렇게 하면은 "…." "뭐 먹었는데 뭐 먹었냐고?" 하면 "아씨! 김치 볶음밥!" 이렇게. 진짜 어쩌다 한 번 얘기할거예요. "맛있었어?" "(대답 없이 고개

끄덕)…." 이렇게 고개를 끄덕일 수도 있고. 이렇게 우리는 생활을 하는데 글을 쓸데는 되게 똑바른 로봇들이 하듯이 말을 주고받고 또 주고받고 "응" "아니" (일동 웃음) 이렇게 쓰는 거예요, 정말 촌스럽게. 그런 것들이 눈에 되게 거슬려요, 읽었을 때. 그것만 없어도 반은 날아갈 거예요, 대사가. 그런 것들을 여러분이 한 번 생각을 해보세요, 쓰실 때. 그리고 과소 대사 같은 경우에는 뭐냐면 또 그렇게 쓸데없는 대사들은 잘 쓰면서 정말 필요한 대사들은 안 쓰는 경우가 있어요. 그게 뭐냐면 '한 남자가 음악을 들으며 차 안에서 운전대 위에 손을 까딱까딱 한다.' 예를 들어서 이렇게 썼어요. 그 음악이 무슨 음악인데요? 그 음악이 무슨 음악인지 그런 걸 안 써주는 거예요. '남자가 신나서 음악에 까딱까딱한다.' 이러면 이 남자가 그때 들은 음악이 정말 신나는 방탄소년단의 노래일 수도 있고 아니면 이 사람이 되게 취향이 이상해서 트로트 같은 걸 들으면서 좋아할 수도 있고, 살인을 하러 갈거기 때문에 되게 음산한 노래를 들으며 까딱할 수도 있는 거고, 그죠? 그러니까 이 사람이 어떤 음악을 듣고 있는지가, 그래서 행동하고 있는지가 정말 중요한 거예요. 그러면 그 음악을 우리가, 작가들이 무슨 음악을 듣고 있는지를 써줘야 될 것 아니에요. 근데 그런 건 또 안 써줘요. 그냥 '라디오에서 음악이 흐르고 있다.' 뭐 이렇게. 또 시장 같은데 가면은 '중앙시장에 들어가는 기철, 사람들이 기철을 보고 수군거린다.' 수군거리는 것이 뭐예요? 수근 거려 "수군, 수군" (일동 웃음) 이러지 않잖아요. 그 수군거리는 것이 뭔지를 써줘야 될 것 아니에요, 그 안에다가 뭘 가지고 수군거리고 있는지. '기철의 엄마에 대해 수군거린다.' 이런 거라도 적어줘야 되는데 또 그런 건 안 써줘요. 그냥 '수군, 수군거리고 있다.' 뭐 이런 식으로 정말 써 놔요. 안 그럴 것 같죠? 그런데 그렇게 해 놔요. 이런 식의 과소 대사. 여러분 우리가 주장하고 싶고 하고 싶은 것은 반드시 해내야 돼요. 〈미니문방구〉 같은 경우는 나오는 노래가 있어요. 심신의 「내가 처음 사랑했던 그녀」라는 노래가 있는데 그 노래는 저희 남편이 저한테 처음 고백하면서 불러준 노래예요. 그 노래를 쓰고 싶어 가지고 저는 "그 노래가 아니면 안 된다!"고 정말 빌고 또 빌고 "다른 걸로 바꾸시면 저는 죽어버리겠어요!" 정말 이러면서 얻어낸 노래예요. 혹시 〈완벽한 타인〉을 보셨으면 거기에 「한 남자」 노래 "한 남자가 있어." 이것도 당연히 제가 써놓은 거예요. 거기서는 그 노래가 나와야 됐어요. 애가 그냥 '전화를 한다.' '전화를 받는다.' 할 수도 있었어요. 하지만 저는 거기서 '한 남자가 있어.'라는 말이 나오지 않으면 안 된다고 생각을 했어요. 그랬을 때는 그것을 써내야 되는 거잖아요, 그죠? 마지막으로 여러분들이 절대 시나리오에 쓰지 말아야 될 대사가 독백이에요. 또 여러분들은 모르시겠지만 상상도 못하셨겠지만 여러분들 시나리오 안에 독백이 엄청 많아요. 그런데 우리가 예를 들어서 독백만큼 현실적이지 않은 게 없잖아요. 이 세상에 독백을 하는 사람은 아무도 없어요. 제가 여러분들과 이렇게 대화를 하고 있다가 "(혼잣말로)내가 지금 잘 하고 있는 거야?" (일동 웃음) 예를 들어서 제가 "저들은 내 말을 잘 이해하고 있을까? 아닌 것 같아." 이렇게 얘기를 한다면 여러분들은 저를 정신병자 취급하실 것 아니에요? 그런데 시나리오에는 그렇게 써요. 남자가 길을 가다가 "이씨! 분해 죽겠네!" 이러면서 "그 자식을 오늘은 반드시 없애버리고 말겠어." 정말 이렇게 써요. 그런데 이렇게 말하는 사람은 아무도 없거든요, 이 세상에. 심지어 혼자 앉아서, 책상에 앉아서도 "에이 나쁜 년! 내가 어떻게든…" 이렇게 말하지 않아요, 속으로 생각하지. 그런데 그런 것을 아무렇지 않게 독백을 써놓더라고요. 독백을 어떻게 해서든지 없애야 하는 악이에요. 그런데 이럴 때가 있어요. 여기서 독백을 안 하면 이 사람의 마음을 표현할 방법이 없어요. 남자가 너무 답답해서 "아! 답답해. 그 놈을 죽여 버려야겠어!" 그러고 싶으면 사실은, 그 남자가 들어와서 졸업앨범을 꺼내서 그 놈의 사진을 보고 칼로 (사진을 찢는 시늉) 이렇게, 이렇게 하는 것을 쓰면 돼요. 이렇게 쓰면 알 수 있잖아요, 이 사람이 무슨 마음인지. 그렇게 해야지 "(혼잣말로)경철이를 죽여 버리고 싶어, 죽여 버려야겠어." 이렇게 쓰면 안 된다는 거예요. 그런데 이것조차 안 될 상황이에요. 그럴 때는 어떻게 해요? 그럴 때는 어떻게 하냐면 〈캐스트 어웨이〉 보셨어요? 저는 〈캐스트 어웨이〉가 그래서 훌륭한 영화라고 생각하는데 거기서는 말 할 사람을 만들어 놨잖아요, 윌슨. (일동 웃음) 그래서 만들어 놓은 거예요, 윌슨을. 왜냐하면 주인공이 말을 해야 되니까. 안 그러면 이 영화는 처음부터 끝까지 아무 말도 없이 있다가 끝날 것 아니에요? (일동 웃음) 그러면은 아무것도 알 수가 없잖아요, 우리가. 그러기 때문에 '얘기는 해야 되는데 또 혼자는 있어야 돼, 그러면 어떻게 해야 돼?' 그래서 꾸역꾸역 윌슨을 만든 거죠. 그래서 윌슨하고 계속 대화를 하고 나중에는 윌슨이 떠내려 갈 때 슬프기까지 해요. 이런 얘기를 만들어 내면 되죠. 그러니까 내가 시나리오에서 꼭 독백을 써야겠다 싶을 때는 이렇게 뭘 만드세요, 하나를. 곰 인형도 괜찮고 자기가 얘기할 수 있는 어떤, 예를 들면 하다못해 목걸이라도, 목걸이를 쳐다보면서 얘기하는 거예요. (일동 웃음) 아니면 정말 이것도 없으면 거울, 거울 속의 나한테 얘기해도 돼요. "야 이 바보야! 왜 그랬어?" 이렇게. 그거는 내가 혼자 하는 독백이 아니에요. 거울 속의 나하고 얘기하는 거예요. 그런 식으로 어떤 상황들을 만드는 그런 것이 필요해요. 그냥 무작정 독백을 써놓으시지 마시고. 그런데 드라마에서는 가끔 독백이 아주 많이 나오죠? 드라마는 일단은 영화랑은 다른 장르이기도 하지만 드라마에서 독백이 가장 많이 나오는 이유 중의 하나는 엄마들이 드라마를 눈으로 잘 안 봐요. 대부분 귀로 들어요. 청소하면서 "아휴 저런 나쁜 놈." 하면서, 정말 들어요. 그러면서 귀로 듣고 다른 짓을 하면서. 우리는 영화관에 한 번 들어가면 못 움직이잖아요? 그런데 드라마는 우리가 딴 짓을 막 하면서 봐요. 그래서 이런 독백들이 튀어나와도 어색하지가 않아요. 그런데 영화에서의 독백은 정말 어색한 상황인거죠. 이런 것들을 여러분들이 염두 해서, 대사를 쓰실 때. 그러니까 이것들이 제가 대사를 잘 쓴다고 칭찬을 받았던 이유들, 제가 생각 해 본 것들이거든요. '왜 사람들이 나한테 대사를 잘 쓴다고 할까?' 하고 생각을 해봤더니 제가 이런 짓들을 잘 안하더라고요. 쓸데없는 말들을 잘 안 써놓고 또 어떻게든 저는 그 대사 한 줄을 쓸 때 몇 십번이고 고쳐요. 그 대사를 일단 내 입에 맞게 연기를 해보고 그리고 그 대사를 최대한 앞의 질문과 다른 대답을 하려고 애써요. 그러니까 모든 사람들이 예상하는 대로 "김치 볶음밥 맛있었어?" 그러면은 "어."가 아니라 다른 말을 찾아내는 거죠. "나는 예전의 여자들하고 연락 안 하고 지낸다고." 했을 때 "그래 그 여자들은 네가 죽었길 바랄 걸." 이런 식으로 쓰는 것이, 대사를 그냥 원 투, 원 투로 쓰는 것이 아니라 어떻게 되었든 이 대사에 다른 대답을 하려고 애를 쓰는 거를 한 번씩은 꼭 겪어가면서 계속 고쳐가면서 대사를 새롭게 써보려고 애써요. 그러니까 무슨 말인지 아시겠어요? 절대 보통 사람들이 똑같이 하는 대사를 안 쓰려고 일부러 노력을 해요. 어떻게 하면 다른 말을 할까? 그런데 내 뜻은 전달할 수 있을까? 이런 식으로.

그리고 시나리오 쓰실 때 대사의 중요성도 얘기했지만 지문도 엄청 중요해요. 지문을 쓸 때 저 같은 경우에는 최대한 지문도 압축해서 써요. 필요한 말만 써요. 그러니까 영상으로 봤을 때 그가 꼭 해야 할 지문만 쓰는 거예요. 근데 간혹 보면 지문을 정말 소설처럼 써 놓는 분들이 계세요. 정말 한 편의 소설 같아요, 지문을 보면. 그리고 지문에 그의 마음까지 써놓는 경우도 있더라고요. '그는 지금 너무 우울하다.' 이렇게. 도대체 그걸 어떻게 찍어야 하는 거죠? 그가 우울한 것을. 그런데 그렇게 써놔요, 지문에다가 이 사람 감정을. 내가 어떤 글을 썼을 때 내가 그 글을 어떻게 해서든 그릴 수 있으면 그건 맞는 지문이에요, 어떻게라도. 그러니까 얘네 둘이 '사과를 먹고 있다.' 그러면 (칠판에 그림을 그리며) 이렇게 앉아가지고 대충이라도 사과를 먹고 있어, 이렇게 그릴 수 있잖아요? 그러면 이건 맞는 지문이에요. 그런데 '그가 지금 당장이라도 죽어버릴 것 같다.' 그런 지문은 어떻게 그려요? 죽어버릴 것 같은 것을. 그건 못 그리잖아요? 그러면 이건 지문으로 쓸 수 없는 말인 거예요. 그러니까 여러분들이 쓸 때 내가 쓴 지문이 지문으로서의 가치가 있는지 없는지를 선택해야 되는데, 제가 이런 말씀을 왜 드리냐면 시나리오를 모니터링이건 뭐건 봐달라고 해서 보면 이 지문이 복잡한 시나리오는 정말 읽기가 싫어요. 가독성이 확 떨어져요. 그러면 사람들이 이런 읽기 싫어 죽겠는 시나리오를, 그래도 "정말 유명한 작가가 썼대, 유명한 감독이 썼대." 그러면 꾸역꾸역 읽어요. 그런데 아무것도 아닌 사람이 썼다고 하면 안 읽어요. 절대 읽고 싶지 않아요. 너무 읽기 싫은 거예요, 가독성이 떨어지니까. 그래서 제가 그랬잖아요, 우리는 투자를 받는 데까지가 목적이라고. 투자를 받으려면 투자자들이 봤을 때 이게 편해야 돼요. 그리고 한 번에 내가 읽으려고 마음먹었어, "좋아! 네 시나리오가 너무 흥미로워서 죽어버릴 것 같아, 빨리 읽을게." 하고 읽었는데 지문에서 딱 막혀버리잖아요? 그러면 안 읽어요. 그러니까 지문을 재밌게 써야 된다는 건, 그냥 재밌을 필요도 없어요. 눈에 봤을 때 깔끔해야 돼요. 그림 같아야 돼요, 이 시나리오 자체가. 그래서 저는 될 수 있으면 지문을 한 줄에 하나만 써요. 그러니까 문장 하나가 한 줄이에요. 이것을 옆으로 또 옆으로 이렇게 연결해서 몇 줄을 써놓지 않아요. 그렇게 쓰는 게 제일 눈에 보기에 가독성이 떨어지거든요. 그래서 거기 안에서 이 사람이 하는 행동, 정확하게 해야 될 행동 하나만 딱 넣어놓고 그리고 한 줄에 하나씩. '그때!' 제 시나리오에 제일 많이 나오는 지문 중 하나가. '철수가 영희를 만났다.' '영희가 철수를 바라본다.' '그때!' 이런 지문이 되게 많아요. '헉!' 이렇게 써놔요, 저. (웃음) '그때!' '헉!' 이렇게 지문을 써놓으면, 이게 뭐냐면 투자자들도 같이 이 지문을 읽으면서 이게 마치 소설 읽듯이 같이 따라가는 거예요. 그래서 저렇게 지문 속에다가 뭔가 긴장감 있게 끌고 가요. 예를 들면 주인공도 처음부터 이름

잘 안 밝혀줘요. '어떤 한 남자가 걸어간다.' 그리고 그 남자가 누군지를 잘 얘기 안 해주다가 그 남자가 진짜 누군지를 사람들이 알 때쯤 저도 그때부터 그 사람 이름을 써줘요. 그런 식으로 해서 사람들이 처음부터 이게 누군지 모르게 가는 거예요. 제일 바보 같은 짓이, 시놉시스에 등장인물을 쓰잖아요? 등장인물 소개를 쓰는데 뭐 '김영태, 45세.' 이렇게 써놓고 '범인' (일동 웃음) 이렇게 써놔요. 이거를 누가 봐요? 얘가 범인이라는 걸 이미 다 아는데. "투자자가 볼 거니까요." 아니에요! 투자자도 궁금해야 이걸 읽죠. 그러니까 저는 뭐든지 숨길 수 있는 건 다 숨겨요. 그래서 투자사조차도 이 시나리오를 읽으면서 영화 한 편을 보는 것처럼 봐야 돼요. 그래서 조금이라도 들통 나지 않으려고, 투자사들이 봤을 때 45씬을 읽었을 때 뒤에 것을 예상할 수 없게끔 시나리오를 써야 되는 거예요. 그래서 마치 같이 영화를 보는 것처럼 끌고 갔다가 "어머 말도 안 돼! 뭐라고 얘네 둘이 사귀었다고?" 이렇게 가야지 성공하는 시나리오가 되는 거지 "이거 어차피 읽을 사람은 투자사니까 모든 걸 잘 설명해야 되지 않을까요?" 아니요! 그럼 그들은 그때부터 흥미가 딱 떨어진단 말이에요. 그런 기술을 가지고 가야 돼요. 무슨 말인지 조금 이해가 될까요? 그런데 정말 알려야 될 건 또 안 알리죠. 맨 처음에 이름이 나오면, 처음에 이름 써줘도 돼요, 주인공이 나오면. 예를 들면 '해수가 걸어간다.' 쓸 수 있어요. 그러면 여러분도 배웠지만 시나리오에 맨 처음 나오는 이름에는 항상 나이하고 성별을 써주셔야 돼요. 맨 처음에 이 사람이 등장했을 때. 왜죠? 예를 들면 이름을 되게 애매하게 써놔서 저는 당연히 '뭐지? 여자들끼리 좋아하네.' 하고 동성연애인 줄 알았어요. '한빛' 이랑 '채영' 이렇게 나와요. 그런데 42페이지 쯤 얘가 남자인 걸 알았어요. 그럴 때가 많아요. 세 느낌에는, 제 주변에는 한빛이는 여자예요. 그러니까 나도 모르게 얘를 여사로 보고 읽고 있어요. 근데 어느 순간부터 얘가 남자래요, 미쳐요 그러면은. '뭐야 지금까지 다 잘못 읽었잖아.' 하면서 다시 앞으로 가야 하지만 그거는 그 사람이 나하고 정말 친한 사람이고 꼭 읽어야 할 유명인이 아니고서는 그렇게 하는 사람은 아무도 없죠. 정말 산산이 날려 버릴 거예요, 아마. 너무 짜증나가지고. (일동 웃음) 그리고 나이는 꼭 써야 하는 게 한빛이라고 써놨는데 나중에 알고 보니 75세인 거예요. (일동 웃음) 한빛이 할아버지 있을 수 있죠. 그런데 나이나 이런 것들을 안 써주면 이게 지금 몇 살 애들 사이에서 벌어지고 있는 일인지를, 그냥 모르고 읽을 수도 있어요, 물론. 모르고 읽을 수도 있는데 나중에 어느 정도 가서 알게 되었을 때, 내가 앞에 그려놓은 그림이 만약에 얘가 중학생이었으면 고등학생이었으면, 이게 다 다르잖아요. 그러니까 맨 처음에 이름이 나왔을 때는 꼭 설명을 해주고 그게 정 안 돼서 '한 남자가 걸어가고 있다.' 이렇게 쓸 거면 이 남자가 중년의 남자인지 어떤 옷을 입고 어떻게 걸어가는 남자인지 이런 것만 설명을 해줘도 충분히 이해를 할 수 있잖아요. 노인인지 중학생인지 이런 것들로 설명을 해줘야 된다는 거예요. 그런데 이렇게 정말로 필요한 것들은 시나리오에 하나도 안 써놓고 문어체 대사와 과잉 대사만 잔뜩 써놓고 지문은 빡빡하기 이를 데 없고 심지어는 시나리오 용어 있잖아요? 카메라가 '틸트다운해서 팬한다.' (일동 웃음) 이런 것도 써놔요, 어떤 분은. '교실에 들어가 팬하여 모든 것을 비춰주고 틸다운됐다.' '줌인이 돼야 하고.' 이런 것을 다 써놔요. 정말 세상에서 제일 싫어하는 시나리오가 아마 그 시나리오 일거예요, 이 세상 투자사들과 감독들이. "뭐라고? 여기서 내가 줌인을 해야 된다고?" (일동 웃음) "왜 내가 네 말대로 해야 되지?" "거기서는 그렇게 하지 않을 거야!" 정말 반항하고 싶게끔 만드는 시나리오 있잖아요? 보면서 어떻게 해서든 이 시나리오대로 안 만들고 싶게끔 만드는 시나리오가 몇 개 있어요. 근데 정말 태연하게 써놔요. 그들은 노력했어요, 노력한 거예요, 나름. '이렇게 써주면 되게 친절하고, 잘 보실 수 있겠지? 내가 영화에 대해 많이 공부한 줄 아시겠지? 얼마나 내 노력을 가상하게 생각할까?' 정말 절대 안 그래요. 진짜 "네가 뭔데!" 이러면서. 그래서 저는 절대 시나리오에 전문 용어 따위는 쓰지 않고 그래도 꼭 써야 되는 게 몇 가지 있잖아요. 내레이션, 이런 건 써줘야 되잖아요. 내레이션은 내레이션이니까 써줘야죠. 그리고 몽타주면 몽타주. 그리고 제일 많이 쓰는 것이 컷 투잖아요. 컷 투 정도는 써줘도 돼요. 저는 이것 외에는 시나리오에 아무 것도 안 써요. 왜냐하면 "그들이 제발 어떻게든 잘 만들어주세요" 이런 마음으로 보내주는 거예요. 그럼 투자사와 감독들이 되게 좋아하면서 구성을 하시겠죠? 그러니까 지금까지 거칠기는 하지만 어쨌든 지문, 대사의 중요성 그리고 그것들이 얼마나 가독성 있게 읽혀졌을 때 사람들이 투자를 하고 싶게끔 만들어 지느냐.

그리고 아이템을 얻는다는 자체는, 사실 여러분들도 아이템 하나씩은 다들 있으시죠? 마음속에 쓰고 싶은 이야기들. 지금도 "사실은 모르겠어요."라고 말한다면 저는 그러면 그냥 "하지마세요."라고 말하고 싶어요. 살면서 내가 쓰고 싶은 아이템이 하나도 없는데 작가가 되겠다는 생각을 했다는 자체가 너무 놀라워요. 어떻게 쓰고 싶은 것이 없는데 작가가 돼요? 그거는 좀 이상하지 않아요? 그죠? 미술 하는 아이가 그리고 싶은 게 없어요, 아무것도. 근데 미술을 해도 되는 거예요? 저는 그것은 아닌 것 같아요.

사실 시나리오 작가로서 제가 정말 힘든 것도 되게 많이 얘기를 해드리고 싶어요. 시나리오가 지금까지 어렵게 또 어렵게 오다가 〈미나문방구〉에서 탁 걸려가지고 더 이상은 이제 시나리오라는 걸 쓰고 싶지 않게 됐을 때 그때 저한테 들어왔던 것이 〈바람바람바람〉이었어요. 이서는 이제 체코의 원작을 가지고 한국화 시키는 과정의 이야기였어요. 이 이야기가 들어왔는데 정말 더 이상은 쓰고 싶지 않았지만 이거는 원작이 있으니 "혹시 원작의 판권을 사셨나요?"를 먼저 확인한 후 샀다는 말을 듣고 '아 그럼 써도 되겠구나.' 해가지고 이거를 한국화 시키기 시작한 거죠. 그리고 이병헌 감독님이 잘 영화를 만들어주셨어요. 그래서 저는 〈바람바람바람〉까지도 사실은 제 영화 같지가 않아요, 솔직히 말하면. 왜냐하면 원작이 있으니까요. 원작이 있고 영화화하는 과정에서 앞의 모든 이야기가 그러했듯, 굉장히 많은 감독님의 손을 거쳐 대사가 바뀌었어요. 아까도 잠깐 들어오기 전에 그런 얘기를 나누었는데, 이 영화가 내가 쓴 것이 그냥 영화화 되어 나오는 것과, 감독들이 대사를 바꾸잖아요? 그런데 "그게 그렇게 큰 차이야? 똑같은 거 아니야?" 이렇게 생각할지도 모르겠지만 안 그래요. 앞에서 했던 대사 톤이 뒤와 바뀌어 있을 때가 굉장히 많아요. 앞 상황의 얘는 절대 그런 말을 안 할 것 같은 애가 있는데 그 애가 뒤에서는 그런 얘기를 해요. 그게 뭐냐면 뒤에만 바꾼 거예요, 앞에는 놔두고. 그렇게 뒤에만 감독이 고쳐요. 그러니까 앞의 애랑 뒤의 애랑 같은 사람이 안 되죠. 그러니까 캐릭터들이 흔들리는 거예요. 그래서 여러분들이 영화를 보시다보면 캐릭터가 이상하게 자꾸 이랬다저랬다 또 이랬다저랬다 하는 것이 있어요. 그게 다 감독이 손을 댔고 다른 작가들이 손을 대고 이렇게 하면서 이게 다 통일성이 없어지는 경우가 그렇게 되는 경우인데 그렇게 되었을 때가 제일 슬프죠.

그런데 제가 이 이야기를 왜 하냐면 그렇게 하지 않은 유일한 영화가 〈완벽한 타인〉이에요. 〈바람바람바람〉 같은 경우에는 그것을 다 겪었어요. 〈완벽한 타인〉은 처음에 "이거 한 번 같이 만들어볼까?" 해서 원작 영화를 딱 봤는데 처음에 저는 별로였어요. 왜냐하면 이탈리아 영화잖아요. 정말 이탈리아 영화 속에서 사람들 일곱 명이 앉아서 이야기를 하는데 정말 지루한 말들이 한 시간부터 계속 이어져요. 캐릭터들이 다 똑같아요, 제가 보기에는. 여자하고 남자하고 밖에 차이가 없는 거 같아요. 그래서 너무 너무 지루하고 별로 웃긴 것도 모르겠고 하면서 보고 나중에는 끝났는데

'뭐야 다들 아무렇지 않게 집에 간 거야?' 하면서 '뭐야 이게 쟤네들은 외국인이라서 저렇게 자유롭나 보네, 참 이해심도 많네.' 이러면서 봤어요, 진짜. 이해를 전혀 못한 거예요. 왜냐하면 앞부분에서 흥미를 끄는 게 없으니까 제가 하나도 와 닿는 게 없었어요. 그러다가 감독님이 한 번만 더 봐달라고 제발, 그래서 한 번을 다시 봤어요. 그때 봤어요, 반전을. "어 뭐야? 뒤에가 지금 안 일어난 거야?" 하면서 그때 제가 "대박!" 그때 너무 쓰고 싶더라고요. "저 이거 쓸래요!" 해서 바로 가서 한달 동안 수정을 했어요. 한국화를 시키려고 애를 쓰면서 그때 제가 제일 신경 쓴 것이 캐릭터였어요. 그 캐릭터 없는 일곱 명에게 캐릭터를 하나 씩 다 주려고, 혹시라도 제 인터뷰 기사를 보셨으면 아시겠지만 남자들은 혈액형으로 나눴어요. 남자 네 명이 나오기에 정말 혈액형으로 나눴어요, 그래야지 확실하게 구분이 될 것 같아서요. 혈액형으로 나눈다는 게 우리가 보편적으로 생각하는 혈액형 특징으로 네 명을 딱 나눠놓고, 또 여자들은 여자가 여자 만드는 것은 뭐 우리 주변에 있는 친구들을 갖다 쓰면 되는 거니까 얼마든지 할 수 있죠. 남자가 어려웠죠, 저 같은 경우에는. 그래서 그런 식으로 캐릭터를 탁 만들어 놓고 특히 유해진 씨의 '태수' 같은 캐릭터는 저희 아빠 캐릭터예요. 저희 아빠를 많이 닮았어요. 저희 아빠 입에 붙어있는 말이 "화장 너무 진해."와 "바지가 너무 꼭 껴"예요. "너 바지 너무 꼭 끼는 거 아니니?" (일동 웃음) 이 말은 저희 아버지가 맨날 하시는 말씀이세요. 그리고 "화장 너무 진해."는 엄마가 매일 듣는 말이었어요. 이런 걸 너무 싫어하시는 아빠예요. 그래서 저는 매니큐어도 못 칠해요. 매니큐어 칠하면 손가락 다 잘라버린다고 하셨어요. 되게 무서웠어요. 보수적인 것이 말도 못 하고. 그래서 저는 귀걸이는 했지만 귀는 안 뚫었어요. 왜냐하면 귀를 뚫으면 저를 뚫어버린다고 하셨어요. (일동 웃음) 그래서 아빠한테 갈 때는 항상 흰 티에 꽉 끼지 않는 청바지를 입고 정말 단정하게 머리를 묶고 화장을 아무 것도 하지 않고 그렇게 가요, 지금도요. 왜냐하면 아빠는 그래야 행복해 하시거든요. 그럼 저를 붙들고 동네를 돌아다니시면서 자랑을 해요. "이게 우리 딸인데요, 보세요! 매니큐어도 칠하지 않았어요." (일동 웃음) 정말 이러세요. 이렇게 무서우신데 그런 아빠를 태수한테 갖다 놓으니 저는 태수만으로도 영화를 만들라면 만들겠더라고요. 영화에 나오는 것은 별로 없었지만 더 많았어요, 태수가 보수적으로 구는 것이. 이런 식으로 쓰니까 하나도 어렵지 않았어요. 너무 신나고 재밌고 즐겁고. 조진웅 씨 같은 경우에는 딱 저희 남편 캐릭터. 그런 식으로 갖다 놓고. (웃음) 그렇게 캐릭터를 만들어 놓고 쓰다 보니 영화가 어찌됐던 살아 있는 사람들이 공감할 수 있는 얘기, 왜냐하면 주변에 있는 사람들 얘기다 보니까 어찌됐든 한 명은 있잖아요? A형, B형, AB형, O형, 여러분 중에. 그런 것도 있고 또 여자들은 여자들만의 그 캐릭터들이 있잖아요. '수현'이 같은 경우는 모든 여자들을 조합해놓은 모습이라고 생각해요. 그리고 저는 수현이가 현재의 모든 여성들을 조합해놓은 캐릭터라면 '세경'이 같은 여자애는 여자들이 나아갈 미래의 모습같이 그려보고 싶었어요. 어떠한 슬픔이 있더라도 당당하게 그 자리를 박차고 튀어나가 그 노래 「I Will Survive」를 부를 수 있는 그런 여자의 모습이 되어야 되지 않느냐, 뭐 이런 식으로 한 번 써보고 싶었고. '예진'이 같은 경우는 사실은 그것은 캐릭터가 아니에요. 예진이는 사람이라기보다는 이 이야기를 시작하는, 이 이야기를 그냥 던져 놓는 소재구요. 이 이야기에서 말하고자 하는 주제를 그냥 표현하는 사람인 거예요. 정말 완벽해 보이고 아무런 이상도 없어 보일 것 같은 정말 괜찮아 보이는 한 여자의 안에 그 지저분한 욕망들과…. 그 게임을 처음에 시작하자고 했었다는 자체가 그 여자는 제일 악이잖아요, 제일 나쁘잖아요. 왜 하자고 한 것 같아요? 궁금해요, 아시는지. (이서진 확인하려고.) 네, 맞아요! 그 여자는 절대 들킬 일이 없었잖아요. 이서진이 옆에 있으니까. 그랬는데 이서진의 핸드폰이 너무 보고 싶은 거죠. 부인이면 가서 몰래 보면 되는데 못 보잖아요. 그러니까 이 사람 것을 확인하고 싶어서 이 판을 벌인 거예요. 정말 나쁜 사람인 거죠. 그래서 저는 그 사람은 캐릭터로 보면 안 되고, 이 이야기의 안타고니스트고 적대자고 그냥 딱 그 상황이라고 생각하시면 돼요.

이렇게 이야기를 한 번 꾸몄는데 굉장히 좋은 평가를 받았어요, 〈완벽한 타인〉이. 많은 분들이 너무너무 좋아해주시고. 저는 그럼에도 불구하고 그냥 '영화가 잘 돼서 정말 다행이다.' 이렇게 생각하고 있었는데 이게 웬걸? 갑자기 인터뷰랑 이런 것이 쇄도를 하는 거예요, 저한테. 제가 "왜요? 왜 저한테 이러시죠?" 막 이랬더니, 영화 안에 들어 있었던 대사들 그리고 원작에서 없었던 것들을 한국화 잘 시킨 것에 대한, 그런 것들에 대해서 엄청 많이 칭찬을 해주시더라고요. 저는 제가 그렇게 잘한 것인지 몰랐었거든요. 그런데 〈완벽한 타인〉이 처음 영화로 나왔을 때 제가 제일 슬펐던 일이 뭔지 아세요? 기사가 나오는데요, 제가 나오더라고요. 작가 배세영이 나오는 거예요, 기사 안에. 원래는 안 써주잖아요. 그런데 써줬어요. 너무 좋았어요, 정말 감사했고 〈미나문방구〉의 표절시비가 내려가기 시작한 거예요. (일동 웃음) 너무 좋았어요. 정말 많이 감사하고 "하나님이 도와주셨어요." 하고 감사하고…. 근데 문제가 뭐였냐면 저에 대한 수식어가 뭐였는지 아세요? 〈SNL KOREA〉 작가, 그게 제 수식어였어요. 제가 〈SNL KOREA〉를 했어요. '여의도 텔레토비'를 제가 만들었는데, 그러다 보니까 저는 '여의도 텔레토비로 풍자를 한 배세영 작가' 이렇게 나오는 거예요. 저는 14년 동안 영화 시나리오만 쓰면서 영화를 이렇게 많이 만들었는데 저는 아무 것도 제 앞에 없고 전작들 이런 것이 아무것도 없고 그냥 저는 〈SNL KOREA〉 작가로 소개가 되어 있는 거예요. 그게 너무 슬펐어요, 진짜. '정말 허무하다, 진짜.' 이렇게 생각을 하면서…. 그렇지만 이제 〈완벽한 타인〉이 잘 돼서 아마 앞으로는 〈완벽한 타인〉 작가 이런 식으로 되겠죠. 그런데 저는 그래도 꿈이 있는 게 또 어찌 되었든 〈완벽한 타인〉도 원작이 있던 거잖아요, 어찌되었던. 그러다보니까 한국화를 잘 시켰던 어찌됐던, 아 저 며칠 전에 올레TV에서 선정한 '올해의 영화인 상'을 받았어요. 시나리오 작가로 처음 받는 거예요. 그런데 그 상조차도 받는데 민망해 죽겠는 거예요. '이게 맞는 거야? 내가 받아도 되는 상인가?' 모르겠어요, 솔직히. 되게 떳떳하지 않은 느낌이 조금 있어요. 그래서 이렇게 되었으니 '오케이 이번 다음에는 진짜 내가 오리지널로 해서 이렇게 인정받을 수 있는 시나리오를 써야지.' 또 꿈이 하나 생긴 거예요. 그래서 그때 되면 사람들이 "뭐라고? 〈완벽한 타인〉 했었던 작가가 만든 작품이니까 당연히 재밌겠지?" 하면서 볼 수 있게 만드는 게 꿈인데 슬픈 거는 이제 그런 영화를 쓸 때까지, 그 전에 제가 미리 써 놓은 것들이 아직 대기하고 있는 것들이 몇 개가 있어요. 제가 지난 3년 동안 시나리오를 15편을 썼어요. 그리고 그 15편이 다 지금 계약이 되어 만들어지고 있어요. 그런데 그렇게 시나리오를 쓴 작품들이 더 먼저 나올 것 아니에요? 그거는 〈완벽한 타인〉 전이잖아요, 제가 이런 꿈을 꾸기 전에. 그래서 이게 어떠한 평가를 받을지 되게 무서워요, 솔직히. "아 그게 아니거든요! 그건 제가 쓴 게 아니에요!" (일동 웃음) 그러고 싶지만 이미 개봉이, 바로 나올 것이 〈극한 직업〉이에요. 〈극한 직업〉 같은 경우도 되게 재미있는 영화지만 어찌되었던 간에 〈완벽한 타인〉 훨씬 이전에 써 놓은 작품이고 그래서 조금 걱정스러운 면이 없지 않아 있는 그런 작품이기도 해요.

아무튼 결론적으로 얘기를 하자면 여러분들이 어떤 면에서 매력을 느껴서 시나리오를 쓰려고 하시는지 잘 모르겠지만, 저는 사실 시나리오 작가라는 게 정말 어려운 직업이라는 것을 알거든요. 첫 번째는 체력이 없으면 절대 못 해요. 본인 스스로 '난 좀 체력이 약한 것 같아.' 이러신 분들은 안 하시는 게 좋아요. 정말 뇌졸중 같은 거 걸릴 수도 있어요. 엄청 스트레스도 많이 받고 충격도 많이 받고 그리고 항상 일해야 되잖아요. 그래서 저는 항상 공황장애 약을 달고 살아요. 매일 약 없이는 하루도 살 수가 없어요. 그리고 수면제도 달고 살아요. 왜냐하면 잠을 못 자요. 잠을 자면 잠이 와야 되는데 계속 '아니야 거기서 걔랑 걔를 만나게 해야겠어.' (일동 웃음) '걔랑 걔가 만나는 게 맞아.' 이 생각 때문에 잠을 못 자요. 눈만 감아도 그 생각 밖에 안 나고, 제 방에 노트북이 어디 있냐면 제 머리맡에 있어요. 저는 잠 들 때까지 쓰고 눈 뜨면 써요. 일어나서 제일 먼저 하는 일이 노트북을 열고 탁 켜는 거예요. 그리고 하루에 3~4시간 밖에 안 자요. 왜냐하면 그렇게 써야지 되는 거예요. 그렇게 써야지 14년 후에 이렇게 한 편이 터질까 말까 한 것이 영화인 거예요. 근데 그것을, 정말 어떤 분들은 너무 쉽게 생각하시는 분들이 많더라고요. "영화 뭐 하다보면 되겠지, 근데 내 것은 왜 안 되지? 내 것은 왜 안 좋아해? 내 거 재미없어?" 이건 정말 오만한 생각이에요. 얼마나 피를 토하고 그 동안 썼는지 정말 말도 못해요. 저는 아이도 있는데, 예를 들어서 제가 이걸 이번 주까지 끝내야 되는데 가끔씩 아이가 아파요. 아프겠죠, 아이니까. 독감에 걸린다거나 수족구에 걸린다거나 유치원에 못 간다거나 그렇잖아요. 그러면 사람이 "뭐라고? 애가 독감에 걸렸어? 어떡해! 열이 언제 떨어질까." 이걸 걱정해야 되는데 그게 아니라 "어떡하지? 20씬 빨리 써야 되는데 어떡하지 하…" 이렇게 돼요, 사람 마음이. 그래놓고 또 되게 울어요. '네가 사람이야? 지금 애기가 아프다는데.' 그런데 애가 빨리 열이 안 내리는 게 되게 원망스러워요. 뭔가 이런 두 개의 감정을 가지고 엄청 힘들게 싸우면서 살거든요. 그러니까 일할 때는 일하는 스트레스 받고 일하면서도 또 집에 대한 스트레스를 받고 그랬어요. 그래서 예전에 학생들 가르칠 때는요, "제발 너희들 결혼하지 마. 시나리오 쓸 거면 시나리오만 써." 이런 얘기 진짜 많이 했어요. "아니면 그렇지 않을 거면 빨리 낳아, 지금 당장." (일동 웃음) "빨리 낳아서 조금 키워놓고 써." 그렇게 얘기를 하거나 또 "너희들 결혼할거면 부인이나 배우자가 정기적으로 돈을 꼬박꼬박 받는 공무원하고 결혼 해." 이런 얘기도 엄청 많이 했어요. 왜냐하면 돈이 어떨 때는 들어오고 어떨 때는 안 들어와요, 그렇잖아요? 그렇기 때문에 돈이 또 들어와도 이미 그 전에 "좀 있으면 작품비 들어올 거야." 이러면서 썼던 이만큼이 쑥 나가면 또 없는 거예요. 그러면 또 돈이 없고 이런 식으로 엄청 힘들게 생활 했었어요, 맨 처음에는. 앞부분의 몇 편 영화를 쓸 때는 항상 경제적으로 어려움에 시달리고…. 그래서 남편이 꼬박꼬박 월급을 받는 사람이라는 것이 그렇게 감사하더라고요. 그래서 너무 고마웠고 또 글 쓰는데 환경도 엄청 중요한 게, 저처럼 글 쓰는 것을 응원해 주고 또 제가 글을 쓰러 나가야 되면 애도 봐주고 이러는 분들이 계시니까 여기까지 온 것 같아요. 그런데 '그런 환경이 될지 안 될지 나는 모르겠어.' 이런 분들 있잖아요? 이런 분들은 좀 더 신중하게 생각을 하셔야 해요. '어떻게 하다보면 되겠지.' 이렇게 생각하시면 안 돼요. 이것도 굉장히 계획을 가지고 마음을 잡으셔야 돼요. 그리고 할 거면 정말 '이것만 할 거야!' 하고 딱 결심을 하고 정말 죽도록 써야지 그래도 될까 말까인데 너무 얕잡아보고 그냥 '어떻게 해볼까 말까.' 이런 마음가짐으로는 처음부터 안 들어왔으면 좋겠어요, 이 바닥으로. 왜냐하면 엄청 힘들고 상처도 많이 받고 본인 스스로도 되게 본인에 대한 자긍심을 되게 많이 잃게 되는 그런 곳이 될 거예요. 그럼에도 불구하고 내가 가지고 있는 이야기를 누군가에게 해주고 그 얘기를 보고 누군가가 "저도 어렸을 때 이런 생각을 했었어요." "오늘은 아빠한테 전화라도 한 통 해봐야겠어요." 이렇게 편지를 보내주는 사람들이 있어요. 그럼 또 너무 좋은 거예요. '내가 누군가의 마음에 또 하나의 감동을 줬구나.' 이런 생각도 많이 하게 되고. 물론 또 그런 적도 있어요. 저희 아빠가 저한테 어느 날 오시더니, 저 영화 한참 안 될 때 "세영아 너 그런 영화 말고 좀 이런 영화 좀 써봐. 얼마 전에 영화를 하나 봤는데 너무 좋더라. 너도 이런 영화 좀 써 봐." 하는 거예요. "그게 뭔데요?" 했더니 〈라스트 갓 파더〉라고 (일동 웃음) '라스트 갓 파더?' 저는 처음에 〈대부〉 시리즈인 줄 알았어요. (일동 웃음) 그래서 "아빠 그런 것도 봐요?" 그랬는데 심형래 감독의 〈라스트 갓 파더〉인 거예요. 그래서 아빠한테 "예? 이게 재밌으셨다고요?" 이랬더니 너무 재밌어서 아빠 친구들하고 다 같이 가서 보고 너무 즐겁게 웃고 같이 맥주 한잔씩을 하고 왔대요, 집에. 저 그때 되게 충격 받았었어요. 그게 '어떻게 저런 작품을 쓰라고 해?' 이게 아니었어요. 저는 그때 무슨 생각을 했냐면 '내가 무슨 생각을 한 거야? 영화에 대해서?' 이 생각을 했어요. 왜 나는 영화를 항상 뭔가 멋있어야 되고 지적인 사람들만 볼 거라고 생각을 하고 블로그에 평론하는 이 친구들의 눈치를 봐야 하고 그랬는데 그냥 저렇게 영화를 어느 순간의 기쁨으로 보고 주변 사람들 하고 같이 보면서 이 시간을 정말 좋아하고…. 킬링타임용 영화라는 말처럼 좋은 말이 없는 것 같아요. 정말 이 시간이 어떻게 가는지 모르게 영화를 보고 한다는 거는 '정말 와 이런 것도 있구나. 영화는 맞아 이런 거구나. 내가 문학을 하려고 하면 안 되는 거구나. 예술 하려고 하면 안 되는 거네. 그러면은 영화의 대사 한마디도 멋 부리고 쓰면 안 되겠네. 사람들이 다 보고 다 즐거워하고 시골의 촌부들도 보면 와하하 웃을 수 있는 이런 얘기를 써야하는 게 맞구나.' 그때 저 처음 알았어요. 그래서 그때부터는 정말 영화 한 편을 쓰더라도 멋 안 부리려고 되게 애쓰고 공감가는 얘기 쓰려고 굉장히 애쓰고 앞으로도 쓸 이야기들도 다 공감할 수 있는, 아마 10대 20대들은 안 좋아할 영화일 거예요, 제 영화가 앞으로도. 근데 30~50대들이 봤을 때 "아 공감 가! 재밌어! 나도 저런 생각 해봤는데." 이럴 수 있는 영화를 쓰려고 지금도 생각을 하고 앞으로도 계속 그러려고 노력을 하고 있어요.

오늘 제가 이렇게 얘기를, 사실은 제가 참 재밌게 잘 하는 애예요. (일동 웃음) 말도 되게 재밌게 잘하고 성격도 되게 좋고요. (일동 웃음) 근데 오늘은 이상해요. 분위기가 뭐라고 해야 되지? 뭔가 되게 긴장되는 눈빛들을 저한테 보내주시고 있는데 이게 뭔지 모르겠어요. 그러니까 다들 시나리오에 대해 너무 관심이 많고 하셔서 저에게 '제발 뭔가를 더 주세요.' 하는 눈빛인지 아니면 '너무 지루해 죽겠는데 언제 끝나요?' 이런 눈빛인지는 저도 잘 모르겠는데 아무튼 지금까지 제가 해드릴 수 있는 얘기는 이런 정도인데 혹시라도 여러분들이 저한테 질문을 하고 싶은 것이 있으실까요? 그런 것이 있으면 저도 한 번 듣고 싶어요. 왜냐하면 시나리오 작가가 되고 싶어 하시는 분들이 정말 궁금해 하는 것을 듣고 대답해드리고 싶어서요.

Q. 좀 곤란한 질문일 수도 있는데, 여기 계신 분들 모두 작가 생활을 꿈꾸는 분들이니까 여쭤보는 건데요. 첫 작품을 쓰셨을 때, 작가 생활을 본격적으로 하셨을 때 이미 기혼 상태셨나요?

네, 맞아요. 그때가 결혼해서 아이는 없었을 때였어요. 제 나이가 서른 살이었네요. 서른 살에 처음 영화를 시작했어요. 왜요? 그게 왜 궁금해요?

(답변은 되었는데요. 조금 전에 말씀 하신 게 "다른 일이랑 병행한다는 것은 굉장히 말도 안 되는 소리고 이것에만 전념을 해야 한다."고 말씀을 하셨는데 그 뜻을 다 이해는 하지만 현실적으로 경제적인 문제도 있고 해서 저희 입장에서는 그런 고민이 좀 많이 되기도 하고 해서.)

제일 좋은 것은 내가 어떤 개인적인 직업을 가지고 있고 그것을 하면서 시나리오까지 쓸 수 있는 능력을 가진 사람은 정말 훌륭하고 멋지고 최고인 거죠. 저는 제가 그러지 못해서 아마 그렇게 말씀을 드린 걸 수도 있지만, 제가 드리고 싶은 말씀은 내가 능력이 있고 시나리오를 써도 되고 병행을 해도 되고 이런 문제가 아닌 것 같아요. 이 직업을 대하는 마음을 이야기하고 싶어서 그랬던 거예요. 그러니까 너무 포기를 빨리 하시는 분들이 많아서 하는 얘기예요. 조금 시도해보다가 "아휴 내가 뭘 해. 안 돼." 하고 쉽게 포기를 한단 말이에요. 그게 너무 안타까워서 하는 말이에요. 그렇게 할 거면 하지 마시라는 거예요. 왜냐하면 이 길은 굉장히 험난한 길이기 때문에, 그렇지만 "언제가 되도 이걸 해낼 거야."라는 마음을 가지고 있으면 언제든 당연히 이룰 수 있는 일이고 그런 마음가짐이라면 일을 병행을 하고 있든 뭘 하든 그건 상관없을 것 같아요.

Q. 시놉시스에서 너무 다 드러내지 말라고 하셨는데 그럼에도 불구하고 줄거리나 이런 걸 쓰기는 써야 되는 거잖아요?

그럼요! 줄거리는 어느 정도는 써야죠. 이게 무슨 이야기인지 아예 모르게, 예를 들어서 아까 제가 예를 들었지만 '중학생들이 좋아할 이야기입니다.'만 써놓으면 안되죠, 그죠? 이게 대충은 어떤 이야기인지를 써야 되는데 예를 들어서 여러분들이 네이버에 들어가면 영화 줄거리가 나오잖아요? 그 정도의 줄거리는 당연히 쓰셔야 돼요, 그죠? 그 정도의 줄거리는 나와 있지만 거기에 이야기가 다 나와 있지는 않죠.

(그러면 작가님이 쓰신 작품 중에 〈적과의 동침〉처럼 마지막에 반전이 있는 이야기들도 있잖아요. 그럼 그런 경우에는?)

그러면은 저는 그 반전을 쓰지 않았어요. '이렇게 방공호를 파라고 시킨다. 서로의 마을에 방공호를 유치하려고 애를 쓰는데⋯' 이런 식으로 이야기가 끝나죠. '과연 어느 마을에 방공호를 유치하게 될까? 하지만 그 뒤에는 어마어마한 (일동 웃음) 음모와 반전이 도사리고 있는데.' 이렇게 끝을 내겠죠? 만약에 쓴다면.

Q. 저희가 두 가지 길이 있잖아요. 공모전에서 뽑히는 경우와 인맥을 통해서. 그런 두 가지 길이 있는데 소재를 지키는, 그러니까 뺏기지 않는 방법이 혹시 있을까요?

이거는 영화인들조차도 너무 힘든 일이에요. 소재를 뺏기지 않는다는 거는. 영화인들 중에서도 지금도 계속 같은 소재로 만들어지고 서로 싸우고 있는 데도 엄청 많아요. 그런 데도 많고…. 누가 먼저 하느냐가 사실은 관건인데 그거는 사실은 영화가 동시에 같은 영화가 개봉되기도 해요. 그런데 공모전 같은 경우나 인터넷 시나리오 마켓 비슷한 어디에 올리는 것 있잖아요? 그런 방법이 조금 제일 위험한 방법인 것 같기는 해요. 작품이 당선되고 이런 루트가 아니라 아이템이 뺏길 수도 있는 곳이라는 거예요. 그래서 그런 것은 조금 많이 조심을 하셔야 돼서 공모전이나 이런 것보다는 어떻게 해서든 제작사 쪽에 넣을 수 있는 방법을 선택 하셔라 하고 싶은데, 솔직히 말하면 여러분들은 지금 여기 영상작가전문교육원을 다니고 계시잖아요? 물론 안 다니는 분들도 계시겠지만. 저는 이런 데가 있는 줄도 몰랐었어요, 제가 처음 시나리오 썼을 때는. 여러분들은 되게 좋은 데 다니고 계신 거예요. 여기서 얼마든지 아까 대표님도 그렇고 이런 분들을 통하면 영화 쪽으로 들어갈 수 있는 방법이 너무 많고 또 이 저작 관련된 상황도 다 지켜주실 거고. 그래서 저는 여러분들이 되게 행운이라고 생각하거든요. 이렇게 선택을 해서 여기에 앉아 계신다는 자체가.

Q. 작가님 필모그래피를 보니까 각색으로만 참여한 작품들이 몇 개 있던데요. 요즘에는 각색이나 윤색으로 데뷔하는 경우도 꽤 있던데 각색 과정이 조금 궁금하고 또 시나리오 작가에서 드라마 작가로 넘어가는 경우가 많이 있으시던데

<u>혹시 드라마 작가의 유혹 같은 건 없으셨는지?</u>

유혹이 제가 엄청 많아요. 지금이 제일 많을 때인데. 먼저 물어보신 것에 대답을 하자면 저는 각색이라는 용어 자체가 좀 헷갈려요. 뭐냐면 제가 〈완벽한 타인〉을 쓴 것이 각색인가요? 아니에요. 이쪽 업계에서는 다들 각본이라고 해요. 시나리오가 없었던 것을 시나리오로 만든 것은 무조건 각본이에요. 드라마였는데 그것을 시나리오로 만들었으면 그것은 각본이 되는 거예요. 책도 마찬가지고요. 그렇게 해서 쓰는 각본, 각색과 지금 말씀하시는 각색은 어떤 각색? 그러니까 책이 있는 원고가 아니라 원래 시나리오가 있는데 그것을 바꾸는 것이 각색이잖아요?

《〈미스고〉나 〈된장〉 같은 영화.》

〈미스고〉나 〈된장〉 같은 작품은 뭐였냐면 사실 제가 쓴 작품이 아니죠. 여러분들도 보시면 아시겠지만 제가 쓴 작품들은 다 휴먼코미디잖아요. 그런 것을 좋아하고 잘 써요. 근데 〈미스고〉는 완전 액션 영화였고요. 그리고 〈된장〉 같은 경우도 미스터리 스릴러? 그런 종류의 이야기였는데 그런 종류를 제가 각색할 수 있었던 것은 그들한테, 그 큰 영화 안에서 휴먼이 필요한 거예요. 다 액션만 있는 것이 아니라 남자와 여자가 좋아해야 하는데 이 둘이 좋아하는 것이 조금 어색해, 그러면 저는 그 부분만 고치면 되는 거예요. 각색은 그런 식으로 해서 〈된장〉에서도 그들의 이야기를 조금 만들어 준 것이고 액션이나 이런 것에는 전 절대 손을 못 대요. 그런 식으로 이야기를 각색을 하게 되었고요. 저는 근데 여러분들이 읽는 책 있잖아요? 웹툰이나 등등 "이거 너무 재미있어. 이걸 한 번 영화 시나리오화 하고 싶어." 해서 어떤 완벽하게 만들어진 구조를 가지고 여러분들이 영화 시나리오화 시키는, 그것은 각본이잖아요? 그렇게 하는 것을 저는 정말 추천해드리고 싶어요. 왜냐하면 처음에는 구성 잡기가 너무 힘들고 아이템 잡기가 너무 힘들 때는 차라리 그렇게 시작을 하는 게 제일 좋고요. 저도 처음에 〈사랑방 선수와 어머니〉로 그렇게 한 것처럼. 그렇게 하는 게 좋다고 생각은 드는데 그게 아니라 그냥 왜 누군가가 "이걸 영화로 만들어 보고 싶은데 한 번 고쳐볼래?" 이런 것은 처음에 하시는 분은 안 했으면 좋겠어요. 그렇게 시작을 하면은 여러분들도 이 전체 영화에 대해서 구성이든 뭐든 공부를 할 기회도 별로 없고요. 그리고 굉장히 고된 일만 하다가 그 조차도 이름이 빠져버리면서 크레딧도 못 얻고 끝나버리는 경우가 태반이에요. 그래서 저는 처음에는 여러분이 자신의 아이템을 가지고 썼으면 좋겠어요, 뭔가 찾아내가지고. 그리고 드라마 작가는 솔직히 제가 말씀드리면 여러분이 돌을 던지실까요? 솔직히 저한테 하반기 드라마 작가 제안이 들어와서 하반기에 드라마를 한 편 쓰게 될 것 같거든요. 저도 드라마 작가 제의는 작가로서는 거부할 수 없는 게, 뭔 거 같으세요? 돈일까요? 저는 왜 드라마 작가를 하고 싶었냐면 너무 억울해서. 한 번도 내가 쓴 대로 이야기가 영화로 나온 적이 없다보니… 예를 들면 아까 말씀드린 〈우리는 형제입니다〉같은 경우는 저는 장례식장을 생각하고 쓴 영화인데 보면 장례식장은 안 나오고 엄마가 살아나요. (일동 웃음) 그리고 영화가 끝난단 말이에요. 뒤에 부분이 거의 30프로가 없어졌어요. 이야기가 뚝 끊어져서 끝났어요, 춤추면서. 보고 '뭐지? 나는 장례식장을 가지고 썼는데 왜 없어졌지?' 갑자기 주제가 다 흔들려 버리는 거예요. '이 이야기를 왜 한 거지 그러면? 그렇다면 그 둘의 형제애가 잘 드러났다고? 그것도 아니야. 대체 뭘까?' 이런 식으로. 그러니까 영화 쪽에서는 종교 얘기 하는 거 되게 불안하게 생각해요. 괜히 잘못 건드렸다가 욕먹으면 어떡해? 해서 그런 얘기를 자꾸 어떻게든 피해가려고 해요. 그런데 주인공이 목사님과 박수무당인데 그걸 어떻게 피해갈 수 있냐고요? 그럼 하지 말아야죠, 그 영화를. 그런데 그걸 하기로 결심을 했으면 그 안에서 드러나는, 종교는 다르지만 그들에게 있는 형제애를 잘 끌어내서 만들어줘야 되는 거죠. 그런데 어떻게 하면 이걸 피해 가지고 어떻게든 영화로 만든다는 생각을 하는 거예요. 그러니까 영화가 주제도 없고 아무 것도 없는 영화가 돼 버리는 거예요. 그러니까 '이럴 거면 차라리 드라마를 하는 게 낫겠어.' 왜냐하면 드라마는 적어도 내 글에 연출이 손을 댈 수는 없으니까. 내가 못써서 시청자들이 돌을 던져서 "내가 너무 못 썼구나, 그랬구나." 하면서 내가 날 자책하고 말지 '나는 너무 잘 썼는데 니들이 다 망친거야!' 하면서 남들을 계속 원망하면서 사는 게 맞나? 라는 생각이 솔직히 들었어요. 그래서 드라마를 한 번 해보고 싶다는 생각은 했어요. 왜냐하면 드라마로 풀 수 있는 이야기가 있잖아요? 제가 영화 한 편으로, 이 시간으로는 풀 수 없는 몇 개 아이템이 있어요. 그래서 그것을 가지고 요번에 '드라마도 한 번 써볼까?' 생각했는데 하지만 영화를 그만두는 것은 아니에요. 영화는 계속할 거예요, 이 드라마 하면서도. 사실은 지금 여기 대표님께서 너무 달콤한 제안을 해주셨어요. '여기 와서 강의를 한 번 해보는 게 어때? 그러면은 여기서 시나리오 하고 싶어 하는 친구들도 있으니까 한 번 봐가지고 글 잘 쓰는 친구 있으면 같이 데리고 가서 보조 작가도 해주고 또 가르쳐 주기도 하고 인맥으로 넣어주기도 하고.' 여러분 깜짝 놀랄 소식을 하나 알려드릴까요? 시나리오 작가가 너무 없어서 난리래요. 여러분들은 이해가 안 되시겠지만 작가가 너무 없어요. 저희는 지금 작가가 품귀예요, 품귀. 그래서 작가를 구하려고 다들 난리예요, 난리. 그런데 또 시나리오 작가를 하고 싶어 하는 사람들은 못 들어와요. 얘들은 시나리오 작가가 없어서 난리고. 이게 매칭이 안 되거든요. 그렇기 때문에 그런 역할을 중간에서 제가 할 수 있지 않을까. 저는 예전에 동국대나 동덕여대 다니는 학생들 중에 그렇게 많이 올려놨거든요, 작가로. 그러니까 그런 식으로 하면 어떨까하고 말씀하시는데 되게 그 말이 괜찮더라고요. 그런데 모르겠어요. 드라마 하면서 시간이 될지 어떨지 모르겠어서. 아무튼 그런 생각이 너무 좋긴 하더라고요.

Q. 말씀 나와서 하는 말인데요. 저는 작가 지망생이나 작가는 아닌데 영화 관련 분야에서 일하는데, 조금 아까 말씀하신 것처럼 작가가 굉장히 필요해서 작가님께도 연락을 드린 적이 있는데… 정말 아쉽고 목마른 것이 뭐냐면 작가를 구하는 입장에서는, 제가 부탁드리고 싶은 것이, 작가님과 같이 활동하시는 분들은 어떤 힘 같은 것이 생기신 거잖아요. 그런데 지망생 분들이나 아직 많은 작품을 하지 않은 분들에게 부탁드리고 싶은 것이 뭐냐면, 작가협회라든가 이런 곳에 다들 가입을 하셔서서 만약 가입하시는 것이 어렵다고 하시면 다른 쉬운 방법으로, 찾는 사람이 쉽게 접근할 수 있으면 좋겠어요. 그리고 저는 작가 분들이 권리를 좀 찾으셨으면 좋겠어요. 원고료도 좀 당당하게 요구하시고 그리고 크레딧도 정말 중요하잖아요? 근데 크레딧도 너무 안 챙기시는 것 같아요. 'KOBIS'에 들어가면 작가 명을 치면 작업한 영화가 나오지만 그 영화에 들어가면 크레딧이 정작 없어요. 너무 안타까운 거예요. 그런 것도 챙기셨으면 좋겠는데, 아무래도 작가님 정도면 힘이 있으시니까 이렇게 말씀을 드려요. 사실 영화 산업이 앞서가는 곳이 미국이잖아요? 미국에서는 정말 작가들이 자기 권리를 다 챙기고 프랑스 같은 경우도 마찬가지고. 그런데 우리나라에서는, 아까 어떤 분이 아이템 말씀하셨는데 그것도 잘 챙기는 방법을 찾으셔서 다 좀 잘 챙기셨으면 좋겠어요.

정말 좋은 말씀해주신 것 같아요. 그래서 저도 아까 다 말씀 못 드렸는데 시나리오 아이템 같은 것을 찾아서, 저는 그래도 입지가 있으니까 뭐가 생기면 얼른 제작사들한테 얘기를 하면 돼요. 제작자들한테 소문을 내요. 왜냐하면 그러면 이들이 소문을 또 내요. "걔가 그거 쓸 거래." 심지어 저는 카톡 앞에다가도 막 써놔요. 이런 식으로 저는 뭘 쓸지를 사람들한테 막 알리는데 그럴 수 없는 상황들이 있잖아요? 근데 '내가 이걸 잘 못 말했다가 뺏길 것 같아.' 이런 생각이 들면 '저작권 협회'가 있어요. 거기다가 등록을 하면, 저도 제가 드라마 하고 싶은 거 옛날에 생각났을 때 이미 올려놨어요. 하도 〈미나문방구〉 때 당해가지고. 아예 이제 뭔가 생각이 나면 저작권협회에 먼저 올려놔요. 그래서 나중에 그 이야기를 쓰든 안 쓰든 그게 문제가 되지 않게 그렇게 올려놓거든요. 이런 방법도 한 번, 정말 내가 봤을 때 이게 가치 있는 아이템이다 하면 아이템을 놓치고 싶지 않다면 그런 방법을 써보는 것도 괜찮은 것 같아요.

Q. 본인에게 잘 맞는 장르가 있으신지?

저는 기본적으로 웃긴 사람이에요. 웃긴 걸 좋아해요. 여러분들이 어떤 영화를 보면서 '난 이상하게 이런 영화가 끌려. 하지만 나는 스릴러를 써야겠어.' 하시면 안 돼요. 여러분들이 끌리는 영화가 여러분들한테 맞는 영화인 거예요. 제가 좋아하는 영화가 코미디 영화예요. 코믹을 좋아하고 휴먼을 좋아해요. 그래서 〈인생은 아름다워〉같은 영화가 저한테는 정말 최고의 영화고 너무 좋거든요. 그리고 이게 뭔가 심각한 주제지만 그 이야기를 계속 웃으면서 얘기해주고 주제를 웃으면서 던져서. 사람이 웃으면서 얘기를 해주면 좋잖아요, 뭐든 같은 말이라도. 엄마가 막 소리를 질러서 심각하게 얘기하는 것보다 엄마가 웃으면서 얘기해주면 조금 더 기분 좋잖아요. 이야기를 하는 하나의 방법인데 저는 될 수 있으면 웃으면서 하고 싶은. 웃긴 예를 들어서 얘기를 해주고 싶은? 여러분들한테 저도 '프랭크 대니얼' 이런 것 쫙 설명하면서 할 수 있어요. 그런데 그런 것보다 내 설명 속에서도 웃으면서 할 수 있는 그런 것들, 이런 것을 좋아하다보니까 계속 코믹 쪽으로 가게 되었고 또 하나로 저는 풍자하는 것을 되게 좋아해요. 남을 비꼬는 것을 되게 좋아해요. 그래서 저 예전에 학교 다닐 때는요. 제가 대자보만 쓰면요, 학장이 쓰러졌어요. 진짜로 너무 열 받아 가지고. (일동 웃음) 다른 사람들은 그냥 뭘 요구하거나 이렇게 쓰잖아요. 근데 저는 그렇게 안 쓰고 정말 약 올렸어요. '설마 그렇게 해준다면 이 사람이 사람이겠지.' 뭐 이런 식으로. 그러니까 글만 읽는데도 미쳐가지고 누구냐고 잡아오라고, 정말 이럴 정도로 싫어하고 그랬거든요. 그런 약간의, 그래서 제가 '여의도 텔레토비' 할 때 그렇게 사찰을 당하고. (일동 웃음) '여의도 텔레토비' 할 때 정말 차키를 못 돌리겠는 거예요? 차가 터질까봐. "너 조사해 갔어." 이러길래 "어떡해, 어떡해." 하면서 차타기 전에 차를 한 바퀴 다 둘러보고 깜박이는 게 보이는지, 정말 그랬어요, 너무 무서워가지고. 근데 그래도 어떡해요, 제가 좋아하는 장르이고. 그렇게 했는데 〈완벽한 타인〉같은 경우에는 조진웅 씨는 시나리오 쓰기 전부터 캐스팅 되어 있었어요. 그냥 원작을 보고 하고 싶다고 하셨대요. 조진웅 씨는 캐스팅이 되어 있었고 그리고 쓰면서 저는 계속 끊임없이 감독님하고 얘기를 많이 했는데, 감독님이 〈완벽한 타인〉은 하나도 대사를 안 고치고 하셨어요. 안 고친다고 하는 것은 뭐냐면 마음에 물론 안 드는 것이 있었을 거예요. 그런 걸 어떻게 하셨냐면, 저한테 전화를 하셔서 그걸 고쳐 달래요, 제가. 그러면 제가 " '준모'를 여기까지 썼으니까 이다음부터 써야지." 이렇게 고쳐준 거예요. 그러니까 대사가 안 흔들리는 거예요, 처음 대사랑 끝 대사. 감독님의 그런 배려는 정말 너무 감사한데 그거는 감독님이 드라마 출신이기 때문에 그런 배려가 있으셨던 거예요. 그런데 그런 결과가 결국에는 좋게 되었잖아요. 나중에 혹시 여기서 감독님 하실 분들도 계실지 모르겠지만 '작가한테 뭔가를 뺏긴다.'라는 또는 '내가 다 하고 싶어.' 하는 욕심이 과연 좋기만 한 건지 한 번 생각을 해보셔야 할 것 같아요. 영역을 나눠서 그가 잘 할 수 있는 것을 내가 얘기해서 둘이 합의를 해서 "그러면 네가 앞에 그 대사의 톤하고 맞춰서 써줘." 하는 게 훨씬 좋은 방법인데 왜 꼭 굳이 내 이름을 각색에 넣고 싶어서 내가 쓰냐고요. 그런 감독님들이 굉장히 많으시거든요. '조금만 더 고쳐서 내 이름을 각색에 넣고 싶어.' 이런 감독님. 그래서 제가 얘기했어요. "여기 이름 왜 넣으신 거예요?" "내가 조금 고쳤잖아." (일동 웃음) "감독님, 그러면 분장도 쓰고 미술도 쓰고 다 해야 되잖아요, 솔직히. 편집도 하고. 여기서 감독님이 손 안 댄 게 어디 있어요? 그렇잖아요. 그럼 다 옆에다 이름을 써야지 왜 여기만 써요?" 그러면 아무 말씀도 안 하시잖아요. 그런 거였어요, 그런 억울함이 되게 많은 게. 뭐냐면 감독님들은 이 각본을 썼다는 것, 쓸 수 있다는 것에 대한 자부심이 그런 욕심이 조금 있으세요. 그럼 싱어송라이터처럼 되게 멋있어 보이잖아요. 여기 혹시 감독님 계신 거 아니죠? (일동 웃음)

Q. 글을 쓸 때, 재능이라는 것이 있는 것인지 아니면 다독이나 이런 것들을 통해서 이뤄내는 것이 더 좋은 글을 쓸 수 있는 것인지?

저는 재능은 반드시 있어야 된다고 생각해요. 미술 잘하고 음악 잘하는 사람들처럼 어느 정도 글은 감각이 없으면 쓸 수 없다고 생각해요.

(평가는 어떻게 받나요?)

자기한테 재능이 있는지 없는지? 평가는 되게 많은 분들이 해줄 것 같은데요? (웃음) 결국에는 작가가 평가를 받는다는 것은 아까도 말씀드렸지만 그 작품이 투자를 받을 수 있느냐 없느냐 가지고 재능이 있느냐 없느냐 라고 생각할 수 있지 않을까 싶은데. 어찌되었던 재능이 있는 사람들의 글은 그 내용이 어떤 내용이든 산에 사람을 지루하지 않게 하는 글이 가장 좋은 글이라고 생각하고 재능 있게 날을 써낸다고 생각해요. 그래서 이 이야기를 읽으면서 "에이 거짓말, 거짓말." 이렇게 뭔가 들킬 것 같은 거짓말들이 있는 글들은 정말 재능이 없는 사람의 글이라 생각하거든요. 저는 중학생들한테 강의를 가서도 "너희들이 만약에 지금 엄마한테 오늘 친구들하고 PC방 갔다가 집에 갔는데 만약에 엄마가 '너 어디 갔다 왔어?' 했을 때 네들이 '엄마, 왕따는' (일동 웃음) '어디까지가 왕따예요? 아, 아니에요.' 하고 들어가. 그렇게 했을 때 엄마가 속아 넘어가면 니네는 해야 돼." 글을 쓸 수 있는 애들인 거예요. 근데 되게 뻔하게 "그게 아니고요. 친구가 되게 가고 싶다고 해서요." 뭐 이렇게 하면 글을 쓰는 재능이 없는 거예요. 마지막에 다 들통이 나잖아요. 어떻게든 이런 식으로 이야기를 창조해 낼 수 있는 사람들은, 그러니까 거짓말 잘 하는 사람들이 글을 잘 써요.(일동 웃음) 평상시에 아주 능숙하게 뭔가 딱 걸렸을 때 능숙하게 싸악 빠져나가는 그런 재치와 순발력과⋯. 이런 사람들이 보면 잘 하더라고요. 물론 그렇다고 거짓말 잘 하는 걸로 재능을 보라는 것은 아닌데. (웃음) 어찌되었건 재능이야 여러 곳에서 많이 봐주겠지만 제가 제일 중요하게 생각하는 재능이라는 것은 글을 지루하지 않게 쓰는 것, 내가 처음부터 끝까지 이야기를 계속 보고 싶게끔 뒤로 끌고 나갈 수 있는 사람이냐 아니냐에 재능이 달려있는 것 같아요, 시나리오 작가는.

Q. 캐릭터를 주변에 있는 사람들로 많이 쓰신다고 하셨는데 주변에 그런 캐릭터가 다 있는 것이 아니잖아요? 그럴 때 캐릭터에 생명력을 불어 넣기 위해 어떤 방법을 쓰셔서 창작을 해내시는지 궁금합니다.

그렇죠. 모든 캐릭터가 다 있지 않죠. 그래서 그런 캐릭터들을 만들기 위해서 제일 먼저 하는 일이 영화를 많이 봐야겠죠, 일단. 캐릭터들이 많이 나오는 것들을 많이 봐야 되잖아요? 저는 저희 아들한테 짱구 많이 보라고 해요, 짱구. "짱구를 보라고요 엄마?" 이러는데 그 안에 나와 있는 캐릭터들이 얼마나 다양해요? 그런 캐릭터들을 많이 보고 뭔가를 계속 새로운 캐릭터를 만들기 위해 애를 써야 된다고 생각해요. 더 이상 욕하는 형사는 재미없는 캐릭터예요. 이미 설경구가 다 했어요. 뺨 때리는 여친도 전지현이 다 했어요. 그런 캐릭터는 끝났어요. 더 이상 쓰면 안 되고 새로운 캐릭터를 만들어야 되잖아요, 그죠? 그래서 캐릭터를 만들 때 저는 그런 생각을 되게 많이 하는데, 정말 못 하겠거든 캐릭터를 못 잡겠거든 "얘는 어떻게 해도 캐릭터를 못하겠어요." 하면 사투리라도 쓰게 해요, 걔를. 하다못해 사투리라도 한마디 쓰게 해요. 아니면 차라리 대사를 주지 마. 계속 "음" "헐" (일동 웃음) 한 마디만 계속하는 거예요, 처음부터 끝까지. 차라리 그러면 캐릭터가 돼요. 그렇지 않아요? 며칠 전에, 제가 지금 당장 쓰고 있는 시나리오가 있는데 새로 들어가는 건데 거기서 꼬마 애들 둘이 나와야 되는데 이 꼬마 애들 둘은 원작에서도 별로 캐릭터가 있는 애들이 아닌 거예요. 그래서 남자애는 처음부터 끝까지 로봇 말투로 말하게 했어요. 로봇 하나를 손에 들고 계속 엄마가 무슨 말을 하면 "신난다, 신난다." 이런 식으로. 그냥 처음부터 끝까지 걔는 그렇게만 할 거예요. 그렇게 하면은 걔는 그게 캐릭터가 되는 거예요. 정말 못 잡을 때는 그런 식으로 어떤 독특한 방법 있잖아요? 그런 것들을 생각을 하셔야 될 것 같아요. 그 동안 보지 않았던 것들…. 제일 많이 쓰는 게 사투리이기는 해요, 사실은. 근데 여러분들이 또 시나리오를 쓰실 때 "전 사투리를 잘 모르는데… 이게 전라도에서 일어난 일인데요." 하면서 되게 고심하는 분들이 많더라고요, 신기하게. 근데 그거는 또 아니에요. 여러분들이 아무리 잘 써놔도 그거 다 감수 받아서 다시 쓰는 거 아시죠? 다 다시 써요. 그리고 다른 예로 의사가요 엄마가 아픈데 이 엄마의 병을 설명하는데 세상에 의학 드라마처럼 정말 알아든지도 못하게끔 글 쓰는 사람은 또 이걸 한다고 네이버를 하루 종일 찾아보고 있어요. 그런데 그러지 마세요. 거기에다 시간을 뺏기지 말고 이야기 스토리를 재밌게 만드는 데 시간을 쓰고, 그런 것들은 얼마든지 나중에 이거 찾아주시는 분들이 다 찾아서 해주세요. 이 이야기에서 중요한 것은 '엄마가 한 달 밖에 못 살아요.'인데 이걸 설명하려고 앞에 이만큼을 사전적으로 갖다 써놔요. 그러기 위해서 자기는 또 스트레스를 받아요. 또 의사를 만나서 인터뷰도 하고요. 그게 자기 딴에는 되게 멋있는 행동을 한다고 생각 하는데 어떻게 보면 굉장히 쓸데없는 행동을 하는 것일 수도 있어요. 죄송해요 이런 말을 해서 근데 제가 진짜 평상시 많이 느껴본 것들이라 말씀 드리는 거예요. 그 시간에 그들이 할 대사에서 뭐가 제일 중요한 말인지만 남겨놓고 다 없애야 돼요. 그런 방법을 한 번 연구해 보세요.

Q. 하반기에 할 드라마는 어떤 얘기인가요?

죄송해요. 지금 얘기를 하면 안 되는 이야기라서. (웃음)

(어떻게 영화와 드라마 이렇게 많은 작품을. 작업 시간을 되게 길게 안 가져가시는 것 같은데…)

이제는 오랫동안 작업을 해 와서 어느 정도 룰을 알기도 했지만 지금 4월 달까지 세 편을 써야 돼요. 영화를. 걱정이에요, 제가 쓸 수 있을지 없을지. 근데 저는 말씀드렸다시피 하루 세 시간씩 자면 쓸 수 있어요. (웃음) 계속 그것만 써요, 글만. 그리고 이런 사람 있어요. 글 안 써진다고 여행 가는 사람도 있고요. (일동 웃음) "글이 안 써져서 여행 가. 잠깐 덮어 놓고 스트레스를 풀고…." 저는 그런 것을 못 해요. 저는 글 안 써지는 날은 더더군다나 그것만 쳐다보고 있어요.

(매일 매일 쓰시는 거세요? 하루에 몇 시간 정도 쓰시나요?)

저는 최소 15시간은 되는 것 같아요.

(운동은 안 하시나요?)

운동 안 해요 저, 그래서 큰일 났어요. 그래서 체력이 지금 사실은 되게 많이 떨어졌어요. 특히 다리 힘이 없어요, 계속 앉아 있어서. 다리가 점점 가늘어 지는 현상을 겪고 있는데, 그래서 체력이 되게 많이 필요해요. 되게 웃긴 말처럼 들릴 수도 있는데 저는 일중독인 것 같아요, 어떻게 보면. 그러니까 저는 스트레스도 일 때문에 받고요. 스트레스를 푸는 방법도 일로 풀어요. 그래서 글을 쓸 때는 안 아파요. 공황도 안 오고 너무 즐거워요. 그런데 내가 일을 해야 되는데 지금 다른 일 때문에 친구들과 술을 마시고 있다, 어쩔 수 없이 친구가 뭐 생일이라서 그러면 저는 또 공황이 와요. 왜냐하면 지금 못 쓰고 온 씬들 때문에 미칠 것 같아서. 그래서 술 마시면서 계속 그 씬들을 얘기해요. 그러니까 애들이 "지겨워 진짜, 제발 영화 얘기 좀 그만 해!" 해도 "생각해 봐. 이게 재밌을 것 같아 아니면 이게 재밌을 것 같아?" 어떻게든 그 시간에도 뭔가 끌어내려고 되게 애쓰고요. 마치 "여러분들 모두 일중독이 되세요." (웃음) 라고 말하는 것 같아서 되게 웃긴데 그래도 이런 마음가짐이 조금 필요한 것 같아요.

Q. 작업을 하다 손에 붙을 때가 있고 막힐 때가 있는데 막힐 때는 어떻게 하시는지?

막힐 때는 일단 친구들을 무조건 만나요. 무조건 만나서 내가 얘기를 이렇게 쓰고 있는데 그 다음에 어떻게 하면 좋을까를 계속 물어봐요, 친구들한테. 그렇게 해서 얘기를 좀 더 듣고 그렇게 하고요. 또 막힐 때는 차라리 그냥 그 씬을 열어 놓고 계속 이렇게도 씨 보고 지렇게도 써 보고 어떻게든 풀릴 때까지 쓴다고 도전을, 계속 쓰는 버릇이 있어요. 그러니까 얘하고의 눈싸움에서 지면 끝나는 거예요. "아 못 쓰겠어!" 하는 순간 며칠 간 거기를 안 가고 싶어질 것 같아요. '어떻게든 너는 넘기고 내가 끝낸다.' 이런 마음으로 끝까지 써서 넘겨놓고, 그런 스타일인 것 같아요. 제가 지금 더 여러분들을 암담하게 만드나요? (일동 웃음)

Q. 여러모로 영감을 어떻게 받으시는지 궁금한데요. 저희 지망생 입장으로서 저희는 제작사들이 소재를 먼저 주거나 그런 것이 아니니까요. 소재를 찾는 데 어려움이 많고 또 반대로 다른 사람이 준 소재로만 쓰다보면 비슷한 것만 쓰다보면 재미도 없고 매너리즘에 빠질 것 같기도 한데 작가님께서는 어떤 데서 영감을 받으시는지?

제가 계속 설명 드린 것을 통해 아시겠지만 저는 정말 주변에 아주 별 것 아닌 캐릭터를 보고 이야기를 만들어 낸다거나, 저는 정말 캐릭터를 통해 이야기를 잘 만들어 내는 것 같아요. 주변에 독특한 인물을 보면 그 사람에 대해서 쓰고 싶어요. 누군가를 딱 보면 '저 사람한테 어떤 드라마가 있으면 저 사람이 지금 저런 표정을 하고 있을까?'가 생각이 나요. 그거를 되게 파고, 예전에 저희 교회에 어떤 자매가 한 명 있었는데 그 자매가 저 앞에 앉아서 맨날 키보드피아노를 쳐요. 그냥 '키보드를 치는 구나.' 하고 알았는데 한 5년 후쯤에 알았어요, 그 키보드가 소리가 안 난다는 걸. 그래서 "네?" 했더니 소리가 안 나는 키보드래요. 그래서 저는 "왜 저러고 있어요?" 했더니 정신이 조금 안 좋은 친구라는 거예요. 딱 그런 것을 보면 저는 이미 그 여자에게 반한 한 남자가 생각나요. '5년 동안 그 남자가 교회에 온 이유는 옆 자리에서 키보드를 치는 그 여자 때문이었어. 그러면 그 다음은 어떻게 될까?' 뭐 이런 거 있잖아요. 딱 뭔가를 보면 그 안에서 얘기가 그냥 숙숙 생각이 나는 편이에요. '이 상황이 재미있으려면 어떻게 되어야 하지? 반전이 있으려면 이렇게 해야 반전이지?' 이런 식으로 계속 이야기를 생각해 내고 연결하고 그런 것 같아요. 약간 버릇이기도 해요.

Q. 그렇다면 소재가 계속, 초반 단초가 되는 것들이 많이 쌓이잖아요. 그러면 그런 것들이 너무 많아서 머리 아프신 적은 없는지?

그죠, 머리가 너무 많이 아플 때가 많죠. 제가 아까 말씀드렸잖아요, 잠을 못 잔다고. 누워서 잠이 안 와요. 이걸 어떻게 해야 할지 하면서. 그래서 수면제를 먹는 거예요. 왜냐하면 오늘 못 자면 내일 못 쓸까봐. (웃음)

Q. 동시에 2개를 쓸 때는 어떻게 하시나요?

그럼요, 그럴 때도 많아요. 어떤 소재를 먼저 초이스 해야 할지 모를 때도 있고 일들이 동시에 들어와서 동시에 두 편을 쓴 적도 있어요, 사실은.

Q. 정리를 할 때 아날로그 방식을 이용하시는지 아니면 디지털 방식을 이용하시는지?

저는 정리를 안 해요. 어디에다 글을 쓰지를 않아요. 항상 머리로만 생각해요, 머리로만. 저는 누구랑 회의를 하러 가면 저는 절대 메모장을 가지고 가지 않아요. 그래서 사람들이 저한테 "아무 것도 안 적어요? 지금 내가 하는 말이 우스워요?" 이럴 정도로 안 적어요. 왜냐하면 저는 그 사람이 얘기할 때 그 얘기를 머릿속으로 빨리 영상을 만들어 놔야 돼요. 그렇게 해야지 제가 쓸 수 있어요. 종이에 써 놓으면 오히려 무슨 말인지 모르겠어요. 그렇기 때문에 이 사람 말을 종이에 써 놓으면 예를 들면 "그 여자가 뭐래." 이렇게 딱 써 놓으면 나중에 며칠이 지나서 보면 이게 무슨 말인지 모르겠는 기예요. '왜 이 말을 썼지?' 근데 제가 머릿속에 그리면, 그 사람이 말할 때 사진 찍듯이 탁탁 넣어 놓으면 하나도 안 잊어버리고 쓸 수 있어요. 그래서 약간 정리 안 하고 머릿속으로 자꾸 영상화 시켜놓으려는, 이것도 중요한 것 같아요. 우리가 글을 쓰는 직업이지만 결국 영상화 되어서 영화로 나올 것이기 때문에 우리 머릿속에서 이걸 미리 영상화 하는 작업도 굉장히 필요해요.

Q. 다른 장르는 어떤 장르를 하고 싶으신지?

자꾸 다른 장르가 들어와서 미치겠어요. (웃음) 휴먼물이 좋은데 사람들이 이제 "휴먼은 거의 끝났어." 이러면서 자꾸 다른 것을 주시는데, 영화가 많이 돌고 돈다는 생각 여러분들도 하시지 않아요? 영화가 아무리 요즘에 이런 것들이 유행이더라도 그게 오래 못 가요. 절대 오래 갈 수가 없어요. 여러분들이 "어떡하지? 스릴러들이 너무 판을 치는데 나는 휴먼 밖에 못 써. 멜로 밖에 못 써." 이거 절대 좌절하면 안 돼요. 어차피 돌아와요, 그게 필요할 때가. 그래서 저는 많이 써 놓는 거예요. 그러다 "오케이 멜로!" 하면서 던져주고. 다 이렇게 가져다 놓고 그런 식으로 작업을 하는데 그래도 거기서 크게 벗어나지는 않더라고요. 뭐 멜로나 휴먼이나 로맨틱코미디나 이런 얘기는 잘 쓰겠는데 뭔가 되게 복잡한 게 얽힌 스릴러나 공포는 아예 못 써요. 제가 공포 영화를 못 보거든요. 공포 영화를 보면 잠을 못 자요. 그러면 또 일을 못 하잖아요? (일동 웃음) 그래서 공포 영화는 될 수 있는 대로 안 보려고 하는 편이에요. 그래서 공포는 아예 못 쓸 것 같아요. 그런데 〈시실리 2km〉는 쓸 수 있을 것 같아요. 공포라도 휴먼이 있고 재미있고 그런.

Q. 하루에 15시간 작업하시면 보통 몇 페이지 정도 쓰시나요?

그게 제일 문제예요. 하루 15시간 이상 작업을 하면 되게 많이 나가야 될 것 같잖아요? 사실 그게 제일 불규칙해요. 15시간 동안 한 씬도 못 쓸 때도 있고요. 15시간 동안 어떨 때는 갑자기 10페이지 이상 나갈 때도 있고 그래요. 그게 또 스트레스인 게, 어느 날 너무 잘 써지는 날이 있잖아요? 너무 잘 써져서 미칠 것 같아서 '제발 아무한테도 연락 오지 마.' 이러면서 막 쓰고 있을 때 꼭 무슨 일이 터져요. 그래서 그때 잠깐 또 갔다 오면 그 다음에는 또 그걸 못 이어가요. 그럼 다시 처음부터 시작해야 돼요. 저는 글을 쓸 때 항상 1씬, 2씬, 3씬 쓰고 그 다음 날은 다시 1씬, 2씬, 3씬, 4씬 쓰고 그 다음 날에도 또 다시 처음서부터, 저는 이렇게 글을 쓰는 편이에요. 그러다 보니까 항상 1씬, 2씬, 3씬, 4씬이 최고예요. (일동 웃음) 그래서 제 영화를 보면 사람들이 그래요, 투자자들이 "앞부분은 도저히 이걸 놓을 수 없어."라고. 그런데 "뒷부분이 뭔가 부족한데?" 왜냐하면 항상 끝은 대충 끝내요, 시간이 없어가지고. (일동 웃음) 그러니까 투자사가 앞부분은 너무 훌륭한데 뒷부분은 너무 대충 끝난 것 같지만 그래도 앞부분 때문에 이 뒤를 포기 못 하는 거예요. '이렇게 앞부분에 쓸 수 있었던 애가 이렇게 했을 리가 없어.' 이러면서 "이게 어떻게 된 거죠?" 그러면 저는 "그 뒤를 더 보고 싶으신가요? (웃음) 계약을 해주시면 한 번 써보겠습니다." 이런 식으로. 저는 뒤는 일단 놔두고 앞부분에 모든 신경을 다 써요. 어찌 되었건 그만큼 딱 반만 넘어가면 성공하는 거예요.

Q. 동시에 다작을 한다고 하셨는데 스토리가 다른 것들을 동시에 쓰실 때, 사람이 기계적으로 스위치가 온오프 되는 것이 아닌데 동시에 잘 해낼 수 있는 노하우가 있으신지?

노하우가 있는 것 같지는 않아요. 노하우는 돈에 쪼들리면 그렇게 되더라고요. (일동 웃음) 시간이 얼마 없는데 돈은 받아났고 어쩔 수 없이 써야 될 시기가 되면 어떻게는 쓰게 되더라고요. 그런데 그렇다고 해서 오늘은 이거 쓰고 내일은 이거 쓰고 그렇게는 못 해요. 그렇게는 못 하고 내가 생각하는 어느 구간 있잖아요? 이 이야기의 발단 정도는 마무리를 해 놓고 그 다음에 이쪽 가서 또 발단을 시작해 놓고 이렇게 이야기를 진행해요. 그래서 구간을 딱딱 정해 놓고 하다보면 그렇게까지 헷갈리고 그러진 않는 것 같아요.

Q. 저는 업계 종사자도 아니고 이쪽 분야와 전혀 연관 없는 그냥 영화를 좋아하는 사람인데요. 우연히 특강이 있다는 것을 알게 되어 오게 됐어요. 강의를 들으면서 느꼈던 게, 굉장히 힘든, 정신적 스트레스가 많은 상황에서도 이 직업을 10년 이상 유지하고 계시잖아요? 그만큼 시나리오 작가가 가지고 있는 매력이 있을 것 같은데 그게 어떤 건지?

정말 솔직하게 말씀드리면 이 매력이 뭐냐면 제 이름이 크레딧에 올라가는 게 매력인 것 같아요. 제 이름이 크레딧에 올라가는 게 너무 좋아요. 사실 이런 말이 되게 웃기잖아요. 근데 영화는 그런 결과가 되게 빨리 빨리 나와요. 뭔가 내가 해낸 것의 성과가 그나마 빨리 나와요. 그게 저는 되게 즐겁고 행복하고 그런 것도 있고요. 그리고 굉장히 다양한 사람들을 만날 수 있는 것도 되게 좋은 장점이에요. 영화를 하면서 항상 같은 제작 사랑만 일하는 것이 아니잖아요? 굉장히 많은 사람들을 만날 수 있는 것, 이런 것도 너무 좋고요. 그런데 사실 나쁜 점도 굉장히 많아요. 저는 하도 악플에 많이 시달려서 영화가 개봉을 하는 날부터 그 영화가 내려지는 날까지 컴퓨터를 안 보거든요. 검색 안 해요. 제 영화를. 왜냐하면 거기 욕이 한 마디라도 쓰여 있으면 되게 속상할 것 같아서 검색도 못 하고. 예전에 초기에 영화를 할 때는 정말 그 짓도 했어요. 댓글 알바처럼 아이디를 친척들 이름으로 한 20개를 만들어서 (일동 웃음) 진짜로요. 그런 유치한 짓을 했는데 제가 보니까요 절대 못 이겨요. 좋지 않은 영화가 좋은 영화가 될 수는 없어요. 둔갑 절대 못 해요. 제가 혼자 20개 쓴들 뭐해요.

200명이 와서 아니라는데. 절대로 할 수 없는 일이더라고요. 그래서 악플에 시달리고 이런 거는 너무 힘든 일이었고 또 그런데 작가의 좋은 점은 또 출퇴근이 없다는 거예요. 그렇잖아요? 뭔가 일을 그만둘 수도 있고 할 수도 있고 시간 조절이 가능한 직업이라는 것과 단점은 출퇴근이 없다는 거예요. 장점이자 단점이 출퇴근이 없다는 거예요. (웃음) 다른 사람은 6시면 끝나고 "어쨌든 오케이." 이렇게 하지만 저는 정말 잘 때도 이 생각을 해야 되고 언제든 계속 묶여 있어야 되니까 힘든 것도 있고요. 어쨌든 캐릭터를 창조하고 드라마를 만들 사람들이니까 영화나 책이나 이런 것들을 많이 보셔야 돼요, 정말 많이. 근데 나중에 어느 정도 위치가 되잖아요. 그럼 안 봐요. 정말 신기한 것 얘기해 드릴까요? 감독님들이 영화 얼마나 안 보는지 아세요? 감독님들 작가님들이 진짜 안 봐요. 왜 안 보게요? (본인이 비슷하게 따라하게 될까봐.) 그러면 오히려 봐서 피해야죠. (번 아웃 되어서 보고 싶지 않은?) 조금 비슷해요. 보고 싶지 않은 게 아니라 질투 나서 안 봐요, 진짜로. 다른 사람이 영화를 개봉하면 근데 그게 잘 만들어졌잖아요? 영화 보는 내내 죽을라고 그래요. 사람들이 웃을 때마다 "웃으면 안 되는데, 저게 재밌어? 뭐가 재밌어!" 이러면서 정말 정신병 걸린 사람들처럼 너무 싫어해요. 그러다가 근데 또 못 만들어졌잖아요? 그럼 "저런 것도 들어가는데 내 것은 왜 안 들어가?" 이러면서 또 분노에 휩싸여요. 그러다 보니까 사람들이 질투에 휩싸여서 영화를 못 보겠대요. 저도 처음에는 '이런 옹졸한 사람들 같으니 아무리 질투가 나도 영화를 봐야지 어떻게 안 볼 수 있어?' 근데 저도 어느 순간 누가 어떤 영화를 좋다고 하잖아요? 그럼 씩씩대면서 "좋다고? 뭐가 좋다는 거야?" 이러면서 보고 있게 되더라고요. 그래서 예전에 〈너의 결혼식〉 보러 갔거든요? 너무 재밌다는 얘기를 듣고 샀어요. 사람들이 막 웃는 서예요. 근데 뭐가 웃긴지 잘 모르겠는 거예요, 저는. 그리고 그 사람들이 너무 미운 거예요. 그 사람들이 웃는 게. 그 영화에서 웃겼는데 사람들이 안 웃잖아요? 그러면 되게 통쾌해 해요. "거 봐 하나도 안 웃겼어. 니네 것은 안 웃겨." (일동 웃음) 이러면서 보고… 진짜로 되게 옹졸해지더라고요. '큰일 났다.' 했는데 어쩔 수 없어요, 사람인지라. 경쟁자인 거잖아요? 어쩌면 전 지금 여러분들한테 되게 다 거짓말을 하고 가는 걸 수도 있어요. 사실 시나리오는 이렇게 안 쓰는 것일 수도 있어요. (일동 웃음) 왜냐하면 여러분들이 저의 라이벌이 될 것이기 때문에 내가 썼을 때 '이렇게 하니까 망하더라.' 이런 걸 설명하고 가는 것일 수도 있어요. (일동 웃음)

아무튼 제가 오늘 시간을 너무 많이 넘긴 것 같은데 제 강의가 어찌되었건 조금이라도 시나리오 작가 생활을 하면서 도움이 되었으면 좋겠어요. 그리고 또 기회가 되어서 밖에서 만났을 때 저한테 그때 같이 들었는데 하고 인사를 해주시면 더 좋을 것 같고. 주변에 아무리 시나리오 관련된 사람이 없다고 생각하시더라도 지금처럼 찾아오셨잖아요? 시나리오 들고 여기 영상작가전문교육원 대표님 가져다 드리면 돼요. "한 번 봐주세요." 이렇게. 또 아니면 "당신은 못 믿겠으니 배세영 작가님 메일을 내놔라." 하셔도 돼요. (일동 웃음) 그럼 만약 여기를 통해서 왔다고 하면 제가 무조건 100프로 읽고 제가 모니터링을 해드릴게요. 진짜로 이렇게 인맥을 쌓아가는 것 같아요. 영화 쪽은 내가 노력한 만큼 인맥이 쌓아져요, 진짜로. 여러분들도 그렇게 하셨으면 좋겠습니다. 아무튼 현장에서 다시 만나서, 사실 개인적으로 만나면 제가 더 좋은 사람이거든요. (일동 웃음) 더 재밌게 얘기를 나누고 할 수 있으면 좋겠습니다. 감사합니다.

| 배세영 |

시나리오 작가

작품 활동

2019	[극한직업] 각색 (어바웃필름)
2018	[완벽한 타인] 각본 (필름몬스터)
	[바람바람바람] 각본 (하이브미디어코프)
	[원더풀 고스트] 각색 (데이드림)
	[7년의 밤] 윤색 (바른손폴룩스)
2014	[우리는 형제입니다] 각본 (필름있수다)
2013	[미나문방구] 각본 (별의 별)
2012	[미스고] 각색 (도로시)
2011	[적과의 동침] 각본 (RG엔터웍스)
2010	[된장] 각색 (소란)
2009	[킹콩을 들다] 각본 (RG엔터웍스)
2007	[사랑방 선수와 어머니] 각본 (태원엔터테인먼트, 아이비픽쳐스)

방송 활동

2018	tvN [빅포레스트] 각색
2017	tvN [SNL 코리아 시즌 9] 위캔드 업데이트 코너 집필
2013	채널A [니깜놀] (니가 깜짝 놀랄만한 얘기를 들려주마) 메인작가
2013	tvN [SNL 코리아 시즌 4] 스덕후 코너 집필
2012	tvN [SNL 코리아 시즌 3] 메인작가 및 여의도 텔리토비 리턴즈 코너 집필
2012	tvN [SNL 코리아 시즌 2] 메인작가 및 여의도 텔레토비 코너 집필
2011	tvN [SNL 코리아 시즌 1] 메인작가
2002	KBS [접속 어른들은 몰라요]

그 외 경력

2008~2011	동국대학교 문예창작학과 강의
	동국대학교 대학원 문예창작학과 강의
2009~2012	동덕여자대학교 문예창작학과 강의

개봉 : 2019. 4. 11. 개봉
출연 : 염정아, 김소진, 김혜준 외
감독 : 김윤석

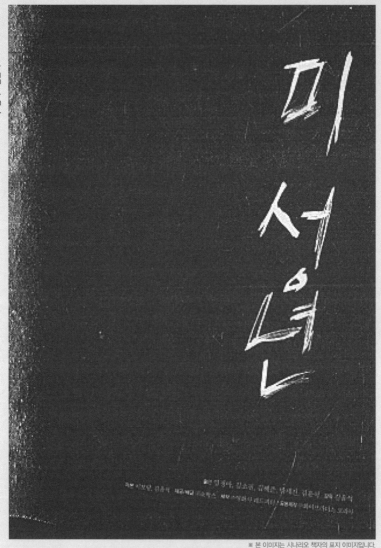

※ 본 이미지는 시나리오 책자의 표지 이미지입니다.

| 이보람 |

가톨릭대학교 심리학과 졸업
한국예술종합학교 극작과 전문사

보편적 극단 대표
연극 〈소년B가 사는 집〉 〈두 번째 시간〉 〈여자는 울지 않는다〉 〈기억의 자리〉 등
영화 〈미성년〉 시나리오

시놉시스

같은 학교 2학년 주리와 윤아가 학교 옥상에서 만났다.

최근 주리의 아빠 대원과 윤아의 엄마 미희 사이에 벌어진 일을 알게 된 두 사람.

이 상황이 커지는 것을 막고 싶은 주리는 어떻게든 엄마 영주 몰래 수습해보려 하지만 윤아는 어른들 일에는 관심 없다며 엮이지 않으려 한다.

머리채를 잡고 싸우던 그때, 떨어진 주리의 핸드폰을 뺏어 든 윤아는 영주의 전화를 받아 말한다.

"아줌마 남편이 우리 엄마랑 바람났어요. 그리고 우리 엄마는 임신했어요!"

옛날 뱃사람들은 북극성을 통해서 자신의 위치를 알 수 있었다고 한다. 시간과 계절에 따라 그 위치가 변화하는 다른 별들과 달리 북극성은 항상 북쪽에 있기 때문이다. 그 이야길 듣고 망망대해에 띄운 자그마한 배 한척에 앉아 있는 '나'를 생각했다. 북극성만 보인다면 밤이 되도 긴장하지 않고 여유 있게 노를 저을 수 있을 것 같다. 하지만 어느 날 갑자기 그 북극성이 사라진다면 어떻게 될까?

이 이야기의 원래 제목은 '내가 있어야 할 자리'였다. 나는 이 이야기를 통해서 어느 날 갑자기 자신의 자리를 잃어버린 아이들에 대해 이야기하고 싶었다. 아빠와 엄마가 당신들의 자리에서 이탈해버린다면, 그 빈자리를 보고 있을 아이들은 어쩌면 북극성을 잃어버린 뱃사람의 심정과 같지 않을까.

때때로 우리는 내가 마주보고 있는 대상을 통해 내가 누구인지 알게 된다. 그리고 그 사실을 알게 됐을 때 우리가 조금은 어른이 되는 게 아닐까 하는 생각이 든다. 우리 모두 언젠가 날 보고 있는 당신을 마주한 순간, 부끄럽지 않은 사람이 되었으면 좋겠다는, 〈미성년〉은 그러한 생각을 담은 이야기다.

영화 미성년은 〈옥상 위 카우보이〉라는 나의 연극을 원작으로 작업한 영화다. 이 연극은 대학교 워크샵 공연을 거쳐 신인 연출의 데뷔작으로 대학로에서 공연이 올라갔다. 그리고 이 공연을 주최한 이는 '자큰북스'라는 희곡 출판을 목표로 당시 새롭게 만들어진 개인 출판사였다. 그러니까 이 연극은 젊은 연극인들이 모여 패기 하나만 믿고 시작한 도전이었다. 여러 가지 현실적 어려움들이 많았지만, 그 모든 것을 연극에 대한 열망 하나로 밀고 나갔다. 돌이켜 보면 〈미성년〉이 영화로 나오게 된 과정도 그와 비슷하지 않았나 싶다.

처음 연극을 만들 때 캐스팅이 힘들었다. 아무래도 상황이 열악했기 때문이다. 다행히도 쩔쩔매는 후배들을 가엾게 여긴 선배님들이 오셔서 공연을 할 수 있었는데, 그때 도와주러 오신 선배님 중 한 분이 방주란 배우님이셨다. 방주란 배우님은 연극과 뮤지컬 모두에서 인정받은 출중한 배우였는데, 육아를 하느라 한동안 쉬셨던 상태였다. 배우님께선 오랜만에 연기를 하는 거라 걱정이 많으셨지만, 오랜만에 작업하는 사람 특유의 에너지로 작업에 긍정적 활력을 불어넣어 주셨다.

마지막 공연을 끝내고 배우님께서 남편 분과 인사시켜주고 싶다 하셔서 주차장에 따라 갔다가 김윤석 선배님을 만났다. 두 분이 부부라는 정보를 몰랐기 때문에, 깜짝 놀랐다. 지나가는 말로 남편분이 희곡을 재미있게 봤다는 말을 하신 적은 있는데, 그분이 이분일 줄은… 선배님이 건네는 정중한 인사와 공연 재미있게 봤다는 말에도, 그냥 인사로 하는 말이겠거니, 하고 넘겼다.

그런데 쫑파티 끝내고 얼마 되지 않아서 김윤석 선배님께서 직접 연락을 하셨다. 전화로 간단히 희곡의 영화화에 대한 제안을 받았고, 만나는 약속을 정했다. 나는 그때까진 판권만 넘기고 빠져야겠다고 생각했었다. 잘 모르는 분야였고, 작가로서 자신감도 없었기 때문이었다.

그런데 만난 자리에서 선배님께서 희곡의 정확한 분석, 아쉬운 점, 더 발전할 수 있는 방향, 신인 작가 이보람의 경력과 작품 특성, 그리고 감독으로서 자신의 계획을 말씀하셨다. 정중하면서도 단도직입적이고 확실했다. 그러한 태도에서 나는 무엇보다 창작자인 나를 존중해주고 있다고 느꼈다. 굉장한 경력을 가진 선배가, 이제 막 일을 시작한 후배를 제대로 작가로 인정하고 자신의 생각을 건네는 이러한 경험은, 과장을 조금 보태어 말한다면 코끝 찡하도록 감동적이었다. 나조차도 '내가 작가로서 계속 살아갈 수 있을까?' 하고 스스로를 의심하고 괴롭히던 상태였기 때문에, 업계 선배의 인정과 존중은, 큰 격려와 위로가 되었다. 이때 받은 힘은 연극을 하는 동안 크고 작은 상처에도 흔들리지 않는 단단한 뿌리가 되었다.

이러한 경험을 준 선배의 '시나리오를 써보자'는 제안을 거절할 이유가 없었다. 게다가 이 선배와 함께 작업을 한다면 내가 창작자로서 더 많은 것을 배울 수 있겠다는 확신도 들었다.

확실한 계약(!!)과 함께 바로 시나리오 작업에 들어갔다. 주진력이 대단하셨다. 선배님께선 항상 오전 10시에서 12시 사이에 전화를 하셨고 이야기에 대한 자신의 해석과 아이디어 대해 말씀하셨다. 나는 그 시간이 기상시간이었기 때문에, 어쩌다보니 종종 모닝콜이 됐는데, 일어나자마자 함께 작업하는 사람의 성실함을 접하게 되니, '좀, 게을 러져 볼까' 싶어도 정신이 바짝 들 수밖에 없었다.

시나리오를 쓰고 영화가 되기까지 꽤 긴 시간이 걸렸는데, 선배님은 그 긴 시간 동안 참 성실하고 집요했다. 문득, 내가 경력이 쌓이고 50 이 넘어도 내가 하는 작업에 이러한 태도를 가질 수 있을까? 하는 생각 이 들었다. 그건 정말 어려운 일일 것이다. 하지만 그렇게 되고 싶다 고, 진심으로 생각한다.

시나리오 작업 초기엔 선배님이 추천하는 영화를 많이 봤다. 유명하 다는 영화 말고는 영화를 많이 보지 못했기 때문에 공부도 할 겸 열심 히 챙겨봤다. 당시 연극계는 블랙리스트 사태로 복잡하고 어지러운 상 태였다. 개인적으로는 출구 없는 상황에 답답했고 무력감에 허우적거 렸다.

그런 상황에서 세상의 다양한 영화들, 다양하고 좋은 이야기들이 나 에게 숨통을 틔게 해줬다. 무엇보다 꾸준히 좋은 작업을 하고 있는 전 세계의 다양한 창작자들의 존재를 알게 된 것이 가장 기뻤다. 그들의 존재는 세상에 대한 무력감에서 벗어나 내가 할 수 있는 일, 이야기를 만드는 일을 통해 세상에 작지만 긍정적 기여를 할 수 있다는 용기를 주었다.

이러한 용기는, 시나리오를 쓰기 전에 이야기의 본질에 대해 진지하 게 고민해 볼 수 있는 기회를 만들어주었다. 선배님 역시 하고자 하는 이야기의 본질이 중요하다는 것을 지지해주었고 생각이 좀 더 깊이 있 게 뻗어나갈 수 있게끔 모든 가능성을 열어주었다.

나는 처음 이 희곡을 집필한 계기에 대해 생각했다. 그것은 대학시절, 어느 청년의 상담사례를 읽던 중에 찾아왔다. 그 청년은 여자 친구와 함께 놀이동산에 갔다가 아버지를 만났다. 그런데 아버지의 옆에 8살쯤 되어 보이는 아이가 있었다. 그러니까 아버지는 꽤 오래전부터 두 집 살림을 하고 있었던 것이다. 청년은 자신이 완벽히 안다고 생각했던 아버지가 완전히 낯선 사람으로 보인다고, 혼란스러워 했다. 나는 그의 상담과정을 보면서 한 아이가 어른이 되는 과정에 놓여 있다고 생각했다. 그러니까, 어른이 된다는 것은 자신의 부모를 한 개인으로서, 객관적으로 보게 되는 그때부터 시작되는 게 아닐까.

연극으로 올라간 이야기에선 어른에 대해 조금 더 관대했다. 아버지가 저지른 부정을 통해, 딸은 아버지를 하나의 평범한 인간으로 보게 되고, 아버지에게서 졸업한다는 결말이었다. 내가 딸이라는 역할에서 졸업하는 것처럼 당신도 아버지의 역할에서 해방시켜 주겠다고, 제법 어른스럽게 끝맺었었다. 그때의 나는 20대였고, '쿨 하고 멋있게' 행동하는 인물을 가장 좋아했기 때문이다.

그런데 세월호가 침몰했다. 시나리오를 쓰는 긴 시간 동안에도 이 비극이 도저히 해결될 실마리도 보이지 않은 채 지지부진하게 세월만 흘렀다. 뉴스에 나와서 어떻게 이런 일이 발생했고, 왜 이 지경이 됐는지 말하는 어른들의 얼굴에서 뻔뻔함보다는 혼란스러움을 읽었다. 저들도 모르는구나. 왜 이렇게 됐는지, 이걸 어떻게 해결해야 하는지. 그 후론 사고를 저지른 아버지 캐릭터가 달리 보였다. 쿨하고 멋있게 행동할 수 없었다. 그것이 '용서'처럼 보일까봐 걱정됐고 화가 났다.

나른 결말을 찾아야 했다. 자신이 무슨 짓을 저질렀는지도 모르는 어른을 위해 더 이상 하고 싶은 말이 없었다. 그것보단 갑자기 태어나 갑자기 죽은 아이(못난이)의 존재를, 이 소녀들에게 어떻게 이해시켜야 할지, 그것이 어느새 어른이 된 나에게 더 묵직한 질문으로 다가왔다. '잊지 않을게'라는 대사를 쓸 수 없었다. 잊지 않을 자신이 없었기 때문이다. 시간은 힘이 세다. 이 힘을 이겨낼 수 있는 인간이 있다고?

계속 기억하려면 계속 피 흘리며 서 있어야 한다고 생각했다. 이 소녀들이 부모의 부정을 알고 서로의 멱살을 잡고 싸우던 그 팔딱팔딱 살아 숨 쉬는 감정이야 말로 '못난이'의 존재에 대한 가장 강력한 증거가 아닐까. 그렇다면 분노와 혼란스러움과 끔찍함과 슬픔, 그 모든 것이 섞인 이 복잡한 마음을 계속 간직하며 살 순 없을까. 그런 고민의 결과로 마지막 장면이 나왔다.

결말을 두고 우려 섞인 반응이 많았다는 걸 나중에 알았다. 선배님께서 결말을 지지해주어서 나는 그러한 반응을 접하지 못했기 때문이다. 나중에 수정된 시나리오와 촬영 분을 보면서, 선배님이 감독으로서 이야기가 전하고자 하는 의도를 오해 없이 쉽고 부드럽게, 잘 전달되게끔 많은 고민을 하셨구나 하는 게 느껴졌다. 정말 고생했겠다 싶어서 미안했고 한편으론 그러한 의도를 존중해주었다는 것에 감사했다. 그리고 다음엔 모두가 덜 마음고생 할 수 있게 조금 더 부드럽고 우아하게 의도를 전달하는 방법을 찾아봐야겠다고 반성했다.

나는 보통 글을 쓸 때 여유가 없어서 내가 생각한 것만 전달하는 데 급급한 편이다. 그래서 시나리오만 보면 좀 튀고, 직접적인 부분들이 꽤 많았는데, 다행히도 선배님이 그러한 부분들의 밸런스들을 잘 잡아서 수정해주셨다. 고백하건데, 영화를 보는 동안 관객들이 웃은 부분이 있다면 그건 대부분 선배님의 대사다.

함께 작업을 하면서 선배님이 가장 부러웠던 것은 그러한 '시선'이었다. 사람들이 이것을 어떻게 받아들일지, 이것이 전체적으로 어떻게 보이는지, 완급조절과 적절한 거리감은 어떻게 하면 생길 수 있는지. 정말 훔치고 싶은 능력이다.

영화계라는 거대한 산업 생태계 속에서, 하나의 결과물이 나오기까지 아주 많은 사람들과, 여러 현실적 상황들이 함께 가야 한다는 것을 잘 알고 있다. 모든 영화인들이 그러한 상황에서 어떻게 자신과 그러한 세계 사이의 균형감을 잡고 좋은 작품을 만들어내는지 존경스럽다. (비교적 적은 예산 범위에서 적은 인원으로 만드는 연극도 하나의 결과물을 만들어내는 그 과정이 정말 녹록치 않기 때문이다.)
〈미성년〉은 나도 신인이었고, 감독님도 신인(!!)이었다. 첫 작품이었고, 처음이기에 앞뒤 재지 않고 솟아나는 열망들을 오롯이 쏟아부을 수 있었다고 생각한다.

하나의 작업을 끝내고 나서, 내가 작가로서 성장했다고 느낄 수 있는 작업의 기회가 항상 찾아오진 않는다. 〈미성년〉의 시나리오 작업은 작가로서 오로지 이야기의 본질에만 집중할 수 있는 시간을 가질 수 있었기 때문에 그 시간은 고단했지만 충만했다. 이 시나리오는 2015년에 썼고, 햇수로 치면 꽤 많은 시간이 지났지만. 영화가 개봉하고, 상영이 끝난, 지금 이 순간까지도 나는 이 시나리오를 만들던 시간들을 생각하면 가슴이 설렌다.

개봉 : 2019. 5. 22. 개봉
출연 : 이동휘, 유선, 최명빈 외
감독 : 장규성

※ 본 이미지는 시나리오 책자의 표지 이미지입니다.

| 민경은 |

본명 민규은 / 1978.10.2.

주요작품
2012 〈마지막 범인〉 각본 – 제1회 롯데시나리오공모대전 입상
2014 〈어린 의뢰인〉 각본
2015 〈방아쇠를 당겨라〉 각본 – 제28회 KBS 단막극 극본공모 가작

경력
2016년 KBS 드라마국 인턴작가
2017년 KBS 한류투자파트너스 작가
2018~2019년 SBS 플러스 기획개발작가

시놉시스

"제가 동생을 죽였어요."

로스쿨 출신 변호사인 영준은 대형 로펌에서 번번이 떨어지자 잠시 아동보호기관에서 아르바이트를 하다가 자신의 계모를 경찰에 신고한 10살 소녀 초원이를 만나게 된다.

그러나 영준은 오랫동안 기다렸던 대형 로펌 합격 소식을 듣게 되자, 다시 찾아가겠다고 한 초원이와 동생 다솔이와의 약속을 잊어버린다. 오지 않는 아저씨를 끝까지 믿고 기다리다가 계모의 무자비한 폭력에 다솔이는 죽고, 언니 초원이는 동생의 살인용의자가 되어 매스컴에 등장한다. 학대 속에서 살기 위해 진범인 계모의 꼭두각시가 된 초원이는 "내가 내 동생을 죽였다."라고 살인자백을 하며 온 매스컴을 들쑤신다.

자신이 놓아버린 아이가 살인용의자가 되어 돌아오자 충격을 받는 영준.

초원이를 구하기 위해 전력으로 뛰어다니지만, 매번 조력을 묵살당하며 세상으로부터 마음을 닫은 초원이는 이제 다시 나타난 영준이에게도 인형처럼 반응하지 않는다.

자신을 애타게 기다렸던 아이들의 죽음에 대한 미필적 고의와 방관자라는 깊은 죄의식 속에 매몰된 영준은 초원이를 구해내기 위해 결국 그토록 갈망했던 대형 로펌을 떠나 초원이를 직접 변호하기로 하는데…

집필기

■ 나에게 글은 부채의식

나는 12년 동안 글을 써왔다. 처음에는 작가가 되고 싶어서 글을 썼던 게 맞다. 하지만 시간이 흐를수록 나는 최대한 글로부터 멀어지고 싶었다. 그래서 직장생활을 하기도 했고, 꽤 오랫동안 글을 쓰지 않기도 했다. 글을 쓰지 않는 인생은 행복하다. 아침에 일어나 햇빛을 보고, 아무 생각 없이 거리를 걷고, 아무 데나 들어가서 백반을 먹는 일상조차도 사랑스러운 것은 글을 쓰지 않기 때문이다. 하지만 글을 쓰기 시작하면 모든 게 달라진다. 무섭게 변한다. 첨예한 생각들이 일상 곳곳을 꿰차고 들어와 앉는다. 평화는 끝난 것이다. 그런데도 이렇게 오랫동안 글을 쓰게 된 이유를 묻는다면 지금은 부채의식 때문이다. 나는 언제나 끝까지 사라지지 않고 나를 괴롭히는 것과 맞서 싸우다가 도저히 참지 못할 때 글을 꺼내 든다. 적어도 오리지널은 그래왔다. 이 제노비스(어린 의뢰인)라는 작품도 마찬가지였다.

■ 하나의 작품은 또 다른 작품과의 연결점

처음 집필기를 부탁받고 꽤 오랫동안 나는 지난 시간을 반추했다. 2014년 4월에 취재를 시작해서 2019년 5월, 내일 개봉을 앞둔 지금까지 꽉 찬 5년. 횟수로 6년의 여정을 거치는 동안 이 작품의 행적을 모두 아는 유일한 사람은 아마 각본을 썼던 나일 것이다. 6년이란 긴 시간이었다. 많은 사람을 만났고, 많은 사람이 떠났으며, 나 역시 회사를 4번이나 옮겼다. 나는 회사를 옮길 때마다 내가 쓴 이 각본을 포트폴리오로 들고 다녔다. 꽤 많은 사람들이 이 작품을 읽었고, 최근 영화 예고편을 본 지인들은 문자를 보내왔다. 어린 의뢰인으로 알려진 이 작품은 원래 고정된 제목이 없었다. 각본가인 나는 이 작품을 제노비스라고 불렀다. 이 제노비스를 포트폴리오로 마지막으로 낸 곳은 SBS플러스였다. 총 세 작품을 냈지만, 이 작품을 눈여겨보았다고 본 부장님은 말씀해주셨다. 당시 SBS플러스는 이와 비슷한 소재를 해외 판권으로 사서 미니시리즈로 기획하고 있었다. 그래서 그걸 내게 써 볼 생각이 없냐고 제안하셨다. 그래서 제노비스가 각색되어 영화촬영 이 진행되고 있을 무렵, 나는 비슷한 소재인 아동방임에 대한 미니시 리즈 기획안을 쓰고 있었다. 그리고 그 기획안은 통과되었다.

■ 제노비스, 마지막 범인의 확장적 테마

제노비스는 2014년에 쓴 내 두 번째 오리지널 각본이었다. 첫 번째 는 롯데시나리오 공모전에 당선된 마지막 범인이라는 작품이었는데, 내용은 돈을 받고 어머니의 죽음을 묵인한 부도덕한 형사 아버지를 단 죄하기 위해 스스로 연쇄살인범이 되어 돌아온 아들이 아버지의 정신 을 균열시키기 위해 일부러 잡히는 이야기다. 두 작품 다 부도덕한 부 모로부터 겪는 아이들의 고통과 딜레마를 다루고 있다. 다만 가장 큰 차이점이 있다면, 죄의식의 확장성이다. 마지막 범인은 가족 간의 죄 의식을 다루고 있지만, 제노비스는 방관자의 개념을 미필적 고의의 영 역까지 끌어와서 사회적 죄의식을 다룬다. 원래 자기 세계관이 뚜렷한 오리지널 작가들은 전작의 영향을 받는다. 그래서 전작에서 부족한 부 분을 반드시 메꾸려는 습성이 있다. 제노비스 역시 그랬다. 제노비스 에 잠시 등장하는 존 롤스의 정의론에 대해서도 못 다한 이야기를 이 미 2017년에 그린 몬스터라는 장편 드라마 초고로 써서 아는 감독님 께 드렸다. 사실은 '마지막 범인(2012) - 제노비스(2014) - 그린 몬 스터(2017)'는 '가족의 딜레마 - 사회의 딜레마 - 공익의 딜레마'라는 확장적 테마를 가지고 3차에 걸쳐 쓴 작가의 딜레마 시리즈 컬렉션 이다.

■ 작가의 오지지널리티를 개발하는 법

많은 작가들이 오리지널리티를 개발하는 원천기술을 찾고 있는 걸로 알고 있다. 다른 사람들은 어떻게 접근하는지 잘 모르겠지만, 내가 접근하는 방식을 조금 어렵지만 얘기해보고 싶다. 글은 그 글을 쓰는 사람의 의식 수준과 직결이 되어 있어서 그 사람의 사물을 보는 본질이나 통찰의 영향을 받는다. 그런데 문제는 통찰은 깨닫는 것이지 배울 수 있는 게 아니고, 깨닫는다는 건 주로 자신의 경험을 통해서 얻어지는 감정에서 진위가 대부분 판명 나기 때문에, 자기 자신조차도 그 진심을 찾아가는 여정이 너무나 아프고 어렵다. 그러나 분명한 것은 생각은 경험으로 확인사살 된다는 사실이다. 예를 들면 내가 상대가 정말 필요했는지는 헤어져보면 알 수 있다. 없으면 안 될 것 같았는데 헤어지고 나니 너무 아무렇지도 않아서 갑자기 황당해질 수도 있다. 이 사람이 없으면 안 된다는 망상에 사로잡혀 있었다는 걸 깨닫게 된다. 객관적 진실에 도달할 수 있다. 그리고 그때서야 사람은 자신의 예상을 빗나간 잘못된 인식을 바로 잡을 기회를 갖게 된다. 바로 잡는 방법은 모든 망상이 걷히고 난 이후에 객관적 진실의 관점에서 과거의 일을 전부 세세하게 복기해보는 것이다. 그리고 제대로 된 해석을 해서 뒤틀린 기억을 바로잡고, 그 기억에 방점을 찍는 것이다. 이런 식으로 자신의 잘못된 믿음을 깨는 것, 그리고 이렇게 자기감정의 끝까지 도달해서 잘못된 믿음을 반복해서 깨본 사람은 머릿속에 하나의 큰 작가적 동체를 갖게 되는 것 같다. 바로 자기 의심이다. 내 생각이 틀릴 수도 있다는 자기 신뢰의 뿌리다. 그리고 그런 유연한 각성들이 모여 사물을 보는 하나의 커다란 인식체계로 자리 잡으면 작가는 자기만의 세계관을 가지게 된다. 그리고 그 세계관은 작품에서는 관점과 주제, 톤, 정서에 영향을 미치는 오리지널의 기반을 만든다. 여기에 캐릭터와 대사의 정수에 접근하는 방법은 객관적 진실을 가지고 어떤 사건을 재해석 할 때, 자신이 사망선고를 내린 감정적 실패에 대한 심리적 경로를 함께 구체적으로 복기하는 것이다. 여기서 중요한 것은 반드시 자신의 삶을 먼저 놓고 해봐야 한다는 것이다. 이런 심리적 경로를 여러 번 아주 자세하게 세워본 사람들은 작품에서 들어오는 다양한 설정에 대한 주인공의 감정값을 자유자재로 계산해서 끝까지 완주시킬 수 있다. 한마디로 자신의 인생을 최대한 객관적 진실의 관점에서 전부 펼쳐서 실패한 감정값까지 주석을 달아 치밀하게 복기해본 사람은 이것이 타인의 인생으로 옮겨간다 하더라도 계산이 가능해진다. 자연스럽게 부품들의 원리를 이해하게 된다. 응용력이 생기는 것이다. 더 나아가면 인생에도 풀지 못한 숙제가 있듯이, 작가 자신이 꽂혀 있는 어떤 한 지점을 집중적으로 공략해서 오직 그것만을 풀기 위한 가상의 판을 짤 수 있게 된다. 이것이 작가에겐 오리지널이 된다. 특히 작가가 어떤 소재를 목격했을 때 흥분이 일어나면서 머릿속에서 관점과 주제, 톤, 정서, 캐릭터, 대사들이 한 번에 일어설 때가 있다. 그럼 그 작품은 그 작가의 오리지널이 될 확률이 높다. 그런 작품을 만났을 때, 작가로서 나는 적어도 이 4가지를 잡으려고 노력한다. 바로 화두, 쟁점, 딜레마, 결론이다. 그리고 이 4가지를 효과적으로 전달할 전략을 짠다. 다행히 제노비스(어린 의뢰인)는 고발 영화였기 때문에 직접 공략을 했다. 쟁점사항들을 대사로 직접 쓴 것이다.

"엄마 아빠가 사랑해서 낳지 않은 아이는 남들하고 똑같이 살면 안되나."
"내 자식 내가 때려죽이든 말든 지가 뭔 상관이야."
"어른들을 믿으면 죽는다."
"그러니까 어른들은 모두 사실만 말하라고 하지 죽고 사는 거엔 관심이 없었구나."

같은 쟁점을 직접 치는 대사들이 나온다.

특히 결론은 아예 작품의 기조로 깔아주었다. 마지막에 결론을 내는 건 너무 늦다.

결론을 갖고 시작해야 된다는 것이 나의 생각이었다.

그래서 초반에 제노비스의 법리적인 해석씬을 던져주고, 사건의 심각성과 대비되는 방관자들의 가벼운 말과 행동이 장면 곳곳을 지나쳐 간다.

■ 작가의 역할 중 하나는 의미 있는 타인의 고통을 읽고, 그것을 대중에게 대신 감정적으로 전달해서 새로운 가치 창출을 하는 것

죽은 동생을 이렇게 때리고 저렇게 때리고 했다고 술술 얘기하던 아이에게 경찰은 사진 하나를 내민다. 바로 자신이 학대받은 사진이었다.

그 사진을 보던 아이에게 경찰은 묻는다.

이 사진 기억…나니?

누구예요?

너잖아.

(갸우뚱) 이거 난가…. 기억 안나…. 그랬었나…?

이런 장면이 나왔다.

경찰이 기억 못하냐는 질문에 아이는 그렇다고 대답했지만 사실 아이는 아주 잠시지만 자신의 고통을 기억해냈다.

잔혹한 어른들은 언제나 고통을 그런 식으로 소환해낸다고 아이는 생각했다.

아이는 그 고문과 같은 학대 속에서 사진 속 그 장면이 나온 그때 한번 죽은 것이다.

아이가 살던 세상의 불은 그때 모두 꺼졌다.

아이는 그때 깨달았다.

그토록 몸부림쳤지만 아무도 자신을 찾아오지 않았고, 자신은 죽었다는 걸.

죽음의 고통 속에서 영혼은 죽고, 몸은 만신창이가 되어 겨우 살아남았을 때… 다시 눈을 떴을 때, 아이는 다시 태어났다.

정신적으로 다시 태어난 아이는 살아남기 위한 무의식에 생존의 방정식을 다시 세웠다.

이것이 바로 〈그것이 알고 싶다〉에서 '스톡홀름신드롬'이라고 유추한 부분이다. 작가인 나는 사실보다는 진실에 관심이 있었다. 그래서 이 스톡홀름신드롬이라고 방송된 부분을 조금 다르게 보았다.

스톡홀름신드롬은 피해자의 가해자에 대한 인지와 정신적인 동조가 있지만, 이 칠곡 사건의 경우는 원인이 외부의 불신에 기인한다. 왜냐하면 이 아이는 이전에도 부모에게 버려졌고, 계모를 신고한 경험이 있기 때문이다. 이후에 고문과 같은 학대를 견디면서 아이는 현실에 대한 일종의 이물감을 느끼게 된다.

자신의 행동을 정확히 인지하지 못하는 인지부조화를 겪고 있는 것이다. 그래서 자신의 말과 행동을 현실적으로 해석하지 못하는 것이다. 즉, 감정이 없다. 자신이 감정을 느끼면 죽는다는 것을 알고 있는 것이다. 그래서 아이는 경찰서에서 동생이 죽은 얘기를 감정 없이 그냥 말한다.

사실상 아이는 자아가 한번 괴멸된 이후에 겪은 일련의 사건의 일들을 잘 체감하지 못한다. 그것을 두고 어떤 느낌을 가져야 할지 감정과 판단력을 상실했다. 그러나 그런 생존에 대한 정신적 무장을 하고 돌아온 아이에게 기다리고 있는 것은 더 혹독한 현실이었다. 모두가 이 아이에게 바라는 것은, 죽음으로부터 널 지켜줄 순 없지만, 그간 너에게 있었던 일을 알고 싶으니 모든 사연을 얘기해라…였다.

물론 네가 솔직하게 얘기하면 우리가 널 도와주겠다고 모두가 끊임

없이 유혹했지만, 아이는 이제 속지 않았다. 아이의 방어 기제는 다시 작동했다.

'나는 모른다.' '내가 때렸다.'고 대답했다.

그리고 아이는 경찰서로 찾아온 동생의 살인자인 새엄마의 손을 잡는다. 그 손을 잡고 역시나 그 집으로 다시 돌려 보내진다.

아이는 말 안 하길 참 잘 했다고 속으로 생각했을 것이다.

어른들은 언제나 알고 싶은 것만 캐내고 다시 살인자의 손에 자신을 맡기니까. 아이는 결국 세상을 이겼다. 그랬기 때문에 살아남았다.

아이가 살아남은 비밀은, 아무도 믿지 않은 것이다.

그리고 그것은 현명했다.

말했다면 아마도 누명을 벗고는, 그대로 집에 돌아가 죽거나 다쳤을 것이다.

이것이 당시에 〈그것이 알고 싶다〉 2013년 11월 방송분을 아이의 관점에서 바라봤던 나의 작가적 시선이었다. 나는 이 한 장면을 몇 달 동안 잊지 못했고, 마치 인연처럼 한 영화사에서 이 소재를 나에게 써 보지 않겠냐고 제안했을 때, 곧바로 수락하고 취재에 들어갔다. 그것이 2014년 4월이었다. 그리고 〈그것이 알고 싶다〉에서 2번째 방송분을 5월 말에 방영했을 때, 그 재판과 시위 현장들 속에 나도 보이지 않게 섞여 있었다.

이후, 아이가 진실을 말한 시점은 완전히 계모로부터 격리된 시점이며, 그로부터 분명해진 이 사건의 쟁점은 바로, 아동학대 피해자의 사회를 향한 불신. 즉, "어른들을 믿으면 죽는다."는 자기 생존의 결론이다.

그 참혹한 쟁점 속에서 탄생한 충격적인 딜레마.

"내가 내 동생을 죽였다."라는 아이의 살인 고백에 대해서, 작가로서 이 부분은 앞으로도 반드시 잊히지 않고 회자 되어야 한다고 생각했다.

– 2014년 취재 후 8월 회사에 제출한 기획안 내용 일부

나는 취재한 결론을 가지고 작가로서 결론을 내는 일에 주력했다. 그리고 그 결론을 가지고 회사에 기획서를 제출했다. 그 기획서의 일부 내용은 아래와 같다.

제노비스 기획안
"내가 내 여동생을 죽였습니다."

지켜지지 못한 아이들에 대한 죄책감으로 어른들이 울고 싶은 시대에 어른들을 울게 만들어 줄 영화. 그리고 그 속에서 어른들이 몰랐던 아이의 또 하나의 진실.
"나는 죽고 사는 문제를 따지는데, 어른들은 사실이냐 아니냐를 따져요."

사회적 배경 "방관자"
"칠곡 사건은 한국판 제노비스 사건"

1964년 3월 13일,
캐서린 제노비스는 퇴근 후 집으로 돌아가다가 강도의 습격을 받았다. 그녀는 강도의 칼에 찔려 비명을 질렀지만,
죽어가는 35분 동안 목격자 38명 중 아무도 그녀를 구출하지 않고, 그녀는 그대로 숨졌다.

후에 법정에서 살해범은 이렇게 말했다.

"집집마다 불이 켜졌지만, 사람들이 사건 장소로 올 것 같지는 않아서 계속했다."

계속된 아동학대신고에도 불구하고, 결국 죽음에서 아이를 구해내지 못한 한국판 제노비스 사건과도 같은 칠곡 사건을 통해 우리 사회의 방관자적 자세와 사회 구조적인 문제를 꼬집고, 그 속에 활약하는 영준이라는 인물을 통해 한국 사회에서 시대적으로 필요한, 법의 사각지대에서 행동하는 인간상을 제시해본다.

영화적 가치
"사실이 무엇인가는 중요하지 않다는 진실의 가치."

칠곡 사건이 괴이한 점은 11살 아이가 동생을 죽인 계모의 죄를 대신 지고, "내가 내 동생을 죽였다."라고 자백한 데에 있다.

이 자백을 친엄마조차도 이해하지 못해서 탄원서에 자신의 딸을 괴물이라고 표현했다. 그러나 사건을 추적한 결과, 진실은 다른 곳에 있다고 생각하게 되었다. 단지, 아이는 살고 싶었을 뿐이다.

어른들은 그런 아이를, 한 번도 아이의 마음으로 바라본 적이 없었다. 시민운동이 전개되고 있는 지금까지도 모두가 사실이냐 아니냐에만 관심이 있고, 아이를 살리거나 보호하는 데는 관심이 없다. 단지, 이 괴이한 사건에 대한 논리적 해석만이 난무할 뿐이다. 사회가 이런 각성해야 할 진실이 있을 때, 의미 있는 이야기는 성립되는데, 그것이 이 이야기가 영화로 꼭 만들어져야 하는 이유다.

현실의 "딜레마"를 영화로 풀어내다.

한 아이가 피해자에서 가해자로 둔갑하면서 살인 고백을 벌이는 정점의 딜레마.

"내가 내 동생을 죽였다."

칠곡 사건의 핵심은 아이가 계모의 학대를 경찰에 신고했지만, 방관자들에 의해 사건은 묻히고, 후에 아이가 방관자들 앞에 살인 고백을 하며 돌아온다는 것이다. 그것을 목도한 방관자들의 죄의식을 깨우면서, 실제 사건은 사회적 파장과 심리적 경종을 울리게 된다. 죄를 짓지 않았으나 사람들을 죄의식에 빠지게 만든 이 사건의 아이러니가 시나리오에서 가장 큰 감정적 포진이며, 그 원인을 사회구조적인 문제와 사람들의 방관자 자세가 같이 접목됐을 때, 그 조합이 어떻게 개인에게까지 내려와 영향을 미치는가…로 보여주고 있다.

또 이 접목에 노출된 아이는 어떻게 왜곡된 현실 속에 놓이는가…에 대해서 우리 사회는 심도 깊게 논의해봐야 한다고 생각한다.

그 왜곡 속에서 아이는 파격적인 "내가 내 여동생을 죽였다." 딜레마를 탄생시켰다.

이 시나리오는 그 복잡한 프로세스를 아이의 관점과 감정을 통해 쉽게 풀어준다.

"내가 내 동생을 죽였다."라는 딜레마의 실체를 아이를 통해 밝혀낸다.

법이 만들어질 때까지 사각지대는 내버려 둬라. 할 일은 했다.

하지만 사각지대에서 무수한 아이들이 고통 받거나 죽어간다.

내일이 아니니까. 남이 구하겠지. 귀찮잖아. 법이 알아서 하겠지. 법이 아닌 걸 어떻게.

아이가 죽어도 모두 다 계속 말하고 있다.

나는 죄가 없다. 죄가 없다.

그러나 아이 입장은 달랐던 것이다.

죄가 없는 것으로는 자신이 살질 못한다.

그래서 아이는 자신을 보호해주는 않는 모든 이들로부터 떠나, 오직 자신이 살겠다고 생각하니까 법과 윤리, 그 모든 걸 뛰어넘게 된 것이다.

그 정점에 "내가 내 여동생을 죽였다."라는 고백이 있는 것이다.

그것이 이 딜레마의 실체다.

세상 사람들의 눈에는… 동생을 죽인 괴물이 되어버린 아이.

그러나 아이의 눈에는… 동생을 죽인 살인자와 함께 살 수 밖에 없게 만든 이 세상이 바로 괴물인 것이다.

– 취재 내용 일부, 시나리오의 분위기를 만든 친절하지만 무기력함

• 모를 수가 없는 학대 사실.

처음엔 무작정 어떤 준비도 없이 아이가 살던 아파트를 찾아갔다.

가장 이상했던 것은 숨어 살 것이라고 생각했던 집은 오히려 그 지역에서 탁 트인 대로변에 있었다.

게다가 아파트 계단을 오르내리며 말소리가 얼마나 울리는지도 확인도 해봤다.

복도식 아파트여서 아이를 때리면 모를 수가 없었다.

• 거짓말하는 어른들.

나는 좀 더 순도 높은 정보를 얻고 싶었다.

그래서 주로 아이들에게 혹시 여기 사는 너희 친구 얘기 아니? 묻고 다녔다.

아이들은 그렇다고 대답했다. 그 아이는 어디 학교에 다니는 아이라고 솔직하게 말해주었다. 부정확한 정보라도 아이들은 자기가 아는 대로 솔직하게 말해주었다. 각본에 아이들이 정의의 사도로 많이 등장하는 이유는 실제로 취재를 할 당시에 이 사건을 어른이 아닌 아이들에게 묻고 다녔기 때문이다.

• **친절하지만 통제된 정보들.**

언론에서 말한 것처럼 정말 모든 정보가 통제되어 있는지 확인하기 위해, 해당 경찰서와 법원에 가서 사건열람을 신청해봤고, 실제로 거절당했지만, 모두 친절했다.

상담 전화도 24시간 받는다고 하지만, 직원들은 저녁이 되면 모두 퇴근한다. 시나리오 있는 '아이들의 웃음이 우리들의 미래'라는 아이러니한 플랜카드 문구 역시 실제 사건 당시에 해당 복지관에 붙어 있던 플랜카드였다.

• **무기력한 광경들.**

나는 아이의 무죄 판결이 나는 날 비공개 심리 재판장 문밖 의자에 앉아 있었다.

죄수복을 입은 계모는 카메라를 피해 한산한 복도를 달렸다.

• **열악한 환경들 속에 각성의 목소리.**

언론에서는 크게 보도되었지만, 사실 재판 때 모인 시위대는 적었다. 사실은 열악했다. 이 일을 이슈화해서 아이들을 구해보려고 최선을 다한 언론과 아동학대방지 카페회원들에게 감사하다. 그들의 희생이 있었기에 우리나라 법은 이만큼이나 바뀌었다. 함께 했던 아동학대방지 카페 대문에는 각성의 출발점으로 지금 시나리오의 근간이 된 제노비스 신드롬이 적혀 있었다. 그래서 각본에 제노비스 사건에 대한 법리적인 해석에 대한 씬이 나온다.

- 유사 사건인 남매 목검 살인사건 참관.

남매 중에 아버지가 목검으로 누나를 때려죽인 살인사건 재판을 참
관했다. 아버지가 격리된 이후 동생은 아버지에게 불리한 증언을 했
다. 격리되어야만 결정적인 증거는 나온다.

- 끊임없는 오해와 낭설들.

계모가 불우한 어린 시절의 이유로 양형을 판결 받고, 당시 판결문
과 탄원서들을 확인했다. 그러나 일부에서 아이에 대한 공격과 비
난, 의구심은 계속됐다. 한 탄원서에서 아이에 대해 괴물이라고 적
혀있는 것을 보고 나는 한탄했다. 과연, 이 아이는 누구에게 이해받
아야 하는가…라는 깊은 고민에 잠겼었다. 그것이 결국 각본 속에서
고릴라는 인형을 통해 자기 고백을 하는 씬으로 나왔다.

- 그리고 또 하나의 피해자

영화화가 결정되자, 지인들이 실제 주인공의 모델이 있느냐고 물어
보았다. 지금까지 말하지 않았지만, 있다. 바로 당시 해당 사건의
아동복지사였다.

세상 사람들에게 아이를 구하지 못한 복지사로 기억될 또 하나의 피
해자였다. 나는 복지사님에게 솔직하게 소속과 이름, 연락처를 밝
히고 이걸로 시나리오를 쓰게 될 거라고 말했다. 그러자 복지사님은
내게 그 사건에 대해 있었던 진솔한 얘기를 들려주었다.

자신의 겪었던 고통을 들려주었다. 아이를 구하지 못한 고통의 심리
적 경로는 사실 당시 실제 아동복지사로부터 온 것이다.

나는 그분에게 작가로서 최대한 왜곡하지 않고 써주겠다고 약속을
했다. 최대한 사실에 근접한 영화를 만들겠다고. 그 약속이 결국 이
작품의 스탠스가 되었다.

사실적시

이 기록은 칠곡 사건의 현장취재를 시작한 2014년 4월부터 영화가 개봉한 2019년 5월까지 어린 의뢰인의 각본가로서 작업이 진행된 지난 6년간의 사실적시의 기록이다.

2014년 4월 칠곡 사건 작품개발 계약.

(현) 한국이노베이션의 김영대 대표님이 〈그것이 알고 싶다〉에서 방영된 칠곡 사건의 죽은 아이의 영혼을 달래주는 작품을 써보자는 취지에 동의해 작품 계약을 함.

취재 및 각본작업 스케줄

1차 각본작업 / 제작사 (현) 한국이노베이션
(2014년 4월 ~ 12월까지 3고 총 작업 기간 9개월)

1고, 대본 및 기획서 회사 제출 (2014년 8월 10일)
2고, 수정 내용 : 아동복지사 주인공을 법학도로 설정을 바꿔서 사건에 대한 법리학적 해석을 추가함 (2014년 10월 20일)
3고, 2014년 12월 17일 작업종료. 각본 계약 완료.

한국 이노베이션과 각본 종료 후. 작가 행보.

계약 종료된 각본을 김영대 대표님이 장규성 감독님께 전달.
상규성 감독님이 이 작품을 디 드림 앤드 픽처스 이민호 대표님에게 전달.
민경은 작가가 이민호 대표님과 2015년 드림픽처스 작가 계약.
그러나 민경은 작가가 2015년 KBS 극본 공모전에 당선되면서 이민호 대표님과 합의하에 계약해지. 이후에 전 소속사 대표님이었던 이민호 대표님의 소개로 2016년 9월 처음 장규성 감독님을 만나게 되어, 장규성 감독님, 이민호 대표님, 민경은 작가 셋이서 먼저 팀을 꾸림. 구두로 단독각본과 한국이노베이션으로부터 작품 계약이전을 약속받고 작업 시작. 그러나 작품은 한국이노베이션에 그대로 픽스됨. 방식은 회의하고 수정고를 쓰는 방식.

2차 각본작업 / 제작사 (현) 한국이노베이션

(2016년 10월 ~ 2017년 2월까지 3고 총 작업 기간 5개월)

4고, 5고 수정 내용 – 개연성, 연출씬, 주인공 캐릭터 집중고민.
(회의참석, 이민호 대표님, 장규성 감독님, 민경은 작가)
6고, 수정 내용, 주인공 캐릭터 설정강화.
(각본 마지막 씬바이씬, 장규성 감독님, 민경은 작가)
2차 각본작업 완료. 연출자와 합의한 각본 픽스. (2017년 2월 7일)

저작권 등록

회의에 따라 4, 5고를 수정하고 2017년 2월 장규성 감독님과 씬바이씬으로 6고를 최종각본으로 픽스. (2018년 4월 이 6고로 작가 이름으로 저작권 등록)
이후 장감독님 팀에서 각색자를 붙이는데 각본자로서 동의함.

3차 제작사 이스트 드림.

장규성 감독님 팀에서 각색작가를 붙여 대본수정과 촬영고를 씀.
이스트드림의 조윤미 이사님과의 한국이노베이션의 김영대 대표님의 사실 확인으로 민경은 작가 단독각본 픽스.

3차 제작사인 이스트드림은 장 감독님의 팀이었다.

각본자로서 나의 역할은 나의 전 소속사였던 한국이노베이션과 더 드림앤드픽처스까지였다.

한국이노베이션에서 김영대 대표님과 9개월에 걸쳐 1차 각본을 완성했고, 드림앤드픽처스에서 이민호 대표님과 5개월에 걸쳐 2차 각본을 완성해서 픽스했다. 이후 이스트드림이 제작을 맡으면서 각색고와 촬영고를 진행했고, 촬영고 대본을 본 후에 각본자로서 의견은 장 감독님께 직접 페이퍼로 드렸으나 반영되지는 않았다.

촬영고에 대한 페이퍼 전달내용.

- 법과 제도에 대한 법리적인 해석에 대한 결론을 워딩으로 박아 달라.
- 아이가 아이를 때리는 반정서 장면은 문제의 소지가 있다. 고민해 달라.
- 상업적 톤을 높이기 위해 대사에서 아이의 정서값을 깎지 말아 달라.

이 영화는 아이의 관점에서 세상을 바라본 관점의 각본이기 때문에 아이의 씬이 중요하다. 아이의 대사와 감정이 충분히 우러나와야 한다. 어른의 비중이 높아지면 상대적으로 아이의 모습이 깎이고, 다른 작품과 다를 바 없는 어른들의 얘기가 되어버린다.

모니터링

개인 모니터.
- 초고 모니터링 : 반정서를 필터링 할 수 있는 다양한 분야의 불특정 다수 모니터.
- 초고 완성 후 전달한 개인 모니터 : 기획안과 조고, 년술 : 한중훈 감독님.

- 1, 3고 개인 모니터링 작가 : 김진원 작가.

기관 모니터.
- 2016년 6월, 10월 2차례에 걸쳐. 한국이노베이션에서 1차 각본 완료한 3고에 대하여 드라마화 제안에 대해 KBS 드라마국 합평을 실시함.

안타깝고 고마운 사람들 :
- 긴 시간에 걸쳐 함께했으면서도 어떠한 보상도 받지 못하고 이 작업에서 손을 떼야 했던 이민호 대표님에게 이 작품의 작가로서 고마움과 미안함, 감사를 드린다. 제작사 대표로서도 긴 시간동안 작가로서 부족한 나를 케어해주셨다.
- 취재에 운전기사를 자처하며 동행해주고 3고까지 정성스러운 모니터를 해준 김진원 작가에게 고마움을 전한다.

개봉 : 2019. 6.19. 개봉
출연 : 김래원, 원진아, 진선규 외
감독 : 강윤성

※ 본 이미지는 시나리오 책자의 표지 이미지입니다.

| 류경선 |

주요 작품
영화 롱리브더킹 [목포영웅] 각본
웹툰 롱리브더킹 시즌4 대선편 필명 버드나무 숲으로 연재 준비 중

시놉시스

거대 조직의 보스로 거침없이 살고 있는 '장세출'은 철거 용역으로 나간 재건설 반대 시위 현장에서 만난 강단 있는 변호사 '강소현'의 일침으로 그녀가 원하는 '좋은 사람'이 되기로 마음먹는다. 모든 것을 내려놓고 새사람이 되기 위해 노력하던 '장세출'은 우연히 버스 추락 사고에서 온몸으로 시민을 구하며 일약 목포 영웅으로 떠오르게 되고, 예기치 못한 사건으로 국회의원에 출마하게 된다. 발로 뛰며 점점 시민의 마음을 움직인 '장세출'의 입지가 높아지자, 목포에서 3선을 노리던 반대파 후보 '최만수'는 '장세출'을 눈엣가시로 여기고 그를 저지하기 위해 '장세출'의 라이벌 조직 보스 '조광춘'과 손을 잡고 음모를 계획하는데…

집필기

■ 시나리오 쓰기 전

고등학교를 졸업하고 대구에서 서울 모래내로 상경했다. 당시에 대구에는 만화가가 없었다. 부모님이 얻어준 반지하방에서 1년을 기거하며 만화를 배웠다. 이후 군대를 갔고 제대 후 다시 서울로 상경, 방학동, 의정부에서 4년간 문하생 생활을 했다. 당시에는 돈이 없어서 술안주는 순대 아니면 짬뽕국물, 담배는 절반은 주워 폈다. 28살 때 대구로 와서 만화가로 데뷔 했다, 그즈음 결혼도 했다. 만화가가 되고 사오 년은 괜찮았다. 그 다음부터 사오 년 간은 '눈물'이었다.

만화 산업 자체가 내리막이라 연재할 잡지가 손에 꼽을 정도였다.

혼자 몸이라면 버티겠지만 마누라와 딸아이를 보면 더 이상 버틸 수가 없었다.

이후 많은 일을 했다. 쇠 파이프에 구멍 뚫는 거, 박스 접는 거, 도배, 대리운전, 독서실 총무, 세차, 택배, 그러다가 마지막으로 한 게 만두, 오뎅, 김치, 소세지 등으로 가득 채운 저온 트럭을 몰며 대형마트에 배송하는 일이었다. 출근 새벽 3시 퇴근 오후 1시. 2주에 한 번 휴일, 대형 마트가 쉬는 날에만 나도 쉴 수 있었다.

다시 하라고 하면 때려 죽여도 못할 만큼 힘든 일이었지만… 이 일이 언덕이 되었다. 수입도 만화를 그릴 때보다 훨씬 안정적이었고, 오후에 시간이 제법 남아 틈틈이 만화 작업을 계속할 수 있었다.

이 시기에 '버드나무 숲'의 '숲'과 〈롱 리브 더 킹〉을 연재했다.

그림은 '숲'이 그리고 스토리와 콘티는 '버드나무'가 작업했다.

'버드나무 숲'은 류경선의 버들 류, 임규빈의 수풀 림에서 따왔다.

연재는 주간신문인 일요신문에 했다. 〈롱 리브 더 킹〉은 일요신문 만화공모전 대상작이다. 시즌1은 반응이 없었다. 편집부에서 압력이 들어왔다.

"장세출이 언제까지 건달 시키냐고! 빨리 정치 시키라고." 그래서 할 수 없이 시간을 점프해 선거전을 생략하고 세출이에게 국회의원 뱃지를 달아 줬다. 하지만 그럼에도 불구하고 반응은 없었다. 결국 시즌1을 접고 시즌2를 시작했다.

시즌2는 약 2년 가까이 연재를 했다. 국회의원이 된 장세출이 지역 감정 타파를 위해 대구시장 선거에 출마하는 이야기다. 그림작가와 나는 이번이 마지막 기회라 생각하고 나름 열심히 했다. 그러나 이번에도 반응은 없었다. 또다시 시즌2를 마무리 했다. 나는 그때 〈롱 리브 더 킹〉은 여기서 끝이라고 생각했다.

일요신문과의 인연도 끝이라고 생각했다. 그런데 일요신문 측에서 반응은 없었지만 왠지 우리를 자르기는 아까웠던지 한 번의 기회를 더 줬다.

정치는 어려우니 기업 만화를 해보자고 했다. 어쨌든 고마웠다. 나는 다시 새 작품을 구상했고, 그림 작가와 함께 〈몬스터〉라는 기업 만화를 연재했다.

그리고 이 시기에 일요신문 자회사인 서울 문화사에서 〈롱 리브 더 킹〉 시즌1, 시즌2를 온라인 포털 사이트에 풀기 시작했다. 온라인 파급력은 실로 컸다. 독자들의 반응이 오고 인기가 급상승했다, 일요신문 편집부에서 연재중인 〈몬스터〉를 빨리 접고 〈롱 리브 더 킹〉 시즌3을 다시 연재하자고 목소리를 높였다.

나는 제대로 이야기를 마무리 하려면 몇 달은 연재를 더 해야 한다고 말했지만 당시에는 힘이 없었다. 영화판에서도 만화판에서도 돈 주는 사람이 일등이다. 결국 〈몬스터〉를 날림 공사로 마무리하고 〈롱 리브 더 킹〉 시즌3을 연재했다.

이번에는 동시 연재였다. 일요신문과 카카오페이지에 동시에 연재를 했다. 카카오페이지와는 온라인 독점 계약을 했다. 그리고 이즈음 전화가 걸려 왔다. 한 곳은 작은 영화사였고 한 곳은 방송국이었다. 영화 제의와 드라마 제의였다.

드디어 십수 년 간 꿈꿔 왔던 소망이 이루어졌다.

나는 7년 반을 몰았던 트럭을 팔았다, 인수인계 마지막 날 곳곳에 녹이 쓴 낡은 내 트럭을 후임자가 몰고 서서히 내 눈 앞에서 사라질 때… 나는 만세 삼창을 불렀다. 살면서 가장 행복한 순간이었다.

■ 시나리오 청탁

〈롱 리브 더 킹〉을 쓰면서 항상 드라마를 생각했다. 혹시 제의가 온다면 작품의 성격상 드라마에 더 가깝다고 생각했다. 하지만 나는 돈을 더 주겠다는 방송국 제안을 거절하고 이제 시작하는 작은 신생 영화사와 손을 잡았다.

이유는 두 가지였다. 하나는 대표님이 〈롱 리브 더 킹〉에 가지고 있는 열정이었다. 또 하나는 처음부터 한결같이 대표님께서 내가 직접 각본을 쓰기를 요구했기 때문이다. 그것이 쉬운 선택은 절대 아니다. 이번 〈롱 리브 더 킹〉 영화 제작에 80억 정도가 들어간 걸로 알고 있다. 그 동안 만화 스토리만 써 본 나를 도대체 뭘 믿고… 지금 생각해도 쉬운 결정은 아니었다. 하지만 나는 대표님이 너무 고마웠다.

만화를 시작 한 이후, 이십대 후반부터 나는 줄곧 영화 작업을 꿈꿔왔다.

두렵고 긴장됐지만 기뻤다.

■ 시나리오를 쓰면서

영화는 시즌1을 다루기로 했다. 시즌1은 단행본 다섯 권이다.

그런데 당시 편집부의 압박으로 선거전을 건너뛰었기 때문에 그 과정을 채우면 여덟 권 정도 분량이 나올 것 같았다. 영화에 담기에는 많은 양이었다.

압축해야만 했다. 또 만화에서는 가장 중요했던 모티브 "대통령이 되어 주세요! 그럼 결혼할게요!"라는 소현의 대사도 뺐다.

만화적인 요소를 제거하고 좀 더 현실적으로 바꾸며 각본을 썼다.

만화에서 많이 등장하는 독백도 모두 뺐다. 만화에서 자주 나오는 회상씬도 모두 뺐다. 쓰면서 막히면 영화사 대표님과 전화 통화를 하며 자문을 구했다.

통화로도 부족할 때는 대표님께서 직접 대구로 내려오시기도 했다.

역시 가장 힘든 점은 원작의 장점을 최대한 훼손하지 않은 상태에서의 압축이었다. 아무리 줄여도 길었다. 낭시 이 부분 때문에 대표님께 자문을 구하면 대표님은 길어도 괜찮으니 일단 편하게 작업하라고 충고를 해주셨다.

웹툰 시즌3과 작업을 병행하는 것도 문제였다. 1주일에 하루 이틀은 웹툰을 마감해야 했기 때문에 중간 중간 흐름이 깨졌다. 같은 주인공이 등장하는 이야기였지만 엄연히 다른 구조의 이야기였다. 시작하고 다섯 달 후에서야 초고가 완성됐다.

110 페이지, 씬은 130씬 가까이 되었다. 줄인다고 줄였는데도 많았다. 초고를 보낸 후, 제작사와 투자사의 피드백을 기다리는 동안 초조했다. 그런데 의외로 칭찬을 많이 들었다. 크게 수정을 요구하지 않았다. 엔딩씬을 좀 더 다듬고 예상대로 분량이 많으니 반드시 필요하지 않은 부분은 걷어 내자고 했다. 나는 곧바로 2고 작업을 시작했다. 큰 수정을 요하지 않고 컷을 줄이기만 하면 되는 작업이라 초고보다는 쉬운 작업이라 생각했는데 막상 수정을 해보니 이 또한 만만치가 않았다. 백지 상태에서 이야기를 채우는 작업이나 채워진 이야기에서 걷어 내는 작업이나 똑같이 힘들고 머리가 아팠다.

걷어내면 구멍이 생기고 이야기가 끊어진 느낌이 계속 났다.

어찌 보면 아주 조금 걷어 내거나 대사 몇 줄 바꾼 것뿐인데 내게는 크게 보였다. 진도가 나가지 않았다. 수정 작업 시작하고 두 달 간 아무런 진척이 없었다. 결국 부분적으로 수정하는 방법을 버리고 시간은 걸리더라도 첫줄부터 다시 쓰기로 했다.

초고를 프린터로 출력하고 노트북 옆에 두고 보면서 전체를 조금씩 수정해 나갔다. 어찌 보면 단순 무식한 작업인데 이렇게 작업하니 흐름이나, 분위기, 인물의 성격, 등은 깨지지 않았다. 대사의 톤도 유지가 되고 처음부터 다시 쓰면서 중복되거나 반드시 필요하지 않은 씬이 자연스럽게 줄어졌다.

어느 정도 속도도 붙고 요령도 생기기 시작했다. 그리고 2고 막바지 작업을 할 때쯤 감독님이 결정됐다. 이미 나온 초고로 대표님께서 감독님을 섭외 중이었는데 당시 〈범죄 도시〉를 흥행시킨 강윤성 감독님께서 차기작으로 우리 작품을 선택해 주셨다. 그리고 2고가 마무리 되면 이후 각색 작업은 강 감독님께서 하기로 했다.

나는 내심 한번 정도는 수정 작업을 더 하고 싶었지만 첫 번째 쓰는 시나리오 작업으로 이 정도면 됐다고 생각했다.

영화는 만화와는 다르게 수많은 전문가들이 함께 만들어 가는 공동 작업이라 내 몫은 이 정도면 됐고 이후는 감독님과 대표님 그리고 많은 전문가들이 함께 작품을 훌륭히 완성할 것이라 믿어 의심치 않았다.

이렇게 난생 처음 쓴 각본 작업은 끝났다.

그리고 지금은 두 번째 각본 작업을 하고 있다. 운이 좋아 대표님께서 나를 잘 보셔서 〈짱구와 영자〉 가제로 복싱 영화를 작업 중이다.

초고와 2고는 끝났고 지금은 3고를 쓰고 있다.

역시 머리 아프고 매번 스트레스를 받아 소주가 고픈 날의 연속이지만 하나둘씩 완성이 되고 이야기가 점점 틀이 잡혀 나가는 걸 보면 보람된 직업임에 분명하다.

트럭을 몰며 배송을 할 때도 불행한 삶이라고는 생각지 않았지만 그래도 지금이 더 행복하다. 새벽에 일어나서 트럭을 몰며 배송을 하는 일이나 카페에 앉아 노트북을 보며 머리를 쥐어짜는 일이 내게는 똑같이 힘들지만 요즘이 더 행복한 건 '이야기를 만드는 일이 좀 더 가치 있는 일'이라 생각되기 때문이다. 참 오랜 세월 버텼는데 버티기를 잘한 것 같다.

■ 원작자로서 〈롱 리브 더 킹〉에 대하여

'장세출'이라는 이름은 이십여 년 전 소년챔프에 준비했던 야구 만화의 주인공이었다. '불세출'에서 따왔다. 당시 김세출 박세출 유세출 황세출 등등 여러 성을 많이 붙여 봤는데 '장세출'이 가장 좋았다.

십여 년 전 독서실 총무를 할 때 처음 만든 원고였다. 당시 연재는 거절당했다.

처음 제목은 '우리들의 대통령'이었는데 그림 작가인 동생에게 원고를 넘기면서 동생이 〈롱 리브 더 킹〉으로 제목을 바꾸자고 제안했다. 탁월한 제안이었다.

처음 구상할 때부터 시즌5까지 염두에 두고 작업을 했다.

시즌1은 국회의원 편 시즌2는 대구시장 편 시즌3은 법무부 장관 편 시즌4 대선 편

시즌5 대통령 편이다. 이 구상은 노무현 대통령님의 정치 행보에서 따왔다.

개봉 : 2019. 5. 22. 개봉
출연 : 김민주, 문지인, 김정팔 외
감독 : 김선웅

※ 본 이미지는 영화 본 포스터입니다.

| 최종인 |

이십대는 소설을 쓴다는 평계로 청춘을 낭비했다. 서른 살에 매거진 에디터가 됐다. 주로 호텔 전문지에서 글을 쓰다가 마지막에는 〈에이비로드〉, 〈내셔널지오그래픽 트래블러〉 등 여행 매거진의 에디터로 근무했다. 2017년 웹 드라마로 기획했던 성우 이야기가 영화화되어 2019년 〈뷰티풀 보이스〉라는 이름으로 개봉했다. 덕분에 최근 백수임에도 '시나리오 작가'라고 정신승리를 하고 있다.

시놉시스

영세한 녹음 스튜디오에 갑작스레 큰 프로젝트가 떨어진다! 모바일 RPG 게임 업체에서 게임 내 애니메이션 더빙을 급하게 요구한 것. 두 배가 넘는 금액을 준다는 말에 박 대표는 전국 팔도의 성우들을 모아보지만 쉽지 않다. 결국 은퇴를 앞두거나, 육아에 전념하고 있거나, 심지어 공채 성우가 아닌 사람까지 마이크 앞에 끌어다 놓았다. 오합지졸과 다름없는 성우들을 데리고 프로젝트를 이끄는 것만으로도 힘든데, 더빙 현장을 하나도 모르는 게임 업체 팀장의 갑질마저 시작된다! 톱스타로 성우 배역을 교체하고 예고도 없이 들이닥친 방송촬영, 거기에 코스프레까지? 과연 이들은 무사히 프로젝트를 끝낼 수 있을 것인가?

집필기

■ 1.

김선웅 감독을 알게 된 건 2015년 여름이었다. 당시 나는 호텔매거진에서 기자로 근무를 하고 있었고, 일과가 끝나면 종종 여행기자들과 술자리를 가졌다. 그때 알게 된 동갑내기 여행기자(지금은 원래대로 영화기자로 돌아갔다)가 웅 감독을 소개해줬다. 나는 외근을 핑계로 한걸음에 연남동까지 낮술을 하러 갔다. 웅 감독은 제19회 부산국제영화제 미드나잇패션에 초청된 영화 〈라이브TV〉를 연출했다고 말했다. 첫 장편을 끝내고 일 년 정도 지나 다음 작품을 구상중이라고. 대충 자른 곱슬머리에 날카로운 눈매가 인상적이었다. 소설을 쓰는 일을 포기하고 있던 나는 그런 자리가 마냥 좋았다. 처음 만나본 영화감독에게서 작품 하나를 완성하고 다음 단계를 준비해 가는 열정이 멋졌다. 술이 한두 잔 들어가고 이야기가 쌓이며 자연스레 재미난 일을 해 보자는 말이 그의 입에서 나왔다. 이게 웬 행운인가 싶었다.

웅 감독은 당시 '한국형 히어로'를 구상하고 있었다. 나는 인터넷 커 뮤니티에서 괴담으로 떠도는 '장산범'에 관심을 갖고 있었다. 하지만 결과적으로 두 이야기 모두 집필 초기에 무산되고 말았다. 한국형 히 어로는 강풀 작가의 웹툰 〈무빙〉을 넘어설 수 없을 거란 생각이 들었 고, 장산범은 〈숨바꼭질〉로 유명한 허정 감독이 이미 촬영 중이라는 걸 알았기 때문이다. 잔뜩 부푼 기대는 순식간에 김이 빠져버렸다. 다 른 이야기를 떠올릴 겨를도 없었다. 웅 감독은 곧 게임업체와 함께 다 양한 웹 콘텐츠를 만들었고, 나는 매달 잡지 마감을 치느라 바빴다. 그렇게 서로 연락이 뜸해졌다.

2016년부터는 연남동에 자주 머물렀다. 친동생이 연남동 한구석에 프렌치 레스토랑을 오픈했다. 동생이 오너셰프로 요리에 몰두한 탓에, 인건비도 아낄 겸 혈연 페이로 퇴근 후 레스토랑에 나가 서빙을 도왔 다. 호텔을 취재하면서 어깨너머로 배운 서비스를 어쭙잖게 따라했다. 이때 알게 된 사람이 바로 김인 성우였다. KBS 37기 공채 성우인 그 는 호텔조리학과를 졸업했다. 입 밖으로 내뱉는 것을 업으로 돈을 벌 고, 그 돈으로 입 안을 채우는 데 아끼지 않는 사람이었다. 나는 소설 을 쓸 때 특별한 직업을 가진 사람들 이야기를 좋아했다. 대학시절 개 인의 내면으로 파고들던 90년대 사소설보다 김영하 작가의 독특한 소 재를 다룬 단편소설에 빠져들기도 했으니. 그래서인지 나는 성우라는 직업과 김인이라는 사람 자체가 무척 마음에 들었다. 연남동에서 함께 온갖 맛집과 술집을 다녔다. 마침 그가 여자친구와 헤어진 것도 자주 술을 마실 좋은 핑계가 되었다. 그리고 그 술자리에 나는 꽤나 오랫동안 연락하지 않던 웅 감독을 불러들였다.

■ 2.

2017년은 연초부터 우울했다. 유명한 잡지가 폐간될 만큼 전반적인 매체 시장이 좋지 않았다. 단순히 지면에 화보와 글을 싣는 것만으로는 답이 없었다. 광고주들은 더 많은 콘텐츠를 요구했다. SNS는 기본이고 슬슬 영상까지 요구가 늘어났다. 나 역시 웹드라마 같은 새로운 콘텐츠를 만들어야겠다는 강박이 생겨났다. 내가 잘 할 수 있는 게 무엇이 있을까? 그때부터 나는 술과 음식에 관련된 웹 드라마를 두세 개 준비했다. 실제 클라이언트의 투자로 이어질 법한 기획을 완성하려고 노력하면서. 그런 의미에서 웹 콘텐츠를 여러 번 연출한 웅 감독은 좋은 조력자였다. 함께 기획을 다듬어가며 투자자를 찾기도 했다. 될 듯 말 듯한 상황이 이어졌지만 앞의 영화처럼 끝끝내 기회가 주어지지 않았다. 그날도 웅 감독, 김인 성우와 함께 새벽 두 시가 넘어서까지 한탄을 하며 술을 마시고 있었다. 게임 더빙을 하고 온 김인 성우의 이야기를 듣다가 무심코 웅 감독에게 말했다. "게임 더빙을 하는 성우들 이야기를 웹 드라마로 만들어보는 건 어때요?" 김인 성우도 바라봤다. "개인적인 이야기도 좀 넣어서." B급 감성의 병맛 스토리가 떠올랐다. 그래, 세상 덕후들을 다 불러다 모을 수 있는 이야기를 만들자! 처음 머릿속에 떠오른 건 미국드라마 〈더 오피스〉였다. 녹음실이라는 한정된 공간에서 이뤄지는 작은 소동극. 페이크 다큐멘터리 형식으로 병맛 인터뷰들이 가미된 코미디를 생각했다. 그저 술자리 안주로 떠오른 생각을 잔뜩 토해냈다. 술이 채 깨지 않은 다음 날 아침, 웅 감독에게 전화가 왔다. "해보자!" 그래서 나는 갑작스레 〈우리는 성우다(가제)〉 웹 드라마의 시나리오를 쓰기 시작했다.

사실, 웅 감독은 이미 게임업체로부터 마케팅에 활용할 영상 콘텐츠 제작 의뢰를 받은 상태였다. 예산 외에는 정해진 게 없는 상황에서 '게임 더빙을 위해 모인 성우'들 이야기는 '투자자'에게 호기심을 불러일으켰다. 성우이야기는 새로운 게 아니었다. 그래서 기획 단계에서부터 무리수라 생각하지 않았다. 1999년 일본 대중문화 2차 개방 때 이와이 슌지 감독의 〈러브레터〉, 〈사월이야기〉와 함께 패키지로 들어온 〈웰컴 미스터 맥도날드〉가 있었기 때문이다. 일본 특유의 과거에 대한 존경심과 애틋한 그리움을 라디오 드라마에 투영했다. 멋진 영화였다. 나는 〈웰컴 미스터 맥도날드〉의 재미를 가져오면서도, 최대한 다르게 쓰려고 노력했다. 최신 커뮤니티의 밈도 포함시켰다. 다양한 덕후들을 모으기 위해 개인적으로 좋아하는 축구와 애니메이션을 포함시켰다. 그리고 성우 영화니까 성덕(?)들이 좋아해줄 거란 막연한 자신감도 있었다. 이 이야기의 무리수는 말도 안 되는 마감날짜뿐이었다. 한 달 안에 시나리오를 완성하라니! 2017년 5월을 고스란히 바쳐 간신히 이야기를 마무리했다. 물론, 굉장히 형편없었다.

■ 3.

완성도는 차치하고, 웹 드라마 시나리오를 쓰기 위해 제일 먼저 한 건 술을 마시지 않은 맨 정신 상태로 김인 성우를 불러 인터뷰를 진행한 것이다. 창밖으로 햇살이 들어오는 사무실에 어색하게 앉아 낡은 소니 녹음기를 꺼냈다. 녹음을 시작하면 그가 뱀파이어가 된 브래드 피트처럼 술술 멋진 이야기를 쏟아낼 거라 믿었다. 그 정도는 아니었지만 공채를 준비하는 과정과 합격 후 2년간 겪게 되는 방송국 생활, 기수문화, 견제와 시기, 사내연애 등 적어도 인물 구성에 단서가 될 만한 에피소드가 나왔다. 흥미진진한 건 안정된 방송국 생활을 마무리하고 야생에 내던져지는 프리랜서 시절이다. 성우 대 성우 관계보다 성우 대 녹음감독의 끈끈한 유대가 유독 매력적이었다. 클라이언트 덕에 우연히 마주치게 되는 헤어진 여자친구에 대한 이야기도.

김인 성우가 힘을 써준 탓에 재능TV의 애니메이션 더빙 현장도 답사를 할 수 있었다. 성우들이 있는 부스와 녹음을 진행하는 콘트롤룸을 오가며 취재를 했다. 대부분 한 명씩 더빙을 하지만, 단체로 더빙을 하는 애니메이션 현장이 인상적이었다. 특히, 기수 차이가 나는 선후배가 모였을 때 생기는 묘한 긴장감이 좋았다. 콘트롤룸의 상황도 새로웠다. 총감독의 지휘 아래 녹음감독과 엔지니어가 더빙을 진행했다. 스크린에 나오는 애니메이션을 갓 나온 따끈따끈한 성우 보이스로 들으며 방송을 보듯 반응하는 엔지니어 분이 무척 귀여웠다.

개성 강한 성우들과 스튜디오의 감독. 이들의 관계가 이야기를 풀어가는 키포인트가 됐다. 경쟁자인 성우끼리 보다는 유리벽을 사이에 두지만 서로를 이해하려 노력하는 성우와 감독의 끈끈한 감정선이 마음에 들었다. 목소리만 들리고 얼굴이 알려지지 않은 성우들에게 '나는 당신이 보여요!'라고 말하는 것만 같았다.

몇 가지 디테일한 에피소드를 추가로 모은 뒤 김인 성우를 중심으로 캐릭터를 나눴다. 최종적으로 배우를 꿈꾸는 업계 최고의 베테랑 성우, 은퇴를 앞둔 악당전문 성우, 애니메이션을 좋아하는 오타쿠 성우 그리고 오타쿠 성우와 함께 지망생 시절을 보냈지만 공채 합격이 2년이나 늦어 자격지심에 헤어진 성우를 만들었다. 모두가 김인이고, 김인이 아니었다. 그리고 이들이 함께 모여 갈등을 겪으려면 다소 과장되더라도 전부 한 자리에 모이게 할 수 밖에 없었다. 최신 모바일 게임을 해보지 않은 나로서는 그 이유가 잘 그려지지 않았다. 아재스럽지만 〈창세기전〉이나 〈파이널 판타지〉 시리즈처럼 게임 속 애니메이션 더빙을 주된 상황으로 설정했다. 배경이야 뻔하고, 캐릭터와 사건을 만들었으니 이제 술술 글만 쓰면 되는 상황에서 예상 못 한 복병이 나타났다.

■ 4.

　첫 번째는 웹 드라마가 아닌, 영화로 시나리오를 변경하기로 한 결정이다. 예산이 턱없이 부족했지만, 어떻게든 독립영화 한 편을 찍을 수 있을 거라는 웅 감독의 확신이 있었다. 일단 녹음실 한 장소에서 벌어지는 일이기에 가능하다고 판단됐다. 또 과거회상을 지독히도 싫어하는 감독 성향상 하루 만에 실시간으로 쭉 이뤄지는 스토리로 바꿔야 했다. 불행 중 다행인 건 드라마도 영화도 시나리오 한 번 써본 적이 없던 나였기에 그냥 아무 생각 없이 글을 시작했다는 거다. 두 번째는 본 스토리의 시나리오뿐 아니라, 영화 내 게임 애니메이션 시나리오도 써야 한다는 것이었다. 게임이 제작 중인 상태여서 관련 자료를 가지고 상상만으로 또 다른 이야기를 만들어야 했다.

　부족한 경험과 닥쳐오는 마감일로 인해 휘뚜루마뚜루 완성된 시나리오를 6월이 다 되어서 웅 감독에게 전달했다. 어설픈 시나리오였지만 수차례 핑퐁을 반복하며 수정방향을 조율해갔다. 감독과 원고를 주고받으면서 점차 성우 세계의 디테일한 이야기가 빠져나가고 보통 사람들의 이야기가 추가 됐다. 이 과정에서 가장 많은 내적 갈등이 있었다. 그렇게 바뀌어 가는 글들은 더 이상 내 것이 아닌 것처럼 느껴지기도 했다. 이십대였다면 그냥 다 관뒀을 깃 같았다. 하지만 에디터 생활을 하면서 깨달은 사실을 마음속에 새로이 담았다. '잡지는 편집장 거, 영화는 감독 거.'

물론, 나아가는 방향에는 충분히 공감했다. 하지만 성우 세계에 대한 현실적 고증이 희미해져 갔다. 한동안 문제가 되었던 스타들의 한국어 더빙을 해프닝으로 만들기 위해 육아로 인한 여성의 경력단절을 가져와야 했다. 그런데 성우라는 직업은 육아로 인한 경력단절에서 어느 정도 자유로운 편이다. 자격지심이 있던 성우는 공채 성우가 아닌 유튜버로 바뀌었다. 나였으면 쓰지 못했을 과감한 장면들과 병맛 상황들이 추가되면서 두 달여에 걸친 시나리오 작업이 완성이 됐다. 제목은 어느새 〈하쿠나 마타타 폴레 폴레〉가 되었다. 스와힐리어로 '괜찮아, 다 잘 될 거야!'라는 뜻. 순탄하게 촬영이 진행되고 개봉이 되길 바라는 마음이었다.

■ 5.

계약서에 사인된 금액이 전부 계좌로 들어왔다. 여기까지가 내가 해야 하는 일이었다. 다시 매달 잡지를 만드는 일상으로 돌아가야 했다. 시놉시스도, 트리트먼트도 없는 기묘한 이야기를 하나 마무리한 채로. 지금 생각해보면 객기다. 제대로 된 설계도 없이, 거푸집 하나 제대로 만들지 않고 집을 지었다. 심지어 원래 지으려 했던 건 집도 아니었는데. 그래도 나의 시나리오가 어떤 과정을 거쳐 영화로 만들어지는지 그 과정을 지켜보고 싶었다. 캐스팅 단계에서 대본 리딩, 크랭크 업, 편집 시사회까지 모두 함께 했다. 장면과 장면을 연결하기 위해 몇 초만에 썼던 대사를 배우들이 진지하게 고민하는 부분에서 반성도 많이 했다. 개봉을 하고 나면 다음 작품은 좀 더 잘 써야겠다는 생각도 했다. 아쉽게도 2017년 그 해에 〈하쿠나 마타타 폴레 폴레〉가 세상에 공개되는 일은 없었다.

창간부터 함께 한 호텔 매거진을 떠나 2018년부터는 여행 매거진으로 자리를 옮겼다. 새로운 생활에 적응하면서 영화는 잠시 뒷전이 되었다. 어느 여름날 아침 한 통의 전화를 받기 전까지는 이 영화를 까맣게 잊고 지냈다. "부천 가자!" 〈하쿠나 마타타 폴레 폴레〉가 부천 판타스틱 영화제에 한국장편으로 특별초청된 것이다. 현장에서 직접 듣는 관객의 웃음과 박수소리. 영화를 찍을 때 보다 훨씬 유명해진 배우들의 놀라운 인기. 모든 게 벅차오르는 순간이었다. 가을에는 서울독립영화제에도 초청되어 입소문을 타다 2019년 5월에야 비로소 〈뷰티풀 보이스〉라는 이름으로 개봉을 하게 됐다. 아무것도 모른 채, 마냥 잘 될 거라는 생각으로 밀어붙인 프로젝트가 이렇게 극장에 걸려 세상에 나간다는 게 아직도 믿어지지 않는다.

이름이 없습니다.

현장용 시나리오 제본고는 작가의 피와 땀이 담긴 책입니다.
표지에 작가의 이름이 명기돼야 합니다.

Korean
Scenario
Writers
Association

충무로
비사(祕史)
〈7〉

한유림

1941년 함경남도 함흥에서 태어났다. 대학 졸업 후, 영화 월간지였던 〈영화 세계〉에 근무하다 김기영 감독의 〈하녀〉 시나리오를 접하고, 그 매력에 이끌렸다고 한다. 이후 시인이자 시나리오작가였던 김지헌의 집에서 3년 동안 머물며 사사했다. 1965년 〈성난 얼굴로 돌아오라〉의 시나리오로 영화계에 데뷔한 후, 1966년 이광수의 〈유정〉을 각색한다. 이후 1970년대 중반까지 다양한 장르의 시나리오 작업을 하는데, 그 가운데는 〈수절〉(1973)과 같은 공포물, 〈아빠하고 나하고〉(1974) 같은 가족 멜로 드라마, 〈금문의 결투〉(1971) 같은 무협물 등이 폭넓게 펼쳐져 있다. 1970년대 중반 이후로는 방송극으로 주요 활동 무대를 옮기는데, 1980년대에는 특히 기업 관련 다큐멘터리 드라마에 집중하여 현대건설, 대우그룹, 국제그룹 등의 기업사를 다룬 라디오 방송극은 단행본으로 출간되기도 한다. 1989년에는 백시종, 김녕희, 전범성 등의 작가들과 함께 기업문학협의회를 결성하여 기업사를 문학 장르로 넓히려고 시도한다(매일경제).

| 각본 안개도시(1988), 동백꽃 신사(1979), 천하무적 (1975), 출세작전(1974), 연화(1974), 대형(1974), 아빠하고 나하고(1974), 위험한 사이(1974), 요화 배정자(속)(1973), 여대생 또순이(1973), 협기(1973), 수절(1973), 금문의 결투(1971), 월남에서 돌아온 김상사(1971), 첫정 (1971), 현대인(1971), 지금은 남이지만(1971), 미워도 안녕(1971), 당나귀 무법자(1970), 버림받은 여자(1970), 어느 소녀의 고백(1970), 불개미 (1966)
| 각색 며느리(1972) – 윤색, 괴담(1968), 유정(1966)
| 원작 여대생 또순이(1973)

UIP 사건 /
학사주점 사건과 영화계 풍속도

| 한유림 |

UIP 사건

충무로에는 매일 죽는 사람도 많다. 엑스트라나 조연으로 출연하는 연기자들은 전쟁영화나 사극영화에서 시체 역을 하며 카메라가 돌아가는 시간, 가만히 누워서 숨도 자제하며 기다려야 했다.

박x용이란 배우가 있는데 태권도를 해서 발차기에는 능했고 키가 커서 악역을 많이 했는데 무명시절 엑스트라역도 많이 했었다.

전쟁영화를 찍는데 폭약에 파편이 튀어 공포탄을 맞고 쓰러지던 미스터 박은 팔뚝에 섬뜩한 감촉을 느꼈다. 파편을 맞은 게 확실했는데 카메라가 돌아가니 일어설 수 없었다. 뜨뜻한 혈액이 흘렀다. 유독 그 커트가 길어서 3, 4분 걸렸다. 일각이 여삼추란 말이 실감되는 순간이었다.

결국 그 커트가 끝나고 NG였기 때문에 조감독이 소리쳤다.

"시체들 가만히 누워 있어! 한 번 더 가니까."

그날 미스터 박은 약 200g의 피를 흘렸고 제작부장에게 이야기 했더니 그까짓 상처 가지고 엄살을 부리느냐며 약값도 주지 않았다.

미스터 박은 가끔 저기압이 오면 그 팔이 쑤신다고 했다. 그때 제대로 치료를 받지 못했으므로 염증이 생겨 몇 달을 고생했다.

이런 경우는 허다했다. 만년 조감독 장 감독은 〈하얀 까마귀〉를 찍다가 폭약이 터져 한쪽 고막이 나갔다. 평생 불구로 지냈지만 사고 직후 약간의 병원비만 지급받고 보험도 없었다. 결국 그는 영화계를 떠났다. 남에게 아쉬운 소리 못하는 성미라 제작자의 눈에도 띄지 못해 입봉도 못하고 떠난 터였다.

이일목(李一木)이란 작가가 있었다. 이 친구는 영화를 찍다가 부상을 당하지 않았지만 시나리오 작가에서 감독으로 데뷔했다가 여러 가슴에 큰 상처를 남기고 로스앤젤레스로 떠나버렸다.

70년대 초반 영화의 황금시대에 충무로 청맥다방이 우리 삼총사의 아지트였다. 삼총사란 김문엽, 문상훈 그리고 나였는데 우리 삼총사에 끼겠다고 경상도 사내가 나타났다. 그게 이일목이었다.

그의 아버지는 국악계에서 알아주는 일파(一坡)라는 분이고 그 역시 아버지의 뒤를 따라다니며 여성국극 대본이나 창극 대본을 써주다가 시나리오에 입문하려고 충무로에 나온 것이다.

그는 키가 컸고 음성도 남보다 커서 남성미를 은근히 과시하며 주로 액션물이나 사극을 썼다. 처음엔 이거 딴따라가 감히 충무로 입성이냐고 그를 따돌렸지만 워낙 붙임성 좋고 술값도 잘 냈기에 우리 클럽에 넣어줘 사총사가 됐다.

이 친구가 좀 엉뚱한 데가 있어 가끔 사고를 잘 쳤다. 아버지를 닮아 긴소리 잘하고 가끔 술에 취하면 선배 작가들이 잘 부르는 일본 노래도 흉내를 냈는데 을지로 2가 중부서 근처에서 대포를 마시다가 큰일을 냈다.

그날따라 이일목이 일본 노래를 흥얼거렸고 곁에서 술을 마시던 새까만 청년들이 "거 일본노래 부르지 마쇼!" 하니끼 순간 욱한 이일목이 술이 담긴 맥주병을 들어 청년의 머리를 강타, 피가 솟구치고 난리가 났다.

앰뷸런스가 오고 경찰이 와서 우리 사총사는 꼼짝없이 폭력으로 조사를 받았다. 우리는 그 청년이 사망했을까봐 여간 마음을 졸이지 않았다.

다행히 성심병원에서 청년이 20바늘 꿰매고 살아났다고 했다.

우리는 돈을 모아 치료비 물어주고 사건수습을 위해 곤욕을 치러야 했는데 며칠 뒤 이일목은 언제 그랬냐는 듯이 뒷주머니에 한 손을 찌른 채 유유히 청맥에 나타나 우리를 아연하게 만들었다.

이 작가가 어느 날 찾아와 작가협회 회장이 되겠다고 선언했다.

"임마, 우리도 니 선밴데 감히."

"작가협회를 살려야 돼! 그래야 우리 작가가 산다구!"

좀 어이가 없었지만 친구기에 밀어줬더니 덜컥 당선이 되었다. 영화계에서는 새카만 후배가 회장이 됐다고 핀잔을 줬다. 그래도 행동파 이일목은 내 건의로 '시나리오 작가회보'도 창간하고 제작자협회, 문공부 등에 열심히 뛰어 작가교육원도 개설했는데 처음엔 7, 8명밖에 모이지 않아 시나리오 대가 끊어지지 않나 염려가 되기도 했다.

그런데 U.I.P 영화가 들어왔다. 미국영화가 직배(直配) 한다면서 우수한 흥행작품을 U.I.P 한국지사를 통해 우리 배급회사들을 무시하고 개봉해 대만원 성황을 이루었다.

U.I.P 영화에 처음 동조한 게 강남 시네하우스를 막 개장한 정진우 감독이었다. 시네하우스에 U.I.P 영화를 개봉하여 큰돈을 벌게 되자 그와 라이벌 관계에 있던 서울극장 곽정환 사장이 발끈하고 일어섰다. 솔직히 영화해서 성공한 인사가 있다면 곽 사장, 정진우 감독, 주동진 제작자, 신영균 배우 정도였는데 곽 사장과 정진우는 제협에서나 영화계 행사 때 서로 주도권을 쥐려고 으르렁대는 사이였다.

제협회의가 끝나고 회식하다가 두 사람이 맞붙어 서로 목을 밟았다고 주장하지만 어쨌든 큰 싸움판을 벌이기도 했다.

곽 사장(별명 꽉꽉이)은 영화인들을 동원해 시네하우스 앞에 모여 데모를 벌였다. U.I.P 직배영화를 받아들인 정진우는 '각성하라', '제2의 이완용이 되겠느냐'는 등 피켓을 들고 시위했는데 이일목 작가와 김호선 감독이 행동대장을 맡았다.

정진우 감독이 꿈쩍하지 않자 이일목이 이상한 제안을 했다. 시네하우스와 신영극장(신촌소재)에 불을 지르거나 뱀을 집어넣자고 했다. 영화인들은 그건 너무 지나치다 다른 방법을 찾자고 했다. 그래도 강경파 이일목과 몇몇 신인 감독들이 동조해 급기야 시네하우스와 신영극장에 뱀이 출현해 아수라장이 벌어졌다. 물론 독을 뺀 뱀을 청계천에서 구입한 것이지만 영화를 관람하던 관객들이 징그러운 뱀을 보고 기겁을 했다.

더구나 이일목은 몇몇의 신인 감독과 시네하우스에 횃불을 투입, 일부를 태웠는데 마침 그곳에 있던 정진우 감독의 모친이 화상을 입을 뻔했다고 이일목과 몇몇 과격파 영화인을 고소했고, 정진우와 이일목은 견원지간이 되었다.

이 사건은 세계영화사상 초유의 사건이었고 해외토픽으로 나와 한국의 위상에 먹칠을 했다고 평이 나왔고 이일목, 유동훈(당시 영협이사장), 김호선 감독, 정희철 감독, 모 촬영기사, 모 조명기사, 이윤재 작가 등이 방화죄, 혐오동물 투기죄로 피소돼 6개월간 미결수 감옥에서 고생을 하고 나왔다.

그런데 세상일이란 참으로 재미가 있었다. 정진우 감독은 U.I.P 붙여 돈을 좀 벌었는데 〈무궁화꽃이 피었습니다〉를 제작해서 큰 손해를 보았고 U.I.P 영화와도 인연을 끊었다. 그런데 과격한 영화인을 동원, 정진우 감독을 매도하던 서울극장의 곽정환 회장이 거꾸로 U.I.P와 손잡고 흥행에 대박을 터뜨렸으니 이런 경우를 어떻게 설명해야 옳을지 모르겠다. 흥행에 관심이 있는 사람은 양심에 좀 저촉되더라도 흥행만 된다면 수단방법을 가리지 않는 것일까.

이래서 영화해서 성공한 두 사람, 곽정환과 정진우는 평생 라이벌이 되더니 요즘 다시 화해하여 영화인들의 공적인 일을 많이 돕고 있다.

그런데 정작 이일목 작가는 미결수 교도소에서 나오자 영화제작에 손을 댔다. 제작, 감독을 겸한 것인데 주위에서 말려도 소용없었다.

작가들이 제작, 감독하여 성공한 예가 한 번도 없었다.

〈추풍령〉을 썼고 가요 추풍령의 작사가인 전범성(田凡成)도 제작에 손댔다가 실패했고, 김강윤(金剛潤) 선배도, 신봉승(辛奉承) 선배도, 장사공 작가도 나한봉(羅漢鳳) 작가도, 유동훈 작가도 모두 실패했으니, 제작만은 하지 말라고 곁에서 충고했지만 들으려 하지 않았다.

국악(國樂)에 미련이 남아 임권택 감독의 〈서편제〉의 성공에 자극돼 여명창의 얘기를 그린 〈휘모리〉와 불교영화 〈카루나〉를 제작, 감독해서 몇 십 억의 빚을 졌다.

국악계 인사, 친척, 처가, 친구, 영화진흥위원회로부터 제작비를 빌렸으므로 모두 낭패를 보았다. 이일목은 사태가 급박해지자 미국으로 건너가 버렸다. 용인 처가에서 그 빚단련을 받는데 부인이 아이들을 데리고 고생한다는 얘기를 들었다.

동료작가 박철민은 집을 담보로 넣었다가 날려버렸다. 이일목이 박 작가에게 〈휘모리〉와 〈카루나〉 두 작품의 각본, 각색을 맡기고 제작비가 모자라니 선배 집을 담보하자고 해서 응했다가 낭패를 본 것이다. 박 작가가 이일목이 잡히면 죽인다고 이를 갈다가 요즘에는 체념했는지 오면 용서해야지 어떡하느냐고 되묻곤 했다.

사막에 내놔도 먹고살 거라는 이일목 작가는 LA에서 간호사와 결혼, 김지미(金芝美) 배우가 주도하는 LA영화인협회 일을 한다는 소식을 들었다.

영화인은 충무로를 떠나도 영화에의 집념을 버리지 못한다. 이일목 작가도 헐리웃에 도전하기 위해 영어로 시나리오를 열심히 쓴다고 들었다. LA나 뉴욕에 사는 한국영화인들도 다른 일을 하면서도 영화의 집념은 한시도 버리지 못하고 있다.

물론 우리 작가들이 헐리웃이나 유럽에서 영화를 만들 때까지 시간이 걸리리라고 본다. 몇몇 감독들은 다큐영화로, 소형영화로 성공을 거둔 일은 있었지만, 그 고장에서 나고 자라나 그 고장의 전통을 먹고 공부해야만 그 나라의 문화와 철학이 담긴 작품이 탄생할 것이다. 아무리 구성이 뛰어나고 짜인 각본을 쓸 수는 있더라도 그 나라의 정서와 감정이 담긴 작품을 쓰기에는 많은 체험과 시간이 필요할 것이다.

학사주점 사건과 영화계 풍속도

명동에 '학사주점'이란 대포집이 있었다.

주로 막걸리를 표주박으로 떠서 마시고 전과 묵, 두부김치 등 한국의 토속안주로 장안의 인기를 끌었던 주점이었고, 대학생은 물론 명동의 인텔리 문화인들이 몰려들어 벽과 천장에 낙서를 남겨 박정희정권 정치의 답답함에서 스트레스를 풀었다.

이곳에 소위 명동파였던 김지헌, 임하, 최현민, 조흥정, 박종호 감독, 유현목 감독, 나소원 작가, 신봉승, 이봉래, 이종기 작가, 이청기 작가, 이정선 작가, 조진구 감독, 김강윤 작가. 천상병 시인, 신상옥 감독 등이 자주 드나들었다.

이 주점 때문에 곤욕을 치룬 5명의 문화인이 있었다. 술에 취해 인사불성이 되어서 곤욕을 치룬 게 아니라 소위 남산 중앙징보부에 끌려가 치도곤을 맞는 사건이 있었다.

임하가 김지헌 선배를 찾아왔다. 최희숙이라는 여류작가가 〈슬픔은 강물처럼〉이란 소설을 써서 각광을 받았는데 거기 나오는 '다리가 길어서 멋진 남자'가 임하였고, 조선일보 당선 후 여러 작품에 주연으로 출연, 인기가 최고였던 시절이어서 임하가 〈학사주점〉 초고를 보였을 때 김지헌 선배는 대번에 OK 사인을 보냈다.

그때 한창 메가폰의 힘이 올랐던 박종호 감독(〈어느 소녀의 고백〉 〈청계천〉 등 연출)이 눈치 채고 이 초고를 이종벽(李種壁) 제작자에게 들고 갔다. 이종벽은 후일 유현목과 손을 잡고 〈막차를 타고 온 손님들〉 〈한(恨)〉 〈독 짓는 늙은이〉(최하원 감독) 등 소위 문예작품을 제작해 명문으로 소문이 난 제작자였다. 그는 명동 한복판에 양복점으로 시작한 드레서였지만 영화에 손을 대 한때 성공을 거두었다.

세 사람이 좋아서 추천하면 좋은 작품이었다. 이종벽은 초등학교도 못 나온 문맹자였지만 소위 흥행감각은 있었던 모양이다.

흥행감각 얘기가 나와서 말이지만, 청계천에서 장사로 성공, 화천 공사라는 영화사를 설립한 흥행보증수표 박종찬 사장(하명중 감독 처남)은 시나리오가 들어오나 외국영화를 수입하면 온 가족이 다 읽고 감상해서 한 사람이라도 재미가 없다면 절대로 제작하거나 수입하지 않았다. 가족이라면 할머니에서부터 손자, 손녀 심지어 가정부까지 다 참여시키는 거였는데 누구나 봐서 재미있는 작품이 아니면 흥행에 성공하지 못한다는 선대 부친의 방침에 의한 것이었다.

'만인이 공감하는 작품' 이것이 그들의 흥행감각 제 1장 제 1호였다. 덕분에 화천공사는 한때 개봉하는 작품 거의가 흥행에 성공, 흥행 보증수표라는 별명을 얻기도 했다.

어쨌든 이종벽 사장은 박종호 감독의 제의를 받아들여 김지헌의 윤색을 거쳐 바로 촬영에 들어갔다. 물론 임하도 주연급으로 출연하였고, 지방 흥행사들도 대환영이었다.

그런데 이 작품이 개봉 1주일 만에 당국의 압력에 의해 간판이 내려오는 비운을 당하고 말았다. 이때 하필이면 소위 '학사주점 사건'이 터졌기 때문이었다.

학사주점 사건이란 무엇인가?

서울대 문리대 출신 중에 머리가 좋은 김질락 등 3총사가 청맥(靑麥)이란 사상잡지를 발간하다가 자금이 달리자 김질락의 백부 백 회장에게 돈을 융통해 썼는데 이 돈이 김일성의 돈임이 판명됐다. 김질락은 평양에 올라가 김일성과 악수하고 공작금을 받아 서울에 와 청맥지를 계속 발간하며 정부를 공격하다가 중정에 의해서 일망타진 되었는데 이들이 주로 의논을 했던 게 학사주점이었고, 학사주점 낙서에 정부와 박정희를 공격하는 문구가 많아 벼르고 별러오던 중정은 김질락 등이 이곳에서 술을 마셨다는 이유만으로 이 사건을 학사주점 사건이라고 명명, 김질락과 백 부인, 백 회장 등을 사형에 언도했다.

김지헌은 자다가 중정에 불려갔다.

"당신 평북 출신이지?"

"예, 그런데요. 뭐 잘못됐습니까?"

"아냐, 잘 됐어. 1. 4 후퇴 때 자유를 찾아 남하했으니까."

그러더니 수사관 1이 나가고 빈방에 혼자 남겨두었다. 굉장히 넓은 방이었다. 아마 50평 이상은 넓은 휑한 방에 탁자와 의자 두 개만 놓고 약 3시간 동안 아무도 나타나지 않았다. 남산의 계곡에 자리 잡은 소위 중정 5국의 이 방은 고요하기 짝이 없었다. 심심하다 못해 짜증이 날 정도였다. 마실 물도 없이 목이 바짝바짝 탔다.

3시간이 지나서야 수사관 2가 물병을 들고 나타났다.

"선생님, 이런 데까지 오시라 해서 너무나 죄송합니다."

수사관 1과 다르게 너무나 점잖게 대했다.

"아니, 뭐 그런데 내가 여기 와 있는 이유가 대관절 뭡니까?"

"아아, 뭐 급할 건 없습니다. 언제 평양에 다녀오셨죠?"

"예?!"

"조사했더니 지난 16일 밤 11시에서 18일 낮 12시 사이 선생님의 행적이 분명치 않더군요."

"지금 무슨 말씀이십니까?"

"아아, 임하와 박종호 감독도 다 털어놨습니다. 세 분이 평양에 가서 김일성과 악수하고 공작금을 받아왔다고."

"아아!"

김지헌 선배는 기절하고 말았다.

나중에 알아봤더니 이종벽 제작자, 박종호 감독, 임하 작가도 똑같이 당했다. 젊은 혈기로 고함을 치며 대들던 임하는 조인트를 까였다. 숨이 턱 넘어가더라고 했다.

이들은 1주일 만에 풀려났고, '학사주점' '학'자만 들어도 소름이 끼친다고 했다. 물론 영화 〈학사주점〉은 깡그리 망하고 말았다.

그런데 영화와는 아무 상관이 없는 착한 백성 천상병 시인은 왜 치도곤을 맞았는가?

그는 김지헌 선배들과는 다르게 근 한 달간 남산에서 고초를 겪다가 초죽음이 돼서 풀려났다. 나는 그가 나온 지 이틀 만에 봤는데 완전히 반쪽이었다. 얼굴도 그 새까만 피부가 하얄 정도로 초췌해 있었다.

"아니, 천 시인 그동안 어디 갔다 왔어요?"

"지옥요, 지옥!"

천상병은 그 말만하고 도망쳤는데, 그들이 나올 때 철저히 함구하라고 시켰기 때문이었다. 몇 달 후 천상병은 또 조남철 기원에 나타나서 나더러 술 사라고 졸라댔다.

우리는 청와대주점(?)에서 염통을 구우며 막걸리를 마셨는데, 천상병은 김지헌 선배와 똑같이 고초를 겪었다고 했다. 그가 죄가 있다면 학사주점에서 김질락이 건네는 술 한 잔 받아먹은 죄 밖에 없었다.

그런데 중정은 천상병이 김질락과 한패라고 우기면서 근 한 달 간 심리적 고문을 가했던 거였다. 천 시인은 그 후유증으로 '귀천'을 쓰고 하늘나라로 돌아갔다. 중정에서 풀려난 그는 예전처럼 패기 있게 술 사라고 하지 못했다. 지금도 가끔 인사동 찻집 '귀천'에 가서 천 시인의 부인과 대화를 나누곤 했다.

명동 학사주점에 잘 가던 김원두(金源斗)라는 작가가 있었다. 김원두는 소설로 시작한 문학도였는데 고 김동리 선생 문하에서 김원일 등과 수학했다고 들었다.

유난히 눈이 크고 뒤통수가 불거진 천재형의 작가가 충무로를 활보한다고 해서 만나보았는데 역시 짱구머리 이만희 감독과 일한다고 했다. 이 감독은 나와 딱 한 작품 같이 했는데 부산역에서 출발한 열차가 서울역에 도착하면 끝나는 영화 〈기적(汽笛)〉이었다.

한동안 충무로 마리안느 다방에는 이만희 사단 작가와 촬영기사, 연기자들이 많이 나왔다. 특히 영화 〈흑맥〉에 출연했던 송재호(宋在浩)와 xxx는 물론 지금 TV에서 명연기를 펼치는 양택조는 이 감독의 조감독 일을 할 때였다.

김원두는 〈아무도 없었던 여름〉 소설을 막 출간했다면서 읽어보라고 했기에 밤을 새워 읽었다. 문장은 단문으로 단백하고 간명했고, 작가의 관찰력이 섬세하고 예리했다. 모두 피서를 떠난 서울거리의 텅 빈 밤이 작가의 눈에는 그냥 밤이 아니라 인간성 부재로 상징되는 현대 도시인들의 고독과 방황을 그렸다. 소설로서는 빈틈없는 수작이었다.

그는 시사통신에서 일하던 멋쟁이 편집장이 거기를 관두고 펴냈던 '실버스크린'지에 〈의사김 씨〉라는 오리시닐 시나리오를 발표했는데 비슷한 시기에 나의 졸작 〈초원의 불꽃〉(나중에 동정으로 개제)을 발표했으므로 우리는 서로 통했다. 그는 통기타를 잘 치는 멋쟁이였다. 구수한 바리톤 음으로 '예스터데이'를 부르면 목로주점의 여주인과 여종업원들이 삥 둘러설 정도였다.

"야, 넌 작가보다 가수가 더 어울린다."

나는 처음부터 그와 말을 텄는데 고향이 경북 영덕 강구라고 해서 부산서 자란 나와 사투리가 통했기 때문이었다.

역시 그는 문학계뿐 아니라 가요계에도 아는 사람이 많은 마당발이었다. 스카라 극장 옆에 있던 작곡가 김xx 사무실에서 살 때도 있었고, 우리가 잘 가던 괴목정 목로주점에 가수지망을 데려와 인사를 시키기도 했었다.

하루는 그가 떡이 되도록 취해서 브람스 다방 유리문에 기대어 뭐라고 중얼거리고 있어서 그를 부축해서 내가 묵고 있던 수강여관에 데려온 일이 있었다.

"개새끼! 니가 나한테 뎀빈다고? 니는 내한테 안 돼! 한 주먹도 안 된다고!"

그는 누구를 몹시 원망하고 있었는데 나중에 알고 봤더니 권투를 했다는 백결 작가와 한바탕 난투극을 벌였던 모양이었다. 그리고 봐서 그런지 그의 왼쪽 턱이 약간 부었고 꺼멓게 멍이 들어있었다.

이튿날 해장국을 시켜 같이 먹으며 자초지종을 물었더니 한주먹도 안 되는 백결 작가와 싸워(?) 얻어터진 얘기를 했다.

"작가가 깡패냐? 주먹 자랑을 하게."

"글쟁이도 주먹이 있어야 되나 보더라. 윤삼육이 봐. 옛날 을지로 6가에서 놀았다구 윤삼육 사단. 파워가 이만저만이 아니더라구."

"그런데 신경 쓰지 말구 글이나 써. 글쟁이가 붓으로 승부해야지 주먹이 뭐야 주먹이."

나는 말로는 이렇게 했어도 윤 작가나 그때 갑자기 나타난 양xx 작가가 주먹을 휘둘러 제작부장 아무개를 쎈팅(한방에 선제공격)으로 충무로 청맥다방 앞길에 길게 뉘였다는 소문을 듣고서 은근히 부러워하던 때였다.

"니 의사 김 씨 그 각본, 아주 좋아. 영화화 해보지 그래?"

"글쎄. 모두 흥행에 자신이 없다구 해서…. 나중에 내가 제작, 감독 해야지."

"너 돈 좀 있나? 제작능력 있나 말이다."

"내가 돈이 어딨노?"

그의 부인이 녹번동 어디에서 고생한다고 했다. 그래도 그의 이복형이 큰 사업(국책사업)을 한다고 해서 이렇게 운을 떼 보았다.

"그 이복형 찾아가서 4억만 달라구 해봐."

"왜 하필 4억인데?"

"이런 짱구 같으니! 메이커 내는데 딱 4억 들어. 그것도 모르냐?"

"4억이라…."

그는 좀체 용기를 내지 못했다. 김원두는 바둑이 3급이어서 나와 자주 어울렸다. 우리 모임에 자주 끼던 정종화(鄭宗和)는 그때 김태수 사장이 하는 태창영화사 기획부장이어서 가끔 우리들에게 일거리를 가져다주었다.

그때 한 작품이 〈논개〉(이형표 감독) 〈요화 배정자〉 등이었는데 김원두와 술값으로 많이 들어갔다.

하루는 충무로에 나왔더니 분위기가 심상치 않았다. 우리의 아지트 청맥다방에 들어서면 매캐한 담배연기 냄새에 섞여 필름 냄새가 나기도 했지만, 그날따라 김원두의 기다 냄새가 나지 않았다.

"오늘 원두가 안 보이는군."

"원두야 저 주방에 있잖아?"

김문엽 작가가 또 농담을 시작했다. 원두커피 내리는 향기가 자욱한

데 김문엽이 얘기로는 김원두 작가가 '혼인빙자 간음죄'로 검찰에 불려
갔다는 얘기였다.

"뭐?!"

"너 그 여자 알지? 가수지망생 김연실."

"알지. 같이 술도 마셨는걸."

"그 여자가 고소했다는군."

나는 충격을 받았다. 나와 정종화가 한번은 술에 만취돼 김원두의
비밀 아지트를 급습했더니 초라한 단칸방에서 김원두는 그의 애인(?)
김연실과 동거생활을 하고 있었다.

우리는 기타반주에 맞춰 약 200곡 정도의 가요를 생각나는 대로 불
렀다. 나중에 술이 깬 후에 원두더러,

"어쩌려구 그러니? 너 아들과 부인이 있다고 했잖아?"

"그냥 낭만이야."

"낭만 좋아하지 마라. 네 수입도 생각해야지."

"저 애 곧 디스크 나와. 성공가능성이 있다구."

"그럼 저 애 신세진다구?"

"그게 아니라 내가 키워줄 거야. 두고 봐. 꼭 이미자 누르는 가수가
될 테니."

"그래, 알았다. 잘 되기만 바란다."

이러고 그 집을 나왔더랬는데 바로 그 여자(술 마실 때 연실은 이 세
상에서 김원두를 제일 존경하고 사랑한다고 고백했기에)가 고소했다니
믿어지지 않았다.

더 정확히 말하면 연실의 부모가 둘의 아지트를 발견하고 바로 고소
했다는 얘기였다. 많은 영화인들이 변호했으나 소용이 없었다. 그는
정확히 6개월을 살고 나왔다. 수염을 깎지 않아 더부룩한 모습으로 괴
목정에 나타난 김원두의 제일성은 "나도 전과자야!"였다.

"큰 벼슬 했구나?"

"암 벼슬이지. 글쟁이야 체험이 최고 아니야? 여기 빵에 다녀온 놈 있으면 손 들어봐."

"나." 하고 국도극장 앞에서 두목 노릇하던 송장배 작가가 손을 들었다.

"나 자유당 때 사람 패구 많이 들락거렸어. 내 앞에서 주름잡지 말라구."

"아, 송 형 빼구 없지? 봐, 난 큰 경험을 했다구."

그날도 모두 과음을 했다. 특히 솜바지 저고리(겨울)를 입고 온 원두는 코가 삐뚤어지게 마셔 인사불성이 돼 병원신세를 졌다.

이만희 감독이 약간 슬럼프에 빠져 연인 문정숙(文貞淑) 배우와 결별하고 풍전호텔 옆 조그만 여관에 있을 때였다.

나와 김원두가 방문하면 절거덕 절거덕! 쇳소리를 내며 역기를 들던 이만희 감독. 상체를 벗고 우리에게 알통을 보여주던 이감독은 "영화쟁이는 잘해야 돼. 집념만 가지곤 영화 못 만들어. 혼이 있어야 돼 혼!" 하고 언제나 대학교수처럼 우리를 가르쳤다.

혼(魂)이 나중에 꿈이나 비전이라고 생각했다. 그리고 이 감독은 창(創), 창조력, 창조의 능력을 특히 강조했다.

나와 이 감독은 별로 좋지 않은 처지에서 만났다. 왜냐하면 나의 오리지널 시나리오 〈여수(旅愁)〉를 당시 연합영화사 전옥숙(全玉淑) 사장과 계약하고 초고를 써줬다. 그때 전 여사가 감독을 추천하라고 해서 "이 작품은 이만희 감독 외에는 만들 사람이 없습니다." 했는데 한 달 후에 잭이 나왔대서 영화사에 가봤더니 〈여수〉가 〈기적〉으로 타이틀이 바뀌고 각본 백결로 둔갑돼 있었다.

자존심이 상한 나는 저작권 침해로 검찰에 고소했는데, 작가협회 후배가 이 감독이 찾는다고 해서 김화랑 감독 부인 신카나리아 가수가 하던 카나리아 다방에서 만났다.

"한 작가, 우리 한 잔 하자구!"

이 감독이 나를 이끌었다. 그날은 조감독이나 그의 사단 멤버들을 따돌리고 단둘이 명보극장 뒤 이 감독 단골주점에 마주 앉았다.

"아줌마, 술 한 상자 가져와." 해서 나는 맥주 1상자인 줄 알았더니 그 집 남자가 소주 한 상자(중병 24병 짜리)를 들고 와서 쾅하고 놓는 통에 나는 얼이 빠져버렸다.

"자, 한잔 받어!" 하며 이 감독은 이빨로 소주병을 까더니 그라스에 콸콸 따랐다.

"오늘 실컷 마시자구. 우리의 영화 기적을 위해서." 하고 그라스를 들었을 때 뒷문으로 한 사내가 싱긋 웃고 들어와 이 감독 곁에 앉았다. 백결 작가였다.

말하자면 그 자리가 사내들끼리 화해의 자리였다. 나는 맥주잔으로 두잔 연거푸 마시고 정신이 들었다. 이 자리를 피해야 된다고 생각했다. 화장실을 핑계로 나는 36계 줄행랑을 쳤다. 나중에 충무로에서 마주친 이 감독은 "사내가 비겁하고 도망가다니." 하고 씩 웃었다.

나는 전 여사의 사과도 있고 해서 소송을 취하했다. 나중에 명보극장에서 〈기적〉을 봤더니 내 이름이 원작에 조그맣게 나 있었다.

부산역을 출발해 서울역 오기까지의 잡다한 인생을 다뤘던 나의 작품은 쫓고 쫓기는 범죄가들의 이야기로 바뀌어서 몹시 기분이 상했다.

그래도 열차에서 아이를 낳는 장면은 빼지 않고 묘사돼 있었다.

이 작품은 흥행도 되지 않고 영화상 후보에도 오르지 못했다. 어느 평론가는 〈기적〉은 폴란드 영화의 모작이라고 혹평하기도 했다.

내가 영화를 하는 까닭은 나의 의도대로 나의 그림대로 감독이 찍어서 시사(試寫)할 때 내가 느꼈던 이미지를 관객에게 100% 전달되었을 때의 감정(쾌감이랄지 보람이랄지)을 느끼기 위해서였다. 나의 의도대로 테마(주제)가 전달되었을 때, 나는 관객 속에 앉아 영화하는 보람을 느꼈다.

다른 영화인들도 마찬가지 일 것이다. 제작 파트든, 연출 파트든, 연기 파트든, 카메라 파트든, 음악 파트든 관객이 감독해서 눈물을 흘리는 모습을 보고 영화하는 보람을 느낄 터였다.

그런데 한동안 우리 감독들은 각본대로 찍지 않고 콘티에서 마음대로 바꿔 조감독에게 개작시키거나 해서 전혀 엉뚱한 이미지와 그림을 보여주곤 했다.

물론 영화는 감독의 예술이다. 그래도 각본가의 최초의 그림은 매우 중요한 의미를 갖는다. 신상옥 감독은 작가를 우대했다. 한동안 신필름 사단에서 일했던 김강윤, 임희재, 김지헌 트로이카 작가는 최고의 대우를 받았다. 그건 비단 고료의 차원이 아니라 신 감독은 꼭 각본대로 찍었다.

〈상록수〉〈사랑방손님과 어머니〉〈빨간 마후라〉〈연산군〉〈성춘향〉 등의 영화를 보면 각본과 어찌도 그렇게 똑같은지 감탄할 정도였다.

부득이 현장 사정 때문에 변동이 있을 때는 새벽이든 한밤중이든 작가의 집을 찾아가 그 부분을 개작해 달라고 요청해서 작가가 고쳐주면 비로소 그대로 찍는다는 얘기였다.

신상옥 감독은 그의 조감독, 나봉한 감독이나 최경옥 감독들에게 늘 "작가를 최고로 대우해라. 작가를 우습게 아는 감독은 대성하지 못한다." 이렇게 강조했다.

그동안 다른 부문, 예를 들면 경제, IT, 기계, 전자, 자동차, 석유화학, 의료 등 사회 전반에 걸쳐 한국은 70년대와는 판이하게 발전했다. 그런데 유독 영화만은 70년대 그대로다. 3D영회가 개발된다지만 내용이 문제였다. 과연 한국영화가 이란, 베트남, 중국 등과 같이 해외영화제에서 작품상을 수상한 일이 있는가?

혹자는 그 원인이 창작의욕을 불태우는 작가들의 혼(魂)을 꺾어버렸기 때문이라고 했다. 웬만한 감독들은 각본가에게 작품을 의뢰하지 않았다. 각본, 감독을 겸하거나 조감독을 시켜 각본을 만들었다. 최근 들어 충무로에서 각본가들이 제작자나 감독으로부터 작품의뢰를 받는 일이 극히 드물다. 어느 감독은 "작가들이 공부를 하지 않아서."라고 하지만 감독이나 촬영기사들, 그리고 스텝들이 1년에 책은 몇 권이나 읽는지 묻고 싶을 정도였다.

소위 '이야기 산업'의 핵심은 작가 즉 각본가의 무한한 상상력과 창작의욕에서 비롯된다 해도 과언이 아니다. 연출가도 물론 각본가 출신들이 많았다. 그래도 연출가는 어디까지나 엔지니어에 가깝다. 신상옥 감독 같은 이가 상상력이 없거나 창작의욕이 부족해서 밤중에 작가의 집 도어를 노크하는 게 아니었다.

작가의 생각, 상상력 혹은 인스피레이션을 보면 감독은 새로운 영상과 커트가 생겨난다고 했다. 아주 유능한 모 감독의 고백이다. 감독의 고정관념을 깨는 게 각본가의 임무였다.

TV다큐멘터리나 드라마가 그래도 해외에 팔리는 것은 연출자가 극본을 중요시하기 때문이었다. 내가 근 20년간 방송, 출판 등에 외유(?)하면서 크게 느낀 것은 – 물론 영화계 밖에서 안을 들여다보니까 야구선수처럼 선구안이 개발됐었지만 – 한국영화는 자기 것을 잃어버린 채 남의 흉내를 내거나 국적불명의 소재에 탐닉하고 있구나 하는 감회였다. 500만 이상 1000만 관객을 동원한 몇몇 영화를 분석해 봐도 장인(匠人)이 만든 솜씨가 아니라, 괴이하거나 특이한 소재로 잔재주 기술만 발휘한 게 아닌가 하는 것이었다.

우리보다 역사가 짧은 베트남 영화가 깐느나 베니스 영화제에서 작품상을 수상했다. 이란 영화도 마찬가지다. 이란이야 바빌로니아 문명의 발상지여서 전통사상이 깊다고 봐야 하겠지만 오랫동안 프랑스 식민지였던 베트남 영화가 우리를 능가한다는 것은 우리 작가들이 게으르거나 정신을 차리지 못한 결과가 아닌지 모르겠다.

어쨌든 이만희 감독과는 〈기적〉이란 영화 때문에 사이가 어색해졌지만, 결정적으로 더 나빠진 것은 영화 〈들국화는 피었는데〉 때문이었다.

박정희 정권 때 윤주영 문공부 장관이 유독 영화에 관심이 많았다. 당시 영화 진흥위원회의 전신으로 영화진흥조합이 있었다. 정진우 감독이 특채되어 조합 제작이사로 일했다. 그때 정부는 반공영화, 새마을 영화를 만들도록 독려했고 정 감독은 반공영화의 거장 이만희(〈군번 없는 용사〉〈돌아오지 않는 해병〉 등 연출) 감독에게 작품을 의뢰했다. 윤주영 장관에게 진짜 반공영화를 보여주고 싶은 욕구가 강했기 때문이었다.

나는 그때 정진우 감독의 우진필름이 기획한 〈연화〉(蓮花 신봉승 원작)를 각색해서 원고를 넘겼는데 잔금을 받지 못한 상태였다. 그날도 잔금을 받으러 내자동 진흥조합에 들렀는데 정 감독이 〈들국화는 피었는데〉 특별시사가 있다고 작가들이 많이 참석해달라고 요청해왔다.

우리는 문공부 국장들이 마련해준 승용차로 문공부 시사실(중앙청)에 모였다. 최금동, 신봉승, 유동훈, 김하림 등 여러 작가들이 영화를 보았다.

솔직히 이만희 감독 최대의 졸작(?)이었다. 주제도 분명치 않고 전선에서 의미 없이 총포를 쏴대고 정말 재미없는 영화였다.

그런데도 제작진이나 유장관은 영화가 좋다고 자화자찬하며 박수를 쳐댔다. 제작비도 무려 20억인가 30억이 소비된 영화였다.

우리 영화를 가끔 시사해보면 필름이 아까운 작품들이 더러 있었다. 그때 필름 값이 금값이어서 촬영기사나 제삭사들은 촬영기가 촤르르 돌아가면 "만 원 짜리 돌아간다!"고, 조바심을 칠 정도였다. 더구나

NG라도 나면 "아이구 망했구나!" 하고 엄살을 부리기도 했다.

〈들국화는 피었는데〉는 그런 영화였다. 윤 장관은 시사한 작가들을 을지로 4가 서래옥(西來屋)에 초청하여 근사한 저녁을 냈다. 고기와 냉면에 곁들여 술도 한잔씩 나눴는데 나는 왠지 속에서 뭔가 부글부글 끓었다. 이만희 감독이 참석하지 않은 것도 마땅치 않았다. 아마 영화를 만들라 해서 만들어 놓고 자신이 없었던 모양이었다.

나는 이만희 감독처럼 글라스로 소주를 연거푸 석 잔을 비워내고 윤 장관을 가리키며 쏘아붙였다.

"윤 장관, 그것도 영화라고 만들었어!"

너무나 큰소리였기 때문에 작가들이 모두 스톱모션이 됐다.

"모두 사표 내!" 하고 연거푸 고함을 지르자 내 곁에 있던 김하림 작가가 내 입을 손으로 막으며 나를 끌어냈다.

그리고 정신을 잃었는데 눈을 뜨니 라이온즈 호텔 앞 어느 여관방이었다. 김하림이 집필하던 장소였는데 그는 코를 골며 자고 있었고, 나는 몹시 목이 말랐다.

물 따르는 소리에 김 작가가 눈을 떴다. 나를 몹시 나무랐다.

"야, 일국의 장관에게 무슨 망발이야?"

"왜, 못할 소리했어? 그런 영화에 30억 투자하느니 영화인들에게 무료로 나눠주는 게 낫겠다. 좋은 영화 만들라구."

"좌우간 넌 또라이야!"

김 작가는 혀를 끌끌 찼다. 나더러 몸조심하라고 했다. 중정 같은 데 불려갈지도 모른다면서. 나는 "바른 말하는데도 잡아간다면 대한민국은 민주국가가 아니다!"라고 떠들었다.

아닌 게 아니라 정진우 감독이 대노하여 제작부장을 풀어 나를 잡아오라고 했단다.

문상훈 작가는 나더러 지방에 좀 피신하는 게 어떠냐고 말했다. 좀 지나치긴 했지만 후회하지는 않았다. 일주일동안 원고만 쓰고 외출을 하지 않았다. 작품을 썼는데도 잔금을 두 달째 지급하지 않으니 쌀과 연탄도 떨어졌다. 마누라가 비가지로 쌀독 밑바닥을 드르륵 긁는 소리에 잠이 깼다.

없는 돈에 택시를 타고 진흥조합으로 찾아갔다. 때리면 맞고, 치면 받아줄 각오로 제작이사실에 노크하고 들어갔더니 정진우 감독이 더 놀라는 표정이었다.

"아니, 너… 너…."

말을 잇지 못했다.

"어서 잔금이나 주시오."

"야, 정광용! (그의 동생) 한 작가 잔금 갖다 줘! 에이 더러워서."

나는 제작이사실을 나왔다. 잔금도 받았다. 그런데 참으로 사람의 말은 이상한 위력(?)이 있는 듯 했다. 서래옥 폭언 후 꼭 한 달 만에 문공부 장관이 신범식 장관으로 경질됐다.

정말 사표(?)를 낸 거였다.

요즘 윤주영 씨는 사진작가로서 세계 여러 나라에서 좋은 예술사진을 많이 찍어왔다. 개인전도 열었으나 나는 면목이 없어서 가보지 못했다. 마음으로는 아직도 몹시 미안하다. 그때 왜 그런 폭언을 했는지 내 자신도 잘 모르겠다.

윤주영 씨는 장관 재직 시 "나는 장관 관두면 꼭 영화감독이 돼 보겠다."라고 하면서 영화인을 아주 좋아했다. 감독이 되지 못하고 정사진 카메라로 흑백, 칼라사진을 많이 찍었다. 사진집으로 봤는데 예술적 감각이 돋보이는 커트들이 감동을 주었다. 인물사진을 찍어도 한 커트를 얻기 위해 수백 장을 찍는나고 했다. 그분의 작품 활동에 경의를 표한다.

드라마 시나리오 작법 〈9〉

신봉승 작가/석좌교수

1933년, 강원도 강릉 출생. 경희대학교 대학원 국문학 석사. 1960년 현대문학 시와문학평론 추천 등단. 2009년 추계예술대학교 문화예술경영대학원 영상시나리오학과 석좌교수. 한국방송대상, 대종상 아시아 영화제 각본상, 한국펜문학상, 서울시문화상, 대한민국예술원상, 위암 장지연 상 등 수상. 《영상적 사고》《신봉승 텔레비전 시나리오 선집》(5권) 《양식과 오만》《시인 연산군》《국보가 된 조선 막사발》 등 다수. 대하소설 《조선왕조 500년》(48권) 《소설 한명회》(7권) 《조선의 정쟁》(5권) 등 다수.

제9장 각색의 방법

| 신봉승 |

I. 각색 작품의 필요성

시나리오 작가는 기본적으로 오리지널 시나리오를 써야 한다. 그러나 불가피하게 소설이나 희곡 등을 각색(脚色 adaptation) 해야 할 경우도 있다. 이 점에 대해서 일본의 이름 있는 시나리오 작가 기쿠시마 류소(菊島隆三)는 다음과 같이 말하고 있다.

나는 시나리오를 쓸 때 마음에 든 원작을 각색해 보고 싶은 생각은 거의 없다. 제작회사로부터의 요청에 의하여 각색하는 경우를 별도로 친다면, 대개의 경우 내 자신의 발상에 의하여 시나리오를 쓰는 것이 보통이다.

그러나 나의 경우는 기쿠시마의 의견과 다르다. 나는 마음에 드는 소설, 희곡, 만화 등의 원작물이 있을 때 각색을 해보고 싶은 충동을 느낀다. 좀 더 구체적인 예를 들면 오영수의 단편소설 〈갯마을〉을 각색해 보고 싶은 생각은 무려 10년 동안이나 계속되었다. 결국 나는 그 충동을 참지 못하여 오영수 선생을 찾아가 영화화권을 얻어 놓고, 내가 나서서 프로듀서를 구하고 그와 협의하여 영화화를 결정하였다. 물론 각색은 내가 하는 것으로 오랜 꿈을 이룬 경험이 있다. 그렇다고 하더라도 시나리오 작가가 쓰고 싶은 충동을 받을 때, 그것은 대개의 경우 오리지널 시나리오를 쓰고 싶은 의욕에서 출발된다. 물론 나도 예외일 수는 없다.

이와 같은 관계, 즉 오리지널 시나리오와 각색한 작품이 영화화되는 수를 비교해 보면 각색 작품의 비율이 항상 높은 것은 무엇 때문일까. 미국이나 유럽, 그리고 일본이나 우리나라 경우를 보더라도 연간 제작 편수의 약 60%를 원작이 있는 각색 작품이 차지하고 있다는 사실은 무엇을 말하는가. 영화를 제작하는 쪽에서 원작물의 저작권을 획득하여 각색해 달라는 요청이 많다는 것을 알 수 있다.

이 같은 현상은 다음과 같은 세 가지 조건이 있기 때문이다.

1. 인기 작품의 시장가치의 이용

영화란 샴 형제와 같아서 기획하는 단계에서 이미 상업성이 적용되고 있다는 사실은 앞에서 설명한 바와 같다. 그러므로 베스트셀러가 된 소설, 혹은 예술성이 높은 문학작품을 비롯하여 희곡, 수필, 심지어 만화까지도 영화화됨으로써 관객들의 높은 관심을 불러들일 수가 있게 된다. 이를 시장가치(市場價値)의 이용이라고 한다.

우리나라의 경우에도 조병화(趙炳華)의 시집 〈사랑이 가기 전에〉 판사 권순영(權純永)의 수필집 〈법창(法窓)의 봄〉 이윤복의 일기 〈저 하늘에도 슬픔이〉 만화가 김성환의 〈고바우 영감〉 등은 독자(관객)들에게 많이 알려져 있어 시장가치를 이용한 것이 되겠고, 주요섭의 〈사랑 방 손님과 어머니〉 김동리의 〈무녀도〉 황순원의 〈독 짓는 늙은이〉 차범석의 〈산불〉 등은 작품의 문학성이라는 시장가치를 적용한 경우라고 하겠다.

발매 부수가 높은 것은 무엇이든지 영화화된다. 대중가요나 팝송의

가사도 영화가 되고, 어떤 경우는 몇 줄의 에세이도 영화가 되는 경우가 있다. 이런 현상은 우리의 경우만이 아니라 세계의 어느 나라에서나 공통이 되는 문제의 하나다.

가령 〈여성에 관한 12장〉 〈킨제이 보고서〉와 같이 스토리도 없는 에세이나 논문의 형식도 영화화된다. 이 모든 양상이 시장가치를 이용하여 흥행성을 노리고 있기 때문이라 하겠다.

2. 아이디어나 플롯의 빈곤

가장 중요한 대목이다. 오리지널 시나리오만으로는 제작편수의 수요를 충당하지 못한다. 다른 말로 바꾸면 아이디어나 플롯이 빈곤하다는 얘기가 된다. 우리나라 제작 실정을 예로 하여 설명해 보자.

우리나라에서 국산영화가 가장 호황을 누리던 1960년대에는 1년 동안의 영화 제작편수는 대개 140편 정도였다. 그렇다고 하더라도 140편의 시나리오만 있으면 모든 것이 해결되는 것은 아니다. 왜냐하면 한 편의 시나리오가 영화화되는 데는 대개 네댓 편의 시나리오에서 한 편이 채택된다고 보기 때문이다. 이것을 정확히 산출하면 140편의 영화를 제작하자면 적어도 500여 편의 오리지널 시나리오가 있어야 한다는 결론이 나온다. 그러면 80명의 시나리오 작가(시나리오작가협회의 회원 수)가 1년에 7, 8편씩의 오리지널 시나리오를 쓰지 않으면 안 된다. 이는 이론으로도 실제로도 불가능한 일이다.

시나리오 작가의 아이디어나 플롯이 빈곤하면 프로듀서가 소재를 찾아 나서게 된다. 여기에서 원작물의 영화화가 필요해진다. 신문에 대서특필된 특정 사건이나 거기에 휘말린 사람의 애환은 말할 것도 없고, 소설이나 희곡 등도 이미 다른 매스 미디어에 의하여 발표되고 공연된 것이기 때문에 관객의 반응도 새삼스러울 것이고, 선전비도 절약

되며, 흥행에 있어서도 안전성을 기할 수 있다는 기대를 갖게 되기 때문이다.

3. 관객의 기호에 따라

관객의 호기심을 자극한다는 것은 앞에서 설명한 시장가치의 이용도 되겠지만, 그보다는 관객의 보고 싶어 하는 욕구를 충족시켜 주는 경우라고 할 것이다. 좀 오래된 얘기가 되겠지만, 김희창의 라디오 드라마 〈또순이〉의 청취율이 대단히 높았고, 또 함경도 사투리를 쓰는 또순이라는 인물의 캐릭터가 특이하고, 또순이의 이미지를 시각화(영상화)하면 어떻게 될 것인가 하는 대중심리, 다시 말하여 그들의 호기심을 자극하여 흥행성을 높이자는 것이다.

또 다른 하나는 문자나 청각으로 묘사된 대목에서 가장 감명 깊었거나 인상 깊었던 장면을 영상으로 옮겨 놓으면 어떻게 될 것인가 하는 호기심을 충족시키는 것으로 흥행의 성공을 거두겠다는 기획이 될 것이다. 예를 들면 펄벅의 소설 〈대지〉를 영화화하면, 소설에서 가장 인상 깊었던 곳… 쏟아지는 폭우와 홍수는 어떻게 표현했을까, 또 수백만 마리의 메뚜기떼를 어떻게 촬영했을까 하는 관심 때문에 소설을 읽은 사람은 대개 극장을 찾아오게 된다는 논리가 되는 것이다.

우리나라에서 동인문학상(東仁文學賞)을 수상한 소설이 대체로 영화화되는 것은 소설의 작품성이 영화의 작품성으로 연결되었을 것이라는 기대가 관객들의 기호를 자극하게 되는 경우라고 하겠다.

이상에서 설명한 세 가지 요건은 영화예술의 기업성이라는 면에서 볼 때 불가피한 조선이 될 수밖에 없다. 그러므로 세계의 어느 나라에서도 원작물을 각색한 작품이 오리시널 시나리오의 수를 압도하고 있는 것이라고 하겠다.

II. 각색의 방법

■ 각색의 개념

각색(adaptation)된 시나리오가 긴 소설을 짧게 간추린다든가, 짧은 소설을 길게 늘어 놓는 작품이라고 생각하는 것은 큰 잘못이다. 만일 긴 것을 짧게 하고 짧은 것을 길게 하는 것만이 각색이라면 누구나 각색 작업에 성공할 수 있을 것이다. 그러므로 어떤 장르의 원작물을 각색하더라도 거기에는 각색자의 독창성(獨創性 오리지널리티)이 작용되지 않으면 안 된다.

영화예술이 영상을 매개로 하는 독립된 예술분야임은 앞에서도 수없이 설명했다. 때문에 소설이든, 시든, 혹은 희곡이든, 일기든 간에 매체가 다른 문자로 쓰인 원작물을 영상작품이 되게 각색하게 되었다면 일단 소재 정도로 판단해야 한다. 그러므로 아무리 명성이 높은 소설이라도 원작에 해당된다면 해체(解體)의 과정을 거쳐 영화적인 언어로 재구성되어야 하는 것이다. 이 해체에서 재구성까지의 과정에서 작가의 오리지널리티가 부여되면서 각색 작품의 완성도가 높아지는 것이다.

각색 작업에 임했을 때 원작의 정신이나 테마를 살리는 것이 대단히 중요한 일이지만, 그것은 원작이 가지는 정신이나 테마를 고스란히 살려낸다는 개념이 아니다. 그러므로 원작과 동일한 대사, 동일한 스토리로 충실하게 나열하는 것을 각색의 개념이라고 오인한다면 문제가 심각해진다.

각색을 하는 작가에게는 원작이 해체되는 순간, 사실상 원작은 없어진 것이나 다름이 없다. 따라서 각색자는 원작을 소재로 하여 오리지널 시나리오를 써야 한다는 것이다.

이를 알기 쉽게 도시하면 다음과 같이 된다.

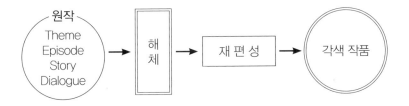

소설가 황순원 선생은 나의 대학시절의 은사다. 내가 황순원 선생의 단편소설 〈독 짓는 늙은이〉를 각색하게 되었을 때, 은사의 소설을 해체하는 것이 대단히 민망하여 다음과 같이 말씀을 올렸다.

"선생님, 어쩌면 작품이 많이 달라질지도 모릅니다. 양해해 주십시오."

선생님의 대답은 아주 명쾌했던 것으로 기억된다.

"소설과 영화는 별개의 것인데 뭘. 모든 것은 신 작가가 알아서 할 일이야."

원작자와 각색자의 관계를 잘 보여주는 에피소드이기에 나의 체험담 한 토막을 소개해 두는 것이다.

참고로 여러 가지 장르의 원작물을 각색하는 요령을 적어 둔다.

■ 단편소설

① 오리지널 시나리오를 쓴다고 생각하라.

② 유사 작품을 모조리 읽어라.

③ 가능하면 동일 작가의 다른 단편을 혼합할 생각을 하라.

④ 단편소설일수록 테마가 강하다. 때문에 테마를 정확히 포착하라.

⑤ 인물의 해석을 정확하게 하고, 합당한 인물을 창작하여 보충하라.

⑥ 지문에 신경을 써라. 거기에 많은 극적 요소가 숨겨져 있다.

- **희곡**

① 대사에 주의하라. 극적인 요소는 모두 대사에 담겨져 있다.

② 장소의 설정과 전환에 유의하라.

아무리 긴 희곡이라 하더라도 10장면 이상의 것은 별로 없기 때문이다.

③ 인물의 성격을 정확하게 파악하라.

희곡의 생명은 인간을 묘사하고 있기 때문이다.

④ 가능하면 연극을 보아 두는 것이 크게 도움이 된다.

⑤ 시간적인 구조를 정확하게 분석해 보라.

- **장편소설**

① 길다는 데 현혹되지 말고, 일단은 아이디어를 얻는다는 생각으로 읽어라.

② 인물을 줄일 생각을 하라.

③ 신문소설인 경우 피카레스크 수법에 현혹되지 말라.

④ 불필요한 장면을 과감하게 잘라낼 수 있는 용단을 가져라.

- **수기나 일기**

① 우선 거짓말이라 생각하라.

② 극적인 요인이 없는 곳은 과감히 버려라.

③ 일기의 경우 날짜(x월 x일)를 뒤엎을 생각을 하라.

④ 주인공(작가)을 만나 보라.

일기나 수기에 쓰인 것보다 재미있는 에피소드가 나오게 마련이다. 그러나 동화되지는 말라.

이상과 같은 요령을 이해하고 유의한다면 원작물을 각색하는 데 큰 도움이 될 것이다. 그러나 자신의 창작력을 가미하는 일, 내 오리지널 시나리오를 쓴다는 자부심을 발휘하는 것이 무엇보다도 중요하다.

■ **원작자와 각색자**

장르와는 상관이 없이 원작물을 각색할 때 무엇보다도 주의할 점은 원작자의 의견에 지배되어서는 안 된다는 점이다. 앞에 인용한 황순원 선생과 나와의 에피소드는 정말로 아름답고 정상적인 관계를 유지한 셈이지만, 대개의 경우 누구를 막론하고 원작자는 자신의 작품을 아낀다는 구실로 각색자에게 영향력을 미치고자 한다. 그러므로 각색자의 처지로 원작자를 만나면 많은 주문이 있게 마련이고, 때로는 강압적인 주문을 받기도 한다. 그러나 그러한 원작자의 주문은 어디까지나 참고 자료일 뿐, 결정적인 자료가 될 수 없다는 점을 거듭 강조해 둔다.

이제부터 구체적으로 각색의 기법을 설명하게 될 오영수의 소설 〈갯마을〉의 경우도 앞에서 설명한 것과 조금도 다름이 없다. 내가 원작료는 시세에 따라 나중에 지불하기로 하고 단편 소설 〈갯마을〉의 영화화권을 얻을 때, 원작자 오영수는 내게 다음과 같이 말했다.

"마치 딸을 시집보내는 것 같다. 어버이 된 심정은 시집간 딸이 잘 사는 것을 보고 싶지 않겠는가."

자신의 작품에 대한 얼마나 큰 애정인가. 그러나 원작자와 각색자는 전혀 별개의 인물이며, 원작자의 손을 떠난 소설이나 희곡 등 원작물은 하나의 소재에 불과하다는 것은 앞에서 누누이 설명한 바와 같다. 그러므로 구성이 변형되었다고 하여…, 인물의 배치가 달라졌다고 하여…, 대사가 완전히 달라졌다고 하여 문제가 될 것은 하나도 없다.

요컨대 원작자가 그 작품을 쓰게 된 의도, 즉 테마만 상하지 않았다면 각색자는 원작에 가장 충실했다고 말할 수 있는 것이나.

Ⅲ. 〈갯마을〉이 각색되기까지

내가 오영수의 단편소설 〈갯마을〉이 영화적인 소재라고 생각한 것은 막 시나리오를 쓰기 시작할 무렵이었다고 기억된다. 그때 나는 시작(詩作)과 문학평론 수업에 열중하고 있었으므로 한국문학전집은 말할 것도 없고, 신간 소설까지도 빠짐없이 읽고 있었다. 그런 사정이었으므로 오영수의 단편소설 〈갯마을〉은 어쩐지 영화적인 소재라고 생각하게 되었을지도 모른다.

그 욕망은 쉽사리 지워지지 않아서 시나리오 작가로 데뷔하고 나서도 제작자를 만날 때마다 〈갯마을〉을 영화화 해볼 것을 권했으나, 아무도 내 성의를 알아주는 사람이 없었다. 문학작품을 영화화한 이른바 문예영화는 흥행이 되지 않는다는 것이 거절하는 이유였다. 그래도 나의 집념은 식질 않아서 1963년 이른 봄에 원작자인 오영수의 수유리 자택을 방문하여 원작료의 후불을 조건으로 영화화권을 얻어냈다. 혹시 나도 모르는 사이에 다른 영화사로 영화화권이 넘어갈까 염려되어서였다.

그 무렵 동아일보사의 문화부 기자이자 영화평론가인 호현찬이 신문사를 그만두고 영화제작에 나선다는 풍문이 돌았고, 우연한 기회에 그를 만나게 되어 전후 사정을 설명하면서 강력히 〈갯마을〉의 영화화를 권하게 되었다. 대부분의 제작자들은 우리나라 영화풍토에서는 문예작품이라면 절대로 흥행이 되지 않는다고 생각하였지만, 실제로는 〈사랑방 손님과 어머니〉 〈과부〉 〈벙어리 삼룡〉 등의 일련의 문예영화는 흥행성적도 나쁘지 않았고, 특히 작품성을 인정받고 있다는 사실을 누구보다도 잘 알고 있었던 프로듀서 호현찬은 〈갯마을〉의 영화화를 흔쾌히 받아들이는 것이었다. 이리하여 나는 오랜 꿈을 이루게 되었다.

1. 소재로서의 〈갯마을〉

〈갯마을〉은 200자 원고지로 70매 정도의 소설이지만, 짙은 로컬 컬러와 바닷가 여인들의 숙명적인 본능을 절묘하게 그리고 있는 스토리의 구조여서 훌륭한 영화적인 소재이고도 남는다.

우선 그 스토리의 구조를 살펴보기로 한다.

(가)　동해의 파도가 돌각담을 찰싹대는 갯마을에는 과부가 많다.
　　　원양출어를 나간 남자들이 일시에 죽어 없어지기 때문이다.

(나)　해순이라는 청상과부가 산다.

(다)　멸치 후리막에서는 홑치마만 입은 과부들이 떼를 지어 줄을
　　　당기는 섹스어필이 있다.

(라)　상수라는 뜨내기 어부가 해순일 좋아한다.

(마)　해순은 해녀의 딸로서 성구와 결혼했지만,
　　　결혼한 지 얼마 안 되어 성구는 바다에 나간 채 돌아오지 않는다.

(바)　달 밝은 밤이면 과부들이 모래밭에 나와
　　　돌아오지 않은 남편들을 그리워한다.

(사)　해순의 방에 침입한 상수는 해순을 겁탈한다.
　　　그러나 해순이도 응한 셈이다.

(아)　상수와 해순이는 갯마을 떠나서 상수의 고향인 산으로 간다.

(자)　상수는 징용에 끌려가고 해순은 바다가 그리워 못 견딘다.

(차)　그래서 자꾸 산에 오르는 해순일 실성했다고 한다.

(카)　해순은 바다가 그리워 갯마을로 돌아오고야 만다.

이것이 원작의 구조다. 이것만으로는 누구나 영화가 될 수 있으리라는 생각이 들지도 모른다. 그러나 바다를 배경으로 한 시정(詩情), 뜨

내기 뱃놈의 사랑, 청상과부들의 욕정, 그리고 갯마을 여인들의 숙명 등을 보완하여 재구성한다면 더 짜임새 있는 플롯을 만들 수 있을 것이 므로 영화화의 가능성으로는 다른 어느 소설보다 훨씬 더한 매력적인 소재가 아닐 수 없다.

바로 이 점이 나로 하여금 오랜 시일 동안 각색하고자 하는 욕망을 일게 하였던 것이다. 원작자 오영수에게 들어서 알았지만 〈갯마을〉의 무대는 경상남도 동래군 일광면 이천리(지금은 부산광역시 기장군 일 광면 이천리)였다.

2. 시나리오 헌팅

1965년 7월 30일 오후 3시, 부산행 열차를 타고 일광면 이천리로 떠났다. 해운대 제 1호텔에 여장을 풀고 날이 밝기를 기다렸다.

7월 31일 오전 10시에 다시 열차로 약 20여 분 북상하여 이천리에 도착했다. 바로 이곳이 원작자 오영수가 일제 말기에 징용을 피하여 몸 을 숨겼던 곳이고, 그런 연유로 소설 〈갯마을〉이 탄생하였을 것이다.

나는 카메라로 〈갯마을〉의 요모조모를 스냅하면서 축항(築港)에 나 갔다. 그물을 만지고 있는 노어부가 있어 이곳 갯마을의 내력을 물으 면서 원작의 줄거리를 설명했더니, 놀랍게도 그와 꼭 같은 생애를 지 닌 노파가 있다고 했다. 우선 노어부들에게서 어부들의 생활과 터부 등에 관한 귀중한 체험담을 녹음한 다음, 노파의 집을 찾기로 했다. 노어부들이 은근히 귀띔을 해준다. 그 노파는 파란 많은 자신의 생애 를 누구에게도 발설하지 않을 것이라는 사실을….

노파의 집은 관광객이나 뜨내기 뱃사람들을 위한 주막이라고 할지, 아니면 구멍가게라 할지는 애매하지만, 아무튼 손님을 상대로 생계를 유지하고 있는 것으로 보였다. 나는 우선 아나고회와 점심을 주문하여 놓고, 찾아온 연유를 말했다. 그러나 노파는 그저 그러냐는 정도의 반응을 보일 뿐이었다. 노어부들이 일러준 말에 의하면 20여 년 전에 이 노파는 남편, 아들, 사위를 일시에 풍랑으로 잃었다고 했다. 그러면서도 지긋지긋한 바다를 버리지 못한다는 이 노파의 생애야말로 소설의 테마이자 영화의 테마가 아니고 무엇인가.

운 좋게도 나는 막걸리 사발을 사이에 두고 노파와 마주 앉게 되었다.

"어부들의 얘기가 사실인가요?"

"사실이면 어떻고, 사실이 아니면 어쩔 끼가…."

소탈하고 정다운 웃음으로 대답하는 이 말에서 나는 노파의 달관된 모습을 발견했다. 바닷가 여인의 숙명을 한 몸에 지닌 듯한 모습… 노파의 주름살은 풋풋한 갯마을의 냄새와 연륜을 보여주고 있었다.

"언제까지나 여기서 사실 겁니까?"

"그라면 우야노…. 파도 소릴 듣지 않고는 살 수 없는 기라…. 이젠 아무 걱정도 없다. 주막이라도 하고 있으니 밥이야 못 묵겠나?"

마치 자기의 자식처럼 생각하면서 반말로 대꾸하는 노파의 친근미를 나는 일찍이 어느 누구에게서도 느낀 일이 없었다. 노파가 상을 보아 온 점심상은 바다 그것이었다. 점심을 먹으면서 많은 얘기를 주고받았지만, 노파는 끝내 자신의 얘기를 입에 담고자 하지 않았다. 점심상을 물리고 나서야 나는 어떤 영감과도 같은 의구심에 젖었다. 어부들이 원양에서 물에 빠져 죽었다면 시체가 없을 것이다. 그렇다면 장례식은 어떻게 지낼 것인가. 비록 이 사실이 원작소설에서는 묘사되지 않았다고 하더라도 영화에서는 대단히 중요한 장면이 될 것이기에 유도질문을 삼아서 화두로 삼았다.

"그것도 모르고 우예 책을 짓는닥 하노?"

"…."

나는 얼굴을 붉히면서 시체 없이 장례를 치르는 과정을 알려줄 것을 조르고 또 졸랐다. 마침내 노파는 바닷가 아낙들의 장례광경을 회상에 잠기듯 일러 주었다.

망자의 혼백(魂帛)을 건지는 것이 곧 장례라 했다. 죽은 사람이 쓰던 밥그릇에 정한 쌀을 담아 한지로 깨끗이 싸서, 길게 줄을 맨다. 무녀의 지시에 따라 밥그릇을 바다에 던져 놓고 주문을 외운다. 그러면 망자의 혼령이 올라온다는 것이다. 이때 미망인이나 망인의 가족들은 망인이 입던 속옷을 들고 혼령을 불러내고, 그 속옷으로 혼령을 집까지 데리고 온다고 한다. 집에 도착하면 물에서 건진 그 밥그릇이 곧 시체를 대신하게 된다는 것이었다.

아, 얼마나 기막힌 수확인가. 이 대목은 민속적인 가치를 지닌 의식이 아니고 무엇인가. 그런 장례가 영화에 묘사된다면 작품성을 높이는 데도 일조를 할 것이라는 확신이 들었다. 나는 노파에게 무녀들이 외는 주문을 알려 줄 것을 청했다.

"내가 그걸 우예 아노…. 무당한테 데려다 줄까?"

춤을 추듯이 기뻤다. 노파는 멀리 무녀의 집이 보이는 지점까지 나를 데려다주면서 은근하게 주의를 환기시켜 준다.

"내가 알려 줬다고 하면 안 되는 기라. 알았재…."

나는 조심스럽게 무녀의 집으로 갔다. 무녀는 25세 난 곰보였다. 그의 어머니도 무녀였다니까 2대의 유업이었다. 나는 무녀의 얼굴이 낯익은 데 놀랐다. 이리저리 기억을 더듬어서 따지고 보았더니 내 고장 단오굿(강릉의 단오행사는 전국적으로 유명하다.)을 집행하던 무녀였다. 그때는 열아홉 난 곰보 무당이라고 화제가 되었던 기억이 떠오르는 것이었다.

나는 강릉에서의 일을 화제로 그녀에게 상찬을 아끼지 않았다. 이 화제가 그녀의 생각을 바꾸게 했던지, 그녀는 아주 세세하게 시체 없는 장례식과 무녀의 주문을 일러주었다.

호텔로 돌아온 나는 시체 없는 장례식, 다시 말하여 혼백을 건지는
장면을 먼저 써버렸다.

S#48. 축항
큼직한 배가 한 척 매어져 있다.
성칠이와 낯익은 어부들은 이미 배를 탔다.
성칠은 맥없이 난간에 앉아 있다.
무녀가 횃대(旗)를 들고 온다.
횃대에는 '남무대성 일로왕보살'이라는 글씨가 쓰인 한지가
바람에 날리고 있다.
그 뒤에 장고와 징을 든 사나이가 따르고….

S#49. 골목
골목을 빠져 나오는 해순이와 어머니.
종이에 산 식기를 든 해순의 발걸음이 조심스럽다.

S#50. 다시 축항
배에 오르는 무녀 일행.
잠시 후 어머니와 해순이도 오른다.
배는 미끄러지듯 떠난다.
무녀는 들고 있던 횃대를 뱃머리에다 세운다.

S#51. 배 (위)
무녀는 식기(註 혼백(魂帛)이 아니고 용왕식기임)를 두 손에
들고 주문을 외기 시작한다.
- 해순은 애처롭게 울고,
- 어머니는 해순을 따뜻하게 감싼다.
- 상수는 노를 젓고,

성칠은 울고 있는 형수(해순)에게 애처로운 시선을 보낸다.

무녀 "(펄떡펄떡 뛰며) 동해는 강용왕님네… 남해는 광이랑 용왕님
서해는 강패왕 용왕님, 북해는 각흥왕 용왕님,
물밑에 사는 용녀각시 용왕…
물 위에 주체당 용왕니이임…
박 씨 영가에서 용왕님 전에 허참 받으러 왔습니다… ."

하며, 들고 있던 식기를 바다에 던진다.
– 어머니와 해순이는 절을 하며 빈다.
무녀는 뱃머리에 꽂혀 있는 횃대를 뽑아서 가운데다 세우고
그 앞에 앉으며 다시 주문을 토해낸다.

무녀 "법성계를 외우시면 물에 빠진 수중고혼도 육로로 환생하나이
다.법성원은 무인상, 제물보는 본래중 무여무성 절일채 등지소집 부
여성… 직승심경 민요경… (해순일 보며) 어서 불러라! 어서 불러, 수
중고혼이 외롭단다… ."

– 해순은 혼백 식기를 무녀에게 준다.
– 무녀는 식기를 맨 긴 줄을 물에 담근다.
  식기는 물에 떨어진다.

무녀 "(끈을 쥔 채) 경상남도 동래군 일광면 이천리 박 씨 집안에 계
유생, 박성구 육로로 환생하옵소서… ."
해순 "(그만 울음을 터뜨린다) 으흐흐흐… ."
어머니 "(눈을 감고 속삭이듯) 어서 환생하옵소서… ."

성칠의 표정이 짙은 설움에 잠긴다.

무녀 "무엇들 하느냐…. 어서 불러라 수중고흔 외롭단다…."

– 해순과 어머니는 품속에서 성수가 입던 속옷을 꺼내들고 휘두르며
  소리친다.

어머니 "(처절하게) 성구야…. 성구야 퍼뜩 올라온나….
성구야, 퍼뜩 올라온나."
해순 "(애처롭게) 여보… 여보 퍼뜩 올라오이소….
당신 말대로 바다에는 절대로 안 나가겠어예… 여보…."
성칠 "(애처롭게) 형님… 으흐흐…." 바다에 대고 소리친다.
무녀 "아들아… 아들아…. 수중고혼이 육로로 환생하옵신다."

하면서, 조심스럽게 줄을 잡아 올린다.
– 식기를 건져서 해순에게 준다. 또한 혼백을 접은 종이도 준다.
– 해순은 이제 죽은 남편의 시체와 다름없는 식기를 안고 단장의 오
  열에 잠긴다.

해순 "여보… 여보…. 다신 바다에 안 나갈 테니 그만 살아나이
소….
네, 여보… 으흐흐… 날로는 우예 살라꼬 이러십니꺼….
여보… 으흐흐흐…."

– 식기에 불을 비비며 살아있는 성구에게 말하듯 흐느낀다.
– 어머니도 울고,
– 성칠이도 운다.

이 장면을 우선 써놓았다. 그러니까 시나리오의 중간 대목부터 쓴
셈이 된 것이다. 그러나 나로서는 원작소설에 전혀 언급되지 않았던

바닷가 사람들의 샤먼과 토템을 취재하여 작품으로 올렸다는 사실에
밤잠을 설치면서까지 만족해했다.

8월 1일, 다시 무녀를 찾아갔다.
혼백을 건지는 장례식 장면은 이미 훌륭하게 써놓았기 때문에 큰 시
름을 던 셈이지만, 돌아오지 않는 남편을 기다리면서 흥얼대는 〈과부
타령〉이 문제였다. 원작인 소설에 다음과 같은 대목이 있다.

후리도 없는 갯마을 여름밤을, 아낙네들은 일쑤 불가에 모였다. 장
에 갔다 온 아낙네의 장 시세를 비롯해서 보고들은 이야기, 이것이 아
낙네들의 새로운 소식이요 즐거움이었다. 싸늘한 모래에 발을 묻고 밤
새는 줄 몰랐다. 숙이 엄마가 해순이 허벅지를 베고 벌러덩 누우면서
"엣다. 그 베개 편하다."
그러자 누가
"그 베개 임자는 어데 갔는가?"
아낙네들의 입에서는 모두 가느다란 한숨이 진다. 숙이 엄마는 해순
이 얼굴을 물끄러미 처다보면서
  – 에에야 데야, 에에야 데야, 썰물에 돛 달고 갈바람 맞아 갔소
    하자 아낙네들 모두
  – 에에야 데야 샛바람 치거던 밀물에 돌아오소 에에야 데야
    아낙들은 그만 목이 메어 버린다.

소설의 이 대목은 과부들의 잠 못 이루는 밤을 리얼하게 그려낼 수
있는 곳이다. 나는 원작소설에 묘사된 〈에에야 데야〉 하는 노래가 무
엇인지 모르게 모자란다고 느끼고 있었기에 무녀에게 다음과 같이 물
었다.

"혹시 바닷가에 사는 어부들이 돌아오지 않는 남편을 생각하며 부르는 노래는 없나요? 타령조 같은…?"

곰보 무녀는 있기는 있다고 하면서도 난감해 하는 기색을 숨기지 않았다. 왜냐고 물었더니 그 〈과부타령〉을 알고 있는 무녀들이 얼마 없기 때문에, 그것을 공개하면 자기들 영업에 지장이 있을 것이라고 한다. 나는 오직 영화에만 쓰일 것임을 다짐하면서 녹음기 스위치를 올렸다. 무녀는 옆에 앉아 있는 남편의 양해를 얻고 나서 알려 주었다. 무녀가 외고 있는 〈과부타령〉은 영월가(詠月歌)의 형식으로 된 것이었다. 지면관계로 전부를 적을 수가 없어 3월 치만 옮겨 보면 다음과 같다.

– 3월이라 삼짇날에 강남 갔던 옛 제비도 제 집을 찾아왔노라
　지지배배 하건마는 우리 님은 어딜 가고 집 찾아올 줄 모르던가,

열두 달치를 모두 시나리오에 쓸 수 없었던 까닭으로 재미있는 대목만 추려서 다시 구성하여 노랫말로 쓰고, 후렴은 원작에 있는 '에에야 데야'를 달기로 하였다.

북망산에 찾아가서 무덤 안고 통곡해도
너 왔느냐 말도 없네,
– 에에야 데야
샛바람 치거던 밀물에 돌아오소

백분청노에 빚은 딱이 쫄깃쫄깃 맛있건만
임 없는 빈 방에 혼자 먹기 목이 메네.
– 에에야 데야

샛바람 치거던 밀물에 돌아오소,
다시 갔던 기러기도 옛집 찾아오건마는
우리 님은 어딜 가고 돌아올 줄 모르던가,
 – 에에야 데야
샛바람 치거던 밀물에 돌아오소,

집집마다 불을 끄고 자손 바람도 하건마는
우리 님은 어딜 갔나 하늘을 봐야 별을 따지.
 – 에에야 데야
샛바람 치거던 밀물에 돌아오소.

해 바뀌면 복조리 장수 조리 사라고 하건마는
여보시오 조리 장수님 우리 님 건지는 조리는 안 팝니까.
 – 에에야 데야
샛바람 치거던 밀물에 돌아오소.

   걱정이었던 〈과부타령〉까지 수집하여 재구성하고 나니 시나리오를
다 쓴 것처럼 마음이 홀가분해졌다. 실제로 영화에서의 이 장면은 이
민자, 고은아, 전계현 등 젊은 과부들의 신세타령이 전조명(田朝明)
의 유려한 카메라 워크와 전윤주(全潤柱)의 애잔한 음악에 실려 대단
히 아름답고 서정적으로 표현되었다. 무녀의 집을 나온 나는 마지막으
로 갯마을의 여러 곳을 카메라에 담으면서 내가 그려내야 할 영상을 생
각해 보았다. 우리 영화에서는 보기 드문 로컬 컬러와 바닷가 사람들
의 풍속, 그리고 그들의 내면의식을 담은 시나리오를 쓸 수 있을 것이
라는 확신을 다짐하며 호텔로 돌아왔다.
   그날 밤부터 나는 해체된 원작의 재구성에 들어갔다.

2. 스토리의 구조와 인물관계

원작의 스토리는 두 가지로 크게 나누어서 생각할 수 있게 되어 있다.

① 청상과부가 된 해순이는 상수에게 몸을 맡기게 되어 갯마을을 떠나게 된다.
② 상수의 고향으로 따라간 해순은 바다의 그리움을 참고 견디면서 산에서 산다. 상수가 징용으로 뽑혀 가게 되자 해순은 다시 갯마을로 돌아오게 된다.

결국 시나리오에서 환경이 두 번 바뀌게 된다. '갯마을의 생활'과 '상수의 고향에서의 생활'로 나누어진다는 얘기다. 여기서 가장 문제가 되는 것은 상수가 징용으로 가게 된다는 것을 살리면, 시대는 일제 강점기로 설정되어야 하는 것이다. 이 작품이 항일운동을 그리게 되는 것이라면 상관없지만, '바닷가 아낙들의 본능과 숙명'을 그린다면 시대는 당연히 오늘이 되어야 한다.

구태여 일제 강점기로 올라가야 할 필요가 없는 것이다.

원작의 내용을 잘 분석해 보면, 해순이가 갯마을로 다시 돌아온다는 것이 작품의 테마와 직결된다. 그러니까 해순이가 갯마을로 돌아가야 하는 것이 숙명이라면, 상수가 징용으로 가는 것은 해순을 갯마을로 돌아가게 하는 방편일 수밖에 없다. 어찌되었건 상수가 없어져야만 해순은 다시 바다로 돌아가게 되는 것이다.

바다가 해순의 삶의 터진이자 고향이어서 돌아가는 것이 그녀의 숙명이라면, 나로서는 상수를 '죽여야 한다'는 결론을 얻게 되는 것이다. 말하자면 '일제 때의 징용'이 '오늘의 사망'과 교체되는 셈이다. 상수가 죽는다면 구태여 그의 고향을 설정할 필요도 없다. 다만 상수가 무엇 때문에 해순일 데리고 산으로 가야하는가, 그것만 분명해지면 되는 것이다. 나는 상수라는 인간에게 성격변화를 주면서 드라마의 발전을 도모하기로 하였다.

① 상수는 해순일 좋아한다.
② 마침내 해순일 점거할 수가 있었다.
③ 사랑은 당분간 비밀로 진행된다.
④ 그 비밀이 탄로되면 해순이가 마을을 쫓겨나게 될 것이라는 사실을 알게 된 상수는 자기 입으로 해순이와의 관계를 불고 다닌다.
⑤ 해순의 시어머니가 이 사실을 알게 되자 해순이에게 상수와 함께 떠나라고 한다.

여기까지의 상수는 원작에 그려져 있는 성격과 대동소이하다. 여기서부터 나는 상수에게 아내에 대한 콤플렉스를 주기로 했다. '나는 뜨내기요 무식하다. 해순이는 어느 모로 보나 나에게 과분할 만큼 예쁘고 귀여운 여인이다. 나는 누구에게도 해순일 빼앗길 수 없다. 때문에 사람들이 없는 곳에서 해순이하고만 살아야 한다.' 이러한 생각이 상수를 지배하게 하면서 상수의 콤플렉스는 점점 커진다. 이렇게 되면 상수는 다른 남자를 볼 때마다 '저 녀석이 혹 해순일 건드리지 않을까' 혹은 '해순이와 달아나지 않을까' 하는 불안감이 일어나게 마련이다. 이런 상수의 콤플렉스를 더해주기 위하여 갯마을을 떠나 제일 먼저 정착하게 되는 곳을 채석장으로 설정했다.

① 채석장에서 상수는 폭발물 사고로 다리를 다친다. 약간 발을 절게 된 상수의 콤플렉스는 점점 더해질 수밖에 없다.
② 상수가 앓고 있는 동안(발을 치료하는 동안) 해순이가 채석장 주

막에 일을 나가게 되면서 노동자들의 희롱을 받게 된다. 이것을 목격한 상수는 닥치는 대로 주막을 때려 부수고, 사람이 없는 산으로 도망한다.

③ 산은 바다와 대조적인 곳이다. 산중에서 광맥을 찾고 있던 채석장 감독을 다시 만난 해순은 또다시 희롱의 대상이 된다.

④ 상수에게는 충격적인 사건이 아닐 수 없다. 때문에 상수는 해순의 목을 조이게(콤플렉스가 극도에 달한 것이다) 된다.

⑤ 빈사상태가 된 해순을 보자, 상수는 약을 구하러 뛰어가다가 절벽에서 떨어져 죽는다.

⑥ 해순은 그를 묻으면서 점차 건강을 회복하고, 갯마을로 돌아간다.

〈재구성된 스토리의 구조〉

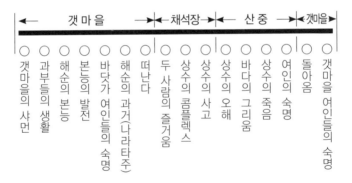

이같이 스토리가 재구성되면서 상수가 징용으로 떠나는 것도, 시대가 식민지시대에서 현대로 돌아오게 되는 것으로 완전히 해결될 수 있었다. 그러니까 갯마을을 떠난 다음의 해순의 행가은 상수의 성격 변화에 따라서 급변하게 된다.

이런 과정을 거쳐서 재구성된 스토리를 그림으로 그리면 위와 같이 된다. 도시된 표는 그대로 플롯이 되었다. 이 플롯에다 살을 붙이고 피를 통하게 하여 나의 〈갯마을〉이 재구성된 것이다.

인물의 수나 성격은 원작에 잘 정리가 되어 있었으므로 그대로 원작에 충실해도 무방할 것이지만, 그래도 몇 사람을 더 추가하는 것이 드라마가 살찌게 될 것이라고 믿었다. 원작에 그려진 다음 대목을 보면 알 것이다.

고기잡이 아낙네들은 썰물이면 조개나 해초를 캐고, 밀물이면 채마밭이나 매는 것으   로 여느 갯마을이나 별 다름이 없다.
다르다고 하면 이 마을에는 유독 과부가 많은 것이라고나 할까?
고로(古老)들은 과부가 많은 탓을 뒷산이 어떻게 갈라져서 어찌어찌 돼서 그렇다느니,   앞바다 물발이 거세서 그렇다느니 했고, 또 모두 그렇게들 믿고 있다.

여기서 과부가 많다는 것은 원양출어를 나간 사내들이 일시에 돌아오지 않기 때문이다. 이것은 좀 뒤에 '이 H 마을에 여덟 집 제사가 한꺼번에 드는 셈이다'라는 표현만으로도 충분히 납득이 간다.
그런데 임신한 아내를 두고 간 어부는 하나도 없다. 일시에 죽은 여덟 사람의 어부 가운데는 임신한 아내가 한사람쯤 있음직도 한 일이 아니겠는가? 이런 까닭으로 나는 임신 8개월로 접어든 아낙이 남편을 잃고 과부가 되는 인물을 새로 설정하기로 했다. 바로 그 인물이 순임이라는 아낙이다. 나는 이 순임이라는 임신한 과부의 행동에 갯마을의 샤먼(shaman)과 토템(totem)을 부여하기로 했다.
강원도 삼척지방의 해안에는 샤먼의 하나지만 목신(木神)이라는 것이 있다. 나무를 깎아서 성황당의 금줄에 꽂아 놓은 것이 바로 남자의 성기인 것이다. 남편이 돌아오지 않으면 이 목신을 통하여 바다를 바라본다는 것이 바닷가 여인들의 샤먼이다. 또 이 목신은 누구도 건드리지 못하게 되어 있다. 설혹 목신이 땅에 떨어져 있다고 해도 줍지 못하는 것이 이들의 습성이지만, 지금도 나무로 된 이 성기는 자주 분실되고 도난을 당한다. 모두가 바닷가 여인들의 토템과 관련된 현상이다.

아기를 낳고 가볍게 미쳐 버린 순임은 이 목신을 따 들고 바다로 들어갔다. 분명히 미친 것이었지만, 다른 과부들은 '서방이 불러서 물속으로 들어갔다'고 믿고 있는 것이다. 목신은 남자의 성기이기 때문에 목신을 안은 것은 곧 남자를 안은 것으로 보기 때문이다. 이와 같은 샤먼의 묘사는 앞서 설명한 혼백 건지는 장례식과 함께 갯마을의 풍속을 묘사하면서 바닷가 사람들의 로컬 컬러를 그릴 수 있는 절호의 소재일 것이다.

순임이 뿐만 아니라, 원작과 달라진 인물은 해순의 남편인 성구의 동생이다. 원작에는 나이 어린 시동생이 있다는 정도로 묘사되어 있지만, 시나리오에 있어서는 성인으로 키워서 활용하기로 하였다. 바로 해순의 시동생인 성칠이다. 원양출어에 나간 사람이 모두 태풍에 죽는 것은 좋지만, 누구 하나쯤 구출되어 와서 죽어간 어부들의 마지막 모습을 전해 주는 것이 더욱더 드라마를 윤기 있게 하는 것이 아닐까 하는 생각에서 성칠을 살아서 돌아오게 하였다. 성칠은 칠흑 같은 바다에서 파도에 휘말리며 해순을 부르다가 죽어가는 형을 목격했기에 해순을 동정하게 된다.

이 동성은 젊은 나이에 청상과부가 된 형수이기 때문에 생기는 것이고, 또 형이 죽으면서 형수 이름을 수없이 불렀디는 것으로 더욱 절실해진다. 그러기에 성칠은 형수(해순)가 하는 일을 돕게 되고, 형을 대신하여 형수를 아끼게 된다. 또 이 동정은 시간이 흐르면서 은밀한 사랑으로 발전해 간다. 손목을 잡고 입술을 맞대는 사랑이 아니라, 형수를 동정한다는 사실에 겹친 막연한 이성으로 표현하는 것이다. 이른바 플라토닉한 사랑으로 배치를 하자는 것이었다. 이 플라토닉한 사랑을 더욱더 애절하게 하기 위하여 상수와 해순의 모든 관계를 성칠은 누구보다도 먼저 알고 있게 하였다.

S#81. 해순이 집 마당 (밤)

지나가던 성칠이 형수의 방을 들여다본다. (문이 열려 있다)

탐스럽게 누워 자는 해순.

- 성칠은 물끄러미 바라본다. 그리고 나서 조용히 형수 방의 문을 닫아 주고 자기 방으로 들어간다.

S#82. 해순이 집 밖 (밤)

상수, 사방을 두리번거리며 걸어와 해순의 집으로 들어간다.

S#83. 해순이 집 안 (밤)

조용히 다가서는 상수

문에 귀를 대고 방 안 소리를 엿듣는다.

마른침을 삼키며 소리 나지 않게 문을 열고 안으로 들어간다.

E. 문소리가 쾅 하고 난다.

성칠의 방문이 열리며 성칠이가 얼굴을 내밀고 이상한 듯이 두리번거린다.

- 아무래도 마음이 놓이지 않는 듯이 마루에 나와 섰다가 형수 방 쪽으로 온다.

놓여있는 상수의 고무신.

참담해지는 성칠.

S#84. 방 안 (밤)

자고 있는 해순을 내려다보면 상수는 해순을 왈칵 안아 버린다.

해순 "(소스라치며) 어머…!"
상수 "쉬잇…!"

그러나 어찌 해볼 수 없는 해순.
성칠이도 있고 시어머니도 있는데 소리칠 용기가 있는가.

상수 "(속삭이듯, 숨 가쁘게) 해순이…. 해순이…."

S#85. 방 밖 (밤)

마루에 앉아 있는 성칠.
방 안에서 새어나오는 숨소리가 들린다.
– 참담한 표정의 성칠의 눈에 눈물이 고인다.

어머니 "(소리) 그 방에 누고… 아가, 방에 누가 왔나?"

S#86. 방 안 (밤)

상수의 억센 품에 안긴 해순.
어쩔 수 없이 상수를 세차게 끌어안는다.

어머니 "(소리) 누고… 그 방에 누가 왔나?"
해순 "(안긴 채 밖에 대고) 아니예…. 뒷간에 갈랍니더…."

S#87. 방 밖 (밤)

그 소리에 더욱더 참담해지는 성칠.
소리 없이 흐느낀다.

어머니   "(소리) 애야 잘 때는 문을 꼭 닫아 걸고 자거라…."
해순   "(소리) 예… 나중에 걸낍니더…."

성칠은 한숨을 놓으며 일어선다.
— 상수의 신짝을 집어 들고 힘껏 밖으로 던진다.
— 나머지 한 짝도 던진다.
눈물을 닦으며 자기 방으로 간다.
무엇인가 소중스러운 것을 잃은 듯한 허탈감에 젖으면서.
〈F.O〉

성칠의 사랑을 우회적으로 묘사한 예라 하겠다. 만일 성칠이가 해
순을 당당한 남성의 처지로 사랑하게 하였다면, 드라마는 보다 작위적
이고 조잡해졌을 가능성을 배제하지 못할 것이다. 그러나 상수의 그와
같은 행동에 대하여 성칠이가 끝까지 무감각할 수는 없을 것이다. 그
러므로 상수가 해순이와의 관계를 그 스스로 퍼뜨리고 다닐 때 성칠은
상수와 정면에서 대결할 수밖에 없는 것이다.

S#114. 주막 앞
상수의 멱살을 잡고 나오는 성칠.

성칠   "이놈의 자식… 아직도 뱃놈이 사람 잡는다는 소리를 모른갑
다…."
상수   "(사정하듯) 성칠이…, 성칠이…."

돌각담 옆으로 간다.

S#115. 돌각담

상수를 끌고 와서 돌각담에 세워 놓고 있는 힘을 다해서 후려치는
성칠.
다시 한 번 크게 휘두른 성칠의 손이 허공에서 멎는다.
손이 나가지 않고, 눈물부터 고인다.

성칠　"(울먹이며) 이 자석아 와 가만히 데불고 가지 않고 소문부터
내나 말다…. 응 이 자석아…!"
상수　"…."

형수를 아끼는 성칠의 진심에 감격하는 듯한 상수.

성칠　"다 알고 있는 기라… (조용히) 내사 처음부터 알고 안 있었
나….
상수야, 소문을 내면 우리 형수가 우예 되노 말이다….
와 그냥 데불고 가지 않았노 말이다, 이 문둥이 자석아…."
상수　"성칠아…."
성칠　"(눈물이 주룩 흐르며) 어무이한테 얘기해 놀 테니…,
내일 아침에 데리고 떠나거라….
(울먹이며) 우리 형님만치나 끔직이 생각해 주란 말이다….
망할 자식…."

하며 조용히 자리를 뜬다.
성칠의 가는 모습을 물끄러미 보고 선 상수.
멀어지는 성칠의 등판이 허허해 보인다.

　성칠이가 형수를 사랑한 것은 이 이상 더 묘사하시 않았다. 그 이유
는 앞서 설명한 바와 같다.

또 아이들 문제도 있다. 나의 각색 작품 〈저 하늘에도 슬픔이〉는 이윤복 군의 일기를 영화화하고 있기 때문에 어차피 세미다큐멘터리 수법으로 각색을 했다. 그러나 〈갯마을〉은 단편소설을 각색하는 것이기 때문에 설혹 원작자가 체험한 현장을 무대로 삼는다고 하더라도 다큐멘터리 수법을 빌릴 수가 없는 것이다. 그렇다고 하더라도 바닷가의 풍물을 묘사하면서 발가벗고 뛰노는 어린아이들은 등장하게 해야 마땅할 것이다.

게다가 원작에 나오는 과부들의 호칭을 보아도 '칠성네' '숙이네'라고 되어 있다. 이것은 그녀들에게 '칠성' '숙이'라고 불리는 소생이 있음이 아니겠는가. 이 같은 까닭으로 나는 칠성과 숙이라는 어린 아이를 등장시켜 갯마을의 서정적인 분위기를 고조하기로 하였다.

이렇게 원작소설에 등장하지 않은 인물까지를 포함하여 새롭게 짜인 인물관계도를 그렸다. 아래의 그림이 바로 시나리오 〈갯마을〉의 인물관계도이다.

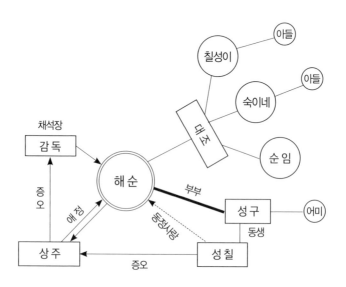

여기까지가 내가 〈갯마을〉을 각색하는 과정이다. 이제는 원고지에 구체적으로 옮기는 일만 남은 셈이다.

시나리오는 시나리오 나름의 독특한 기법에 의해 완성되는 예술형식이다. 아무리 훌륭한 소설이고 혹은 명작 희곡이라고 하더라도 그것이 영상예술인 영화로 변형되기 위해서는 각색이라는 과정을 거치게 마련이다. 때문에 각색자의 손에 들려있는 명작소설은 하나의 소재에 불과하다는 사실은 앞에서 누누이 강조한 바와 같다. 그러므로 시나리오 작가는 원작자의 명성에 눌려서는 훌륭한 각색자가 될 수 없다.

30대 초반이었던 내가 문단의 까마득한 선배인 오영수 선생의 〈갯마을〉이라는 단편소설을 각색하면서 전혀 새로운 시나리오로 재구성하는 과정을 여기에 소상히 밝히는 것은 각색자의 오리지널리티가 반영되어야 하는 필연성을 함께 소개하고 싶은 까닭임을 유념해 주기 바란다.

각색이란 새로운 창작임을 명심하라.

시나리오 #9

1판 1쇄 인쇄 2019년 6월 21일
1판 1쇄 발행 2019년 6월 28일

발행인 문명관

편 집 장 최종현
편집주간 송길한
편집고문 최석규

자문위원 지상학, 김용기, 이영재
편집위원 강철수, 이환경, 정대성, 한유림, 이미정

홍보마케팅 본부장 강영우
홍보마케팅 팀장   최종인

취재팀장 이승환
취재기자 김효민, 함동국

편집부 박수현, 유주이
교 정 김은희

표지디자인 정인화
본문디자인 김민정

인쇄처 가연출판사 (서울시 마포구 월드컵북로 4길 77, 3층)
전 화 02-858-2217 | 팩 스 02-858-2219

펴낸곳 (사) 한국시나리오작가협회
주 소 서울시 중구 필동 3가 28-1 캐피탈빌딩 202호
전 화 02-2275-0566 | 홈페이지 www.moviegle.com

구입 문의 02-858-2217
내용 문의 02-2275-0566

* 잘못된 책은 교환해드립니다.

THE FRIED CHICKEN
REVOLUTION

Brave Rooster's

서울 한복판에서
미국을 만나다.

미국 느낌 그대로,
용감한 자들이여!!
매운맛에 도전하라!!

2F, 40, Gangnam-daero 156-gil, Gangnam-gu, Seoul, Republic of Korea
서울시 강남구 강남대로156길 40 2층 TeL 02 544 0082 / 11:00AM - 23:00PM

BRAVE ROOSTER`S
NASHVILLE HOT CHICKEN

2019.06.25. 기준 / 상영 중 작품 제외 / 한국영화 제작상황판 수정보완 추가사항·영화진흥위원회·02-6261-1577/mnm@kofic.or.kr

구분	연번	제작연도	영화명	장르	감독	제작사	프로듀서	각본	캐스팅	크랭크인	크랭크업	투자	배급	개봉(예정)	비고
	7	2019	천문: 하늘에 묻는다(가제)	사극	허진호	김미수	하정우	경윤식, 이지민	한석규, 최민식	2018-10-02	2019-01-23	롯데엔터테인먼트	롯데엔터테인먼트	2019	
	8	2019	광대들: 풍문조작단(가제)	사극	김주호	드라마(드라마)	봉수	봉수	설경구, 조진웅	2018-11-01	2019-01-21	쇼박스	연필로명상하기/쇼박스	2019	
	9	2019	걸스(가제)	범죄/액션	리건	박제범, 황근하	이강선	권상우, 김무열, 김성균	2018-09-15	2019-01-14	쇼박스	쇼박스	2019	
	10	2018	나쁜 녀석들: 더 무비(가제)	범죄/액션	손용호	문일범, 김수오	오연석	한정우	2018-09-10	2019-01-11	CJ엔터테인먼트	CJ엔터테인먼트	2019	
	11	2018	자전차왕 엄복동	시대/액션	이범수	손보경	김강민, 김무열	정지훈	2018-08-16	2018-12-31	소박스	셀트리온엔터테인먼트/셀박스	2019	
	12	2018	우상(칸 영화제 출품)	드라마	이수진	김재중, 김재호, 정지우	정지우	한석규, 설경구	2018-09-01	2018-12-14	CGV아트하우스	퍼스트런픽처스/CGV아트하우스	2019	
	13	2018	뺑반(가제)	범죄/드라마	한준희	김철민, 김영진	김영진	공효진, 류준열	2018-09-04	2018-12-12	CGV아트하우스	외유내강/CGV아트하우스	2019	
	14	2018	자전거도전과 칼을 쓴 남자 원스톱	미스터리/스릴러	이창근	김지영	백석우	진도현, 정우성, 배성우	2018-08-30	2018-11-20	메가박스중앙플러스엠	바이포엠엔터테인먼트	2019	
	15	2018	걸캅스	코미디	정다원	강효미, 강혜연, 손신영	경윤	라미란, 이성경	2018-09-17	2018-11-29	CJ엔터테인먼트	CJ엔터테인먼트	2019	
	16	2018	미스터 주(가제)	코미디/드라마	김태윤	이정욱	남화연	이선균	2018-10-22	2018-11-22	리틀빅픽처스	리틀빅픽처스	2019	NEW
	17	2018	힘을 내요, 미스터 리(가제)	코미디(드라마)	강영운	강은욱	이정욱	차승원, 엄지원, 박해준	2018-07-09	2018-10-22	NEW	용필름/오스터즈/메가박스중앙플러스엠	2019	
	18	2018	패키지	시트콤	이계벽	한준희	신민철	류덕환, 조진웅, 박희순	2018-06-23	2018-09-22	소박스	영화사월광/소박스	2019	
	19	2018	콜(가제)	미스터리/스릴러	김주환	최태환	박진영	박신혜, 조민하, 박호산	2018-06-29	2018-09-20	NEW	영화사집	2019	
	20	2018	두레학교?	사극	최성은	김경희	신동의	신동욱, 이정은, 이주영	2018-05-10	2018-07-30	리틀빅픽처스	원테이크필름/Arth	2019	
	21	2018	사냥의 시간(가제)	스릴러	윤성현	손미선	문성현	권상우, 최우식, 안재홍	2018-07-10	2018-07-15	리틀빅픽처스/싸이더스	싸이더스	2019	A.K.A 무섭게 갈까?
	22	2018	엔딩 시네마(가제)	코미디/드라마	장혜주	강혜미, 이영준	강민리	이병헌, 이하늬, 조진웅	2018-06-07	2018-07-15	CGV아트하우스	동물스튜디오	2019	2019 JIFF 한국경쟁 부분 초청작
	23	2018	양자물리학 보스	범죄/누아르	이성태	안인영	김민씨	박해수, 서예지	2017-08-20	2017-11-19	CGV아트하우스	중앙 하늘	2019	A.K.A 강남 비디
	24	2017	감쪽(가제)	드라마	이환	박종철	박주배	장명수	2017-09-14	2017-11-08	오퍼스픽처스	오퍼스픽처스	2020	A.K.A 박남 비디
	25	2017	너 부른 말뿐이 없고 싶다	드라마	이수아	이수아	김병억	정유미, 전무리	2017-06-15	2017-08-03	워너브라더스코리아	워너브라더스코리아	2020	하면서호 세이브 동명 웹툰 원작
	26	2016	시도	드라마	오명석	한성택	김경미	심은우	2016-08-18	2016-07-30	워너브라더스코리아	미시젠영화세컨드프리드버드(코리아)/교육책사	2019	DEF퍼블릭픽처스·퍼스·앤드니머프로덕션·프로덕션(코리아)/교육책사
	27	2014	플라이 하이	드라마	박근형	박근영	부해준	신연호, 한경하	2014-06-14	2014-07-30	부산정보산업진흥원	부산정보산업진흥원	2013 경전남 상반기 한국영화/기획개발지원작	2013 경전남 상반기 한국영화/기획개발지원작
	1	2019	시네	SF액션	이용주	김무수	강민	송중기, 박보검, 조우진	2014-06-14	2014-07-30	CJ엔터테인먼트	CJ엔터테인먼트/텍스트스튜디오	2020	
후반작업 진행	2	2019	히트맨	코미디/액션	최원섭	조원철	구태진	권상우, 정준호, 황우슬혜	2019-05-21		롯데엔터테인먼트	바리고·스튜디오	2020	
	3	2019	재꽃잎의 밤	미스터리/스릴러	김의석	김경영	강예영	이성민, 박해준, 김무진	2019-05-19		NEW	호스앤이스/NTh	2020	
	4	2019	인랑(가제)	범죄/액션	범진수	이문구	김무수	이성민, 박호순	2019-05-15		NEW	준작사진	2020	
	5	2019	암모	드라마	심마수	최문수	동창민	정우성, 하정우, 박성웅	2019-04-22		CJ엔터테인먼트	JK필름/레드피쉬/CJ엔터테인먼트	2019	
	6	2019	모가덴 II	누아르	김무자	진우수	전수영	정우, 김성수, 유연석	2019-03-28		NEW	싸이그램지오엔터	2019	
	7	2019	안택사나 선거캠프 여수	범죄/액션	변연우	이길태	샤인	황정민, 이성민, 유연석	2019-03-25		NEW	메가박스중앙플러스엠	2020	A.K.A 유령인간
	8	2019	시드	드라마	최진영	강예모	최진영	마동석, 박정민, 이병헌	2019-03-08		NEW	쎄얀팜	2019	조선의 동명 웹툰 원작
	9	2019	백두산	재난/액션	이해준, 김병서	최익환	이영종	이병헌, 하정우, 마동석	2019-02-17		CJ엔터테인먼트/덱스터스튜디오	덱스터스튜디오/CJ엔터테인먼트	2020	
	10	2018	나를 찾아줘	드라마	김승우	박세은	이광배	이영애, 유재명, 이원근	2018-05-14		CJ엔터테인먼트	26컴퍼니	2020	
촬영 진행	1	2019	삼진그룹 영어토익반(가제)	코미디	이종필	백금수	김수래	고아성, 이솜, 박혜수	2019-06-04		NEW	뷰잇	2020	
	2	2019	도굴(가제)	케이퍼	박정배	현명식	우세진	이제훈, 조우진, 임원희	2019-06		CJ엔터테인먼트	세이브에듀박스	2020	
	3	2019	광대교	범죄/드라마	권오광	김동화	권상기	안성기, 최광일	2019-해반기			드라마	2020	A.K.A 광해보안세검

PRODUCTION NOTE 2019. JUNE

2019.05.25 개봉 | ... 한국영화 점유율 ... | 문의: 02-6261-6577/hmd@kofic.or.kr

구분	번호	제작연도	영화명	장르	감독	제작	프로듀서	각본	캐스팅	크랭크인	크랭크업	제휴	배급	제작사	개봉(예정)	비고
	1	2018	나의 특별한 형제	휴먼 코미디	육상효	신혜연, 유정훈	문병곤		신연식, 이솔	2018-05-23	2018-08-17	NEW	NEW	명필름/조이래빗	2019-05-01	AKA 나의 특별 형제
	2	1990	파업전야	드라마	이은기, 이재구, 장동홍, 장윤현	육성효			이용배, 이인	1989-12	1990-02				2019-05-01	
6월 개봉	1	2019	홍길동 외 1인 목포 영웅	액션/코미디(드라마)	김한석	류경선		유경선	이정훈	2019-01-12	NEW	대기획스/조이래빗/컨텐츠 난곡걷다	영화사 진불공간/스토리/바이에른엔터테인먼트	AKA 홍길동전	2019-06-19	
	2	2019	브릿지	드라마	이정호	장경식	백종수, 오상일	이정호	이상민, 전혜진	2018-11-05	2019-12	NEW	NEW	스튜디오무	2019-06	
	16	2019	광대들	드라마/사극판타지	차인표		성지영	차인표	조수향, 재현선, 조진우	2019-04-10	리틀빅픽쳐스		TK엔터스		2019-04-18	
	15	2018	소문난 여름	드라마	황현구	최현구	김영훈	강남구	박보이, 예이린, 박윤우	2015-11-12	2015-12-23				2019-05-30	
	14	2019	기방도령	코미디	남대중	조은실	정철순	오재형	송강호, 이산민, 조재영	2018-05-18	2018-09-19	CJ엔터테인먼트	비트드라인스튜디오		2019-05-30	
	13	2018	0.0MHz	공포	유선동	오광민	오재형	박선율	정은지, 이성열, 최윤영	2018-07-24	2018-08-31	스마일이엔티/케이알씨	제이씨엔터/오스카필름		2019-05-29	
	12	2018	봄바람	드라마	안주영	안주영	안주영		안지호, 김주연, 서무	2017-10-25	2017-10-26	KT&G 상상마당	한국영화아카데미(KAFA)		2019-05-23	
	11	2018	감쪽	드라마판타지	강상우	박찬욱	강상우	신연결, 고서희	신연결, 강태욱	2015-03	2015-08	영화사 봄	영화사 봄		2019-05-23	
	10	2019	시인 노우우	코미디	백재호	장영현		장영현	노화림, 유시민, 김종수	2017-06	2019-03	M&G/영화사 진	그립그루		2019-05-23	
	9	2017	뷰티풀 보이스	코미디	최동훈	청수수	최동훈	박보연, 이학규, 문시인	2017-10-11	2017-10-17	스톱앤플러스코리아/와이엔 필름스	에이스메이커무비웍스/스타파트너		2019-05-22	
	8	2019	여곡성	공포	아진환	총성철	이정동	도영훈	이태민, 우시, 서정연	2018-10-23	2019-01	롯데엔터테인먼트	이스트드림신노파스		2019-05-22	
	7	2019	교육안내	다큐멘터리	이준섭	강민구	총성철	오혜린	이현빛, 오유수, 이상진	2016-05	2019-02-28	커넥트픽쳐스	영화사 집		2019-05-16	
	6	2019	롤링 기어	다큐멘터리/드라마	김병관	정병욱	서희심	강경주	이혜빈, 김무열, 김하빈	2018-07-31	2018-11-18	롯데시네마 아르떼	KNN		2019-05-15	
	5	2019	악인전	범죄/액션	이원태	김진석		양수일	마동석, 김무열, 김성규	2018-07-07	2018-09-27	CGV아트하우스	영화사월광		2019-05-15	
	4	2019	배심원들	드라마	홍승완	김영훈	김무열	홍승완	문소리, 박형식	2018-07-05	2018-09-27	CJ엔터테인먼트	반짝반짝영화사		2019-05-15	
	3	2018	롱리빙	코미디/액션	원덕현	김민철	김무열	강민영	라미란, 이성경	2018-01-05	2018-04-05	롯데엔터테인먼트	영화사 집		2019-05-09	
	2	2018	걸캅스	코미디	정다원	신혜연, 유정훈	문병곤		조수정, 김주희, 고경표	1989-12	1990-02	NEW	명필름	장산범	2019-05-09	
5월 개봉	6	2019	미씽: 원 아이돌 록	드라마	이현지		권오윤	김민경	이채아, 관수호			씨아이에스		4.A.K.A 미씽2/라행어	2019	
	5	2019	보이즈 부활동	멜로	신두영	박누리	김규환	권우석	이지민, 우왕호			2019		롯데엔터테인먼트	2019	
	4	2019	안녕	멜로	양대웅	오혜진	오혜진			NEW	2019-03-08	NEW	NEW	2019	동림		
	3	2019	가장 보통의 연애	로맨틱 코미디	김한결	김한결	조성익		김래원, 공효진	2019-01-07	2019-04-02	NEW			2019	
	2	2019	오케이 마담	스릴러	이철하	김상순	김선순, 이동훈	정택은	엄정화, 박성웅, 이상윤	2019-01-03	2019-06	한국필름네트웍스/영화사 월	2019	
	1	2016	우리 가는 길	코미디	드미연	김병원	권오필석, 이동준	박경훈	정우성, 김태리, 장우철	2014-03	2018-01		새벽엔터테인먼트/아이스스튜디오	2019	

한국영화 시나리오 마켓에 놀러오세요

"www.scenariomarket.or.kr"

시나리오마켓이란

- 누구나 자유롭게 시나리오 등록이 가능하며, 등록된 시나리오를 열람·구매 할 수 있는 오픈형 시나리오 유통 플랫폼
- 영화화 가능성이 높은 다양하고 참신한 작품과 투 제작사간의 계약을 중개하여 한국영화계에 지속 공급

시나리오마켓 지원사업

- 월 추천작 선정(예심) : 장편 극영화 시나리오 등록작을 대상으로 매월 8편내외(기성 신인 각 4편 내외) 선정
- 반기 공모전(본심) : 월 추천작 선정 작품을 대상으로 4편 선정 및 창작지원금 차등 지원
- 연말 대상전(결심) : 월 추천작 선정 작품의 개발고를 대상으로 왕중왕전을 진행하여 대상 2편 선정 및 창작지원금 지원
- 멘토링 제도 : 신인작가의 월 추천작 선정 작품을 대상으로 멘토와 1:1매칭 및 3개월간 시나리오 개발 지원

※ 애애완료작/타공모전 수상작 제외

시나리오마켓 계약작품

"여러분의 권리보호 KORRA가 함께합니다"

한국복제전송저작권협회는 저작권의 위탁관리를 통하여 저작자의 권리를 보호하고 저작물의 공정한 이용 도모를 목적으로 설립되었습니다. 2008년 2월 한국시나리오작가협회의 회원 가입 이후 지금까지 창작자의 권리 보호를 위해 함께 노력해 왔습니다.

저작권 위탁관리사업

- 어문, 사진, 미술 저작물의 복사·전송권 신탁 관리
- 저작권 대리중개
- 불법복제 저작물 침해구제

보상금 징수 분배사업

- 교과용도서보상금
- 수업목적보상금
- 수업지원목적보상금
- 도서관 보상금

공익사업

- 미분배보상금 공익사업
- 저작권 연구 및 입법제안
- 해외단체 상호관리계약
- 국제교류

어떤 저작물이 이용됐는지 궁금하시다면 www.korra.kr 접속 후 보상금 지급 대상 아이콘을 눌러 확인하실 수 있습니다.

보다 자세한 이용 내역과 보상금액을 확인하고 싶으신 분은 아래의 연락처로 연락주세요.

- 교과용도서·수업지원목적보상금 : 070-4265-2526(김세린)
- 수업목적·도서관보상금 : 070-4265-2525(김용생)

주인을 찾지 못한 보상금은 일정기간 협회에서 보관 후 문화체육관광부장관의 승인에 따라 공익목적 사업에 활용됩니다.

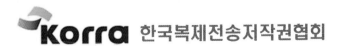

Korra 한국복제전송저작권협회

생생아구

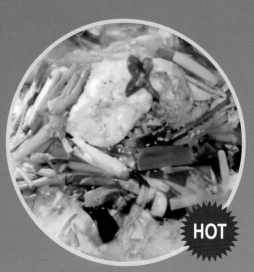

어디에서도
쉽게 맛볼 수 없는
살아있는 활아귀로
주문 즉시
요리합니다^^

HOT

_ 서울 송파구 백제고분로7길 8-37
_ 매일 10:30 - 22:30   연중무휴
_ 단체석, 주차, 예약

아구수육 소 50,000원
아구회   60,000원

• 생방송아침이좋다 560회 18.08.08. 아귀코스요리
• 2TV생생정보 601회 18.06.25. 아귀회/아귀수육

📞 02-419-2922

STORY ACADEMY

http://www.busanstoryacademy.co.kr/

영화 시나리오
애니메이션각본

드라마극본
(웹 드라마)

스토리원형
(소설,웹소설,
트리트먼트)

정규반

부산 스토리아카데미

- 정규반 < 매년 3월, 9월 개강 >
- 작문반 < 상시모집 >

입시&작문반

문예창작
극작과 실기

-문학 특기자시험

-각 관련학과 실기

-각 관련 공모전
 대비

작가입문

-소설가, 영상작가
(드라마,영화)가
되고 싶지만 어떻
게 써야하는지?

영화 연출과 실기

-시나리오 작법

-스토리텔링

-각 학교별 실기준비

 영상작가전문교육원 051. 628. 4371

부산시 남구 용소로 78. 부산예술회관. 308.